보안 위협 예측

보안 위협 예측

예측할 수 있어야 막을 수 있다

존 피어츠 · 데이비드 디센토 · 이인 데이비슨 · 윌 그레기도 지음 | 윤영빈 옮김

i!i
에이콘

추천의 글

"어떤 것은 아무도 준비하지 않은 전혀 예상치 못한 것일 수 있다."

– 레오 로스텐의 로마는 하루 아침에 불타지 않았다.

지난 10년 동안 나는 고객과 보안 업체를 도와 사이버 공격의 위험을 줄이기 위한 일을 해왔다. 그 과정에서 배운 것이 있다면, 적은 동적으로 빠르게 움직이고 끊임없이 변화하며 그들의 공격 목표는 대개 대응할 준비가 되어 있지 않다는 것이다.

그렇게 혁신적이고 동적인 적과 위협에 대응하기 위해서 어떤 준비를 할 수 있을까? 적으로부터 배울 수 있는 것을 무엇일까? 어떻게 하면 적이 원하는 것과 반대로 갈 수 있을까? 특히, 적의 전략을 어떻게 이용하면 우리가 좀 더 균형 있고 선제적인 자세를 취할 수 있을까? 이것이 바로 위협 예측의 핵심이다.

나는 컴퓨팅과 네트워크, 정보 보안 산업에서 30년 이상 IT 간부로 다양한 역할을 수행해왔다. 무엇보다도 네트워크 초창기 시절 3Com에서 이더넷을 만든 사람 중 한 명인 로버트 멧커프와 함께 일하면서 젊은 관리자로서 IT 산업에서 경험을 쌓을 수 있었다. 그 때의 경험은 3Com을 떠나 새로운 시도를 할 수 있는 발판이 되었다. 그 후 브래드 실버버그와 아담 보스워스와 같은 사람들이 설립한 데이터베이스 분석 기업에서 리더로 일했다. 브래드는 윈도우 플랫폼을 책임지는 마이크로소프트의 간부였다. 아담 보스워스는 자타가 공인하는 혁신가며, 그는 마이크로소프트에서 XMS를 만든 사람 중 한 명이었고, 구글에서는 제품 관리 임원을 지냈으며 현재는 Salesforce.com에서는 IoT와 클라우드를 위한 차세대 플랫폼 개발을 책임지는 부사장으로 일하고 있다.

나의 경력에서 처음 10년은 퍼스널 컴퓨터의 등장이라는 회오리 속에서 전문적으로 성숙하는 시기였다. 3Com에서의 시기는 멧커프의 법칙과 네트워크의 위력을 알게 된 시기였다.

멧커프의 법칙은 네트워크의 가치는 네트워크에 연결된 노드 수의 제곱(n^2)에 비례한다는 것을 의미한다.

멧커프 법칙의 근본적인 전제는 네트워크 사용자의 수가 증가함에 따라 네트워크의 가치도 기하학적으로 증가한다는 것이다. 이 책의 저자도 위협 인텔리전스를 공유하는 것의 가치에 이와 동일한 원리를 적용하고 있다. 저자는 기업이 시간 위협 정보 분석을 통해서 얼마나 많은 도움을 받을 수 있는지 설명하고 있다. 멧커프의 법칙이 컴퓨터 네트워크의 가치를 설명하는 것처럼, 이 책에서도 기업 내부와 외부에서 수집되는 IOI[Indicators of Interest], IOA[Indicators of Attack], IOC[Indicators of Compromise]를 활용해서 어떤 이득을 얻을 수 있는지 알려주고 있다.

퍼스널 컴퓨터와 네트워킹의 물결을 타고, 클라이언트-서버와 웹 1.0, 웹 2.0 아키텍처 사이의 경제적인 이점 그리고 네트워크와 그 안의 민감한 데이터를 통제하고 안전하게 관리하기 위한 원초적인 문제들을 경험했다.

최근 10년 동안에는 IT 보안에 몰두했다. 그리고 수많은 기업이 차세대 컴퓨팅 제품과 아키텍처를 구현할 수 있도록 도움을 주었다. 그러는 동안 끊임없이 고객사의 네트워크와 관련된 보안 이슈와 직면하였고, 초기의 네트워크 침입 차단 시스템[IPS] 시장을 선도했던 티핑포인트 테크놀로지[TippingPoint technologies]의 사장이 되었다. 티핑포인트는 이후에 3Com이 인수하였고, 3Com도 이후에 HP가 인수했다. 그리고 HP는 SIEM 선도 기업인 아크사이트[ArcSight]와 당시 애플리케이션 보안 제품을 리드하던 포티파이[Fortify]도 인수했다. HP에서는 잠시 새로운 엔터프라이즈 보안 제품을 위한 조직을 이끌고 글로벌 엔터프라이즈 보안 제품 출시를 책임졌다.

HP에서 일하면서 네트워크에서부터 애플리케이션과 엔드 시스템, 데이터에 이르기까지 심층 방어를 제공하는 것이 무엇을 의미하는지 종합적으로 바라볼 수 있게 되었다. 18개월 후에는 HP를 퇴사해서 보메트릭 데이터 시큐리티^{Vormetric Data Security}의 CEO가 되었다. 이 글을 쓰고 있는 지금 보메트릭 데이터 시큐리티는 세계적인 보안과 전사 회사인 탈레스^{Thales} S.A.에 인수되기 위한 작업이 진행 중이다. 탈레스의 e-Security 그룹은 지불 프로세스와 범용 암호화 하드웨어 보안 모듈(HSM)을 선도하고 있다. 매일 탈레스 시스템을 통해서 대부분의 지불 거래가 이루어진다. 나는 탈레스 e-Security의 글로벌 데이터 보안 비즈니스 유닛의 CEO를 일하게 될 것이다.

나는 나의 오랜 경험을 근거로 위협 예측에 끌렸다. 기쁘게도 나는 티핑포인트와 HP에서 이 책의 저자들과 함께 일했다. 그들은 세상의 이목을 끄는 데이터 유출 사건을 파헤치는 전문가로서 그리고 위협 예측의 이점을 말하는 제품 설계자와 개발자로서 인텔리전스 커뮤니티와 관련한 경험을 가지고 있다.

존 피어츠, 데이비드 디센토, 이인 데이비슨, 윌 그레기도는 10여 년간 보안 제품 개발과 전략, 엔지니어링, 테스팅, 사고 대응 등 다양한 경험을 가지고 있다. 그런 다양한 경험을 통해 전문 지식을 쌓고, 경력 기간 내내 산업의 리더들로부터 지도를 받음으로써 그들은 보안 산업에 대한 통찰력을 갖추고 보안 산업을 다음 레벨로 이끌어 왔다.

> "나의 관심은 미래에 있다. 왜냐하면 나는 나의 남은 생을 거기에 쏟아 부을 것이기 때문이다."
>
> – C.F. 케터링^{Kettering}

이 책의 저자들은 사이버 공격으로부터 우리를 보호하는 것과 관련해서 어떤 문제가 존재하고 그 문제들이 미치는 영향과 모든 것이 네트워크로 연결되고 있는 세계에서 그 문제들과 영향력을 아는 것이 왜 중요한지 잘 알고 있다.

❖ 위협 예측이 적절한 이유

현재의 네트워크로 연결된 세상은 점점 더 빠르게 변화하고 있다. 따라서 최근 빈번하게 발생하는 데이터 유출 사건과 그에 따른 경제적 피해를 되돌아보고 올바로 대응하기 새로운 접근 방식의 필요성과 요구를 검토해야만 한다. 어제의 툴과 어제의 생각은 더 이상 유효하지 않다. 새로운 접근 방법에 대한 요구는 IoT^{Internet of Things} 기기와 자율 주행 자동차의 확산으로 가중되었고, 네트워크 세상 속에서 애플리케이션과 디바이스 간에 요구되는 신뢰 수준은 더 높아지고 있다.

❖ 배우고 얻을 수 있는 것

"천 리 길도 한 걸음부터."

- 노자, 중국 철학자

앞에서 나는 멧커프 법칙의 네트워크 효과로 얻을 수 있는 장점에 대해서 말했다. 멧커프의 법칙과 네트워크 효과는 위협 예측이 제공하는 능력의 핵심적인 역할을 하는 커뮤니티의 장점을 표현하기 위한 모델이자 비유다.

만약 당신이 보안 엔지니어라면 이 책을 통해서 위협 예측에 대한 가이드와 로드맵을 얻을 수 있을 것이다. 이 책에서는 기존의 위협 리포팅에 대해서 설명하고 그것이 위협 예측과 무엇이 다른지 설명하고 있다. 그리고 위협 예측을 위한 보안 아키텍처 설계를 이해하는 데 도움이 되는 오픈소스와 상용 툴의 체크리스트를 제공할 것이다.

만약 당신이 IT 책임자나 보안 책임자^{CISO, Chief Information Security Officer}라면 최근의 데이터 유출 사건에서 여러 가지 교훈을 얻을 수 있을 것이다. 네트워크에 적용된 기존 보안 솔루션의 효과와 진면목을 알게 될 것이다. 그리고 실질적이고 쉬운 방법으로 핵심적인 명칭들에 대해서 알게 되고, 그럼으로써 위험 관리나 보안 팀과의 깊은 대화를 할 수 있게 될 것이다. 이 책에서는 적절하고 실질적인 데이터를 제시하여, 위협 예측을 계획하고 추진하는 것에 대한 공감대를 형성하기 위해서 여러분의 동료나 관리자의 지원을 요청하는 데 도움을 줄 것이다. 물론, 보안 커뮤니티의 잠재적인 힘을 설명함으로써 그 타당성을 확보할 것이다. 또한 보안 위협 정보를 공유하는 커뮤니티에 참여하는 것의 장점과 기회 그리고 위험에 대해서 배우게 될 것이다. 위협 데이터를 공유하는 커뮤니티에 참여함으로써 얻게 되는 실시간에 가까운 정보와 그것의 가치를 극대화하기 위해서 기업은 어떤 준비를 해야 하는지 알게 될 것이다.

엘런 케슬러^{Alan Kessler}
보메트릭 데이터 시큐리티의 대표이사

지은이 소개

존 피어츠^{John Pirc}

보안 R&D와 세계적인 보안 제품 관리, 마케팅, 테스팅, 포렌식, 컨설팅, 핵심 인프라 아키텍트 분야에서 19년 이상 일했다. 또한 사이버 보안에 대한 HP CISO의 고문이고 미 해군 대학원에서 강의해왔다.

다양한 보안 분야에 전문 지식을 가지고 있으며 과거에 미 정보기관에서 근무하기도 했다. CSG LTD에서는 CTO, 시스코에서는 제품 매니저, IBM 인터넷 보안 시스템에서는 모든 보안 제품에 대한 생산 라인 책임자, 맥아피의 네트워크 보안 비즈니스 부서의 책임자, HP 엔터프라이즈 보안 제품의 생산 관리 책임자, NSS 랩스에서는 CTO, Bricata, LLC의 공동 설립자이자 CSO였으며 최근에는 포사이스 테크놀로지의 보안 솔루션 책임자로 일하고 있다.

또한 텍사스 대학에서 경영학 학사 학위를 받았으며 NSA-IAM과 CEH 자격증을 보유하고 있다. SANS 인스티튜트에서 보안 분야의 리더로서 선정되었고 세계적으로 유명한 보안 컨퍼런스의 발표자이자 타임지와 블룸버그, CNN과 같은 저명한 매스컴의 기고자다.

데이비드 디센토^{David DeSanto}

15년 이상 보안 연구와 보안 테스팅, 소프트웨어 개발과 제품 전략 분야에 종사하고 있는 네트워크 보안 전문가다. TCP/IP와 소프트웨어 개발 경험, 자동화 프레임워크에 대한 확고한 이해와 기업 네트워크 보안에 대한 깊은 지식을 가지고 있다.

스파이런 커뮤니케이션의 모든 애플리케이션 보안 테스팅 솔루션 전략을 이끄는 보안 위협 연구실의 책임자다. 또한 보안 제품의 모든 엔진 컴포넌트 개발과 새로운 보안 공격(즉, 취약점 공격, 악성코드, DDoS 공격)을 연구하고 개발, 확인하는 책임을 지는 보안 엔지니어링 팀을 관리하고 있다. 스파이런 이전에는 최고의 보안 연구와 테스트 랩에서 일하였으며 그의 전문 지식으로 기업과 서비스 제공자, 네트워크 장비 업체를 위한 솔루션과 보안 테스트 만드는 데 기여했다.

뉴욕 공과 대학에서 사이버 보안 석사 학위를 받았으며, 밀러스빌 대학에서 컴퓨터 공학 학사 학위를 받았다. 그리고 보안 위협과 클라우드 보안, GNSS 보안 이슈, 오늘날 차세대 보안 제품의 SSL 복호화의 영향과 같은 주제로 세계적인 보안 컨퍼런스에서 연사로 자주 등장한다.

이인 데이비슨 Iain Davison

16년 이상의 보안 경력이 있으며, 침투 테스트에서부터 침입 차단 장비 개발에 이르기까지 많은 기술을 보유하고 있다. 또한 프로그래밍 언어와 스크립트, 소프트웨어 컴파일 관련 지식을 가지고 있다. 이전에는 네트워크 아키텍처와 하드웨어 설계, 소프트웨어 설계와 구현 업무를 수행했다.

현재 아내 로라와 6살 수잔, 1살 엠마, 개, 고양이와 함께 메릴랜드주 클린턴 시에서 살고 있다. 그리고 라즈베리 파이 키트로 홈 오토메이션 기기와 홈 미디어, 간단한 로봇 만들기를 좋아한다.

사이버 보안 산업에 대한 경험을 바탕으로 동료들과 함께 위협 예측에 대한 또 다른 책을 집필했는데, 올해 2분기에 출판될 예정이다. 이 책에서는 인텔리전스를 수집하는 데 사용되는 기술과 데이터의 중요성에 대해 다뤘다. 데이터를 다른 관점에서 보면 일반적이지 않은 무언가가 보인다. 현재 엑사빔에서 일하고 있는데 아마도 UBA와 관련한 또 다른 책을 쓸지도 모르겠다.

윌 그레기도^{Will Gragido}

21년 이상의 정보 보안 경력이 있다. 미 해병 대원부터 데이터 통신 정보 보안과 인텔리전스 커뮤니티에 대한 경력을 쌓아왔다. 해병대 이후에는 몇 개의 정보 보안 자문회사에서 레드팀, 침투 테스트, 사고 대응, 보안 평가, 윤리적 해킹, 악성 코드 분석과 위험 관리 프로그램 개발을 수행하고 이끌었다. 보안 산업을 리드하는 다양한 연구기관에서 일했는데, INS^{International Network Services}, 인터넷 보안 시스템/IBM 인터넷 보안 시스템 X-Force, 담발라, 카산드라 시큐리티, HP DVLabs, RSA 넷위트니스였고, 현재는 디지털 셰도우에서 일하고 있다. 운영과 분석, 관리, 전문적인 서비스와 컨설팅, 사전 영업/아키텍처에 대한 전문적 지식이 있으며, 기업과 개인이 좀 더 안전해지는 것을 진심으로 바라고 있다. CISSP 자격과 미 국가안보국의 정보 보호 평가 방법론인 IAM과 IEM 인증 자격을 가지고 있다. 드폴 대학교를 졸업했으며 현재는 대학원에 다니고 있다. 국제적으로 많이 찾는 강연자며, 『Cybercrime and Espionage: An Analysis of Subversive Multi-Vector Threats and Blackhatonomics: An Inside Look At The Economics of Cybercrime』의 공동 저자다.

감사의 글

"천 리 길도 한 걸음부터"

- 노자

나의 구주이신 예수 그리스도와 나의 사랑하는 아내와 아이들, 어머니(주디 피어츠)에게 이 책을 바친다. 두 권의 책을 집필한 후 세 번째 책을 쓸 것이라고는 생각하지 않았다. 나는 초기 단계의 스타트업과 첨단 기술을 가진 안정된 보안 회사에서 일한 것 모두 만족스럽게 생각한다. 또한 다양한 보안 제품을 위해서 매우 유능한 팀과 함께 일한 것을 영광스럽게 생각하며, 무엇이 효과적이고 무엇이 그렇지 않은지를 경험할 수 있었다. 위협 예측이라는 개념을 거의 4년 전부터 구상했고, 위협 예측 개념 중 어떤 부분은 최첨단 보안 제품과 서비스라고 생각하기도 했다. 오늘은 아마도 불가능하거나 말도 안 되는 아이디어가 떠오를 것 같다.

책을 집필하는 동안 나는 혼자서 이 일을 끝낼 수 없고, 위협 인텔리전스와 하드웨어 설계, 데이터 사이언스, 데이터 모델링, 가상화, SaaS, 제품 개발에 대한 전문 지식을 가진 누군가의 도움이 필요하다는 것을 빠르게 깨달았다. 내가 신뢰할 수 있고 나를 도전하게 만들 수 있는 사람이 필요했다. 그래서 내가 신뢰하고 존경하는 데이비드 디센토와 이인 데이비슨, 윌 그레기도와 함께하기로 결심했다. 그들은 가혹하고 솔직한 피드백을 주는 것을 주저하지 않으며, 그렇다고 해서 사이가 벌어질 사람들도 아니다. 그들에게 이 책에 대한 기본적인 구상을 설명하자 그들은 나의 이론에 의문을 제시했고 내 능력 이상의 혁신전인 수준을 요구했다. 나는 그들의 기여와 위협 예측에서의 그들의 사상적인 리더십을 매우 자랑스럽게 생각한다.

마지막으로 나의 경력 기간 동안 도움을 준 스티븐 노스커트, 밥 믹맨, 존 웹스터, 존 왓킨스, 그렉 아담스, 알란 케슬러, 헬스 페이톤, 존 로렌스, 어니스트 로사, 프랭크 오애크, 크리스 모라레스, 댄 홀덴, 다니엘 모닐나, 댄 셀리, 브렌단 로스, 그레이그 로슨, 스티브 맥도날드, 스콧 루퍼, 잭쿠 커노트, 브리안 리드, 제이슨 라마, 리스 존슨, 빅 파탁, 밥 웰더, 레세앤 심스, 크리스 램프, 에릭 요크, 데이비드 베카츠, 크리스 베카, 랜스 글로버, 리치 레인스, 앤드리아 그린, 채드 랜돌프, 마크 다우드, 조지 V 흘름, 오필 제린크, 도노반 코블리, 개리 스틸리, 딜론 베레스포드, 래기 맥디, 멜라니 케이슬라 쿠펜, 마크 핀케, 멜린다 필더스, 존 카다니 트롤린저, 크리스 조베, 엔리크 랜젤, 닉 셀비, 건터 올맨, 힐래이 노베, 미카엘 존스, 토마스 스카이배모엔, 존 아마토, 데이브 배런, 배트 셀러스, 토시카수 무라타, 아담 힐스, 라팔 로스, 엘리사 콘트레라스 리핀코트, 넬슨 브리토, 크리스 토마스, 다나 토저센, 리차드 스테이논, 제이슨 번즈, 숀 브라운, 유세프 엘 맬티, 다니엘 파워스, 로히트 다만카, 매트 윙, 마크 스키아나, 톰 크로스, 스테판 코스바켄, 데니스 파트란코브, 스티브 봄, 줄리안 맥브리드, 제이슨 힐링, 수미트 고흐리, 아룬 조지, 러스 마이어스, 발 라마 마니, 스콧 페이즐리, 무나워 호사인, 브렌트 파울러, 제리 프레이저, 랄프 리처드슨, 스티븐 드 식스, 산 제이 라자에게 감사드린다. 그 밖에도 많이 있지만, 나에게 투자를 해주어서 감사하다.

존 피어츠

누구보다도, 나의 아내이자 최고의 친구인 리즈에게 감사하고 싶다. 당신의 무조건적인 사랑과 변함없는 지지에 감사해. 내가 이 책 집필에 참여했을 때는 NYU에서 석사 과정을 이수하고 있었지. 만약 당신의 변함없는 지원(과 충분한 카페인)이 없었다면 이루어내지 못했을 거야. 정말 당신이 없었다면 이 책도 없었을 거야! 말도 안 되는 나의 생각을 지지해주고 힘든 시기 내내 나를 돕기 위해 같이 있어줘서 정말 고마워. 난 우리가 언제까지나 함께할 것이라고 생각해. 다음으로, 이 책을 함께 집필할 수 있게 해준 존과 책 집필 작업을 함께해준 윌, 이인에게도 감사 인사를 전한다. 우리는 함께 자랑스러워할 만한 것을 만들었다. 우리의 경험이 합쳐져서 매우 특별한 시각으로 위협 예측을 바라볼 수 있게 되었다. 다음에는 나의 경력 기간 동안 도움을 준 사람들에게 감사를 전하고 싶다. 그들은 내가 현재의 위치에 오르도록 도움을 주었다. 그리고 내가 계속 도전을 할 수 있게 해주어서 감사하다. 마지막으로 이 책을 읽는 독자에게 감사한다. 이 책은 기업을 안전하게 보호하기 위해서 현재와 미래의 보안 위협 환경을 제대로 이해하고자 하는 사람들을 위해 만들어졌다. 아시시의 성 프란체스코는 다음과 같이 말했다. "필요한 것을 하기 시작하라. 그다음에는 가능한 것을 하라. 그러면 자신도 모르게 불가능한 것을 하고 있을 것이다." 나는 여러분이 찾고자 하는 지식을 찾아서 불가능한 것이 가능한 것으로 바뀌길 바란다.

데이비드 디센토

나의 아내 루나와 아이들 샤운과 엠마에게 이 책을 바친다. 이 책을 집필하는 동안 지원해줘서 고마워.

이인 데이비슨

이 감사의 글을 쓰기 위해서 의자에 앉았을 때 나는 본능적으로 이 책을 쓰는 동안 격려와 지원을 해준 가장 가까운 사람들에게 감사하기 시작했다. 그렇다고 해서 책을 집필하는 동안 이 책의 공동 저자들과 나를 지원해준 사람들에 대한 감사가 충분하다고 생각하지는 않는다. 이 글은 감사의 글이다. 즉, 이 책이 만들어지는 중요한 역할을 한 사람들에게 고마움과 감사를 표현하기 위한 글이다. 먼저 나의 아내 트래시 그레기도와 나의 아이들에게 감사를 전하고 싶다. 밤과 주말 동안 책을 집필할 수 있도록 허락해줘서 생각했던 것보다 작업을 쉽게 할 수 있었다. 또한, 공동 저자인 존, 데이비드, 이인에게도 감사의 말을 전하고 싶다. 미지의 세계로의 여행을 함께 할 수 있게 해줘서 감사하다. 우리는 관심을 받기 시작한 최신 주제에 대한 책을 쓰기로 작정했고 실제로 그렇게 했다. 우리의 아이디어와 생각은 (바라건대) 새로운 리더와 선견지명이 있는 사람들을 독려할 것이다. 결국, 아너 오쇼 너시가 "...우리는 음악 제작자이고 꿈을 꾸는 몽상가다..."라고 말한 것처럼 되길 바란다. 또한 Syngress의 팀, 특히 내내 인내하고 도움을 준 안나에게 감사의 말을 전한다. 마지막으로 시간을 들여서 읽기 위해 이 책을 선택해준 독자에게 감사를 전하고 싶다. 이 책을 통해서 여러분이 찾고자 하는 답을 얻길 진심으로 바란다.

월 그레기도

옮긴이 소개

윤영빈(ybwbok@gmail.com)

기존의 기술과 새로 만들어지고 대두되고 있는 최신 IT 기술을 보안이라는 관점에서 이해하고 좀 더 큰 그림을 보고자 노력하고 있으며, 에이콘출판사를 통해서 다양한 보안 관련 지식 공유하고자 하며, 지금도 여전히 새로운 분야에 대한 보안 기술 연구와 다양한 보안 기술 개발을 위해서 진땀을 흘리고 있다.

옮긴이의 말

잠재적인 보안 위협은 다음과 같이 네 가지로 나눌 수 있다. 첫 번째는 보안 위협의 실체를 이미 알고 있고 해당 위협이 발생할 것이라는 사실 또한 알고 있는 것이다. 악성코드와 이미 잘 알려진 공격 방법이 이런 유형의 보안 위협에 해당한다. 두 번째는 잠재적으로 보안 위협이 발생할 것이라는 것은 알고 있지만 해당 보안 위협의 실체를 모르는 경우다. 어떤 알려지지 않은 악의적인 행위나 공격 방법이 이 유형에 속한다. 세 번째는 보안 위협의 실체는 알지만 그것이 발생할 것인지(또는 그것을 알고 있다는 사실)를 모르는 경우다. 네 번째는 보안 위협의 실체를 알지 못하고 또한 그것을 모른다는 것 자체도 모르는 경우다.

보안 제품의 입장에서 보면 첫 번째와 두 번째 유형은 정도의 차이는 있지만 어느 정도 대응이 가능하다. 첫 번째는 대응해야 할 보안 위협의 실체를 정확히 알고 있기 때문에 정확한 대응이 가능하고, 두 번째는 보안 위협의 실체를 알지는 못하지만 잠재적으로 발생한다는 것을 인지하고 있기 때문에 악의적인 행위를 정의하고 모니터링함으로써 어느 정도 대응이 가능하다. 문제는 세 번째와 네 번째 유형이다. 즉, 보안 위협을 알고 있는지 또는 알지 못하고 있는지 자체를 판단하지 못하는 경우다. 보안 제품은 기본적으로 보안 위협에 대한 정보(시그니처, 휴리스틱 정의)를 기반으로 동작(탐지, 차단)하기 때문이다.

이제는 보안 위협 대응을 위한 패러다임이 바뀌어야 하고(어제의 툴과 어제의 생각은 더 이상 유효하지 않고, 요구되는 보안 대응 신뢰 수준은 높아졌으며 대응해야 하는 영역 또한 매우 다양해지고 있다) 실제로 변화하고 있다. 즉, 사전 지식을 기반으로 한 대응에만 머물지 않고, 사전에 보안 위협을 예측하고 대비하기 위한 기술이 적극적으로 개발, 적용되고 있다. 이 책에서는 그러한 보안 위협 예측이 왜 중요하고 필요한지 그리고 그것을 위한 기술에는 어떤 것이 있는지 잘 설명하고 있다. 선제적인 보안 위협 대응을 위해서는 이 책에서 설명하는 보안 위협 인텔리전스의 공유와 적극적인 활용, 빅데이터, 시각화, 모델링 기술이 적용되어야 한다. 향후 더욱 향상된 위협 예측을 위해서 머신 러닝과 AI 기술을 적용하려는 시도가 활발히 이루어지고 있으며 이미 어느 정도는 현실화되고 있다. 그런 의미에서 보면 이 책은 새로운 보안 패러다임과 인식의 전환을 위한 가이드라고 할 수 있다.

윤근용

차례

추천의 글 5
지은이 소개 10
감사의 글 13
옮긴이 소개 17
옮긴이의 말 18
들어가며 25

1장 오늘날의 보안 위협 환경 29
    소개 29
    왜 보안 위협 예측이 필요한가? 30
    보안 위협 보고서 34
    규정 현황 36
    모범 사례, 표준, 프레임워크 40
    오늘날의 정보 보증의 필요성 46

2장 보안 위협 예측 47
    개요 47
    소개 47
    정리 58

3장 보안 인텔리전스 61
    개요 61
    소개 61
    정리 79

4장 지식 요소 식별 83

  개요 83

  소개 83

  지식 요소 정의 84

  지식 요소의 유형 88

  공개적으로 정의된 지식 요소 95

  정리 104

5장 지식 공유와 커뮤니티 지원 105

  개요 105

  소개 106

  지식 요소 공유 107

  커뮤니티 공유 112

  상용 제품 133

  적보다 앞서가기 135

  정리 136

6장 데이터 시각화 137

  개요 137

  소개 138

  정리 146

7장 데이터 시뮬레이션 149

  개요 149

  소개 149

  정리 158

8장 킬 체인 모델링 161

  개요 161

  소개 161

  정리 176

9장 점들의 연결 177

개요 177

소개 179

위협 리포팅 179

보안 산업 현황 184

새로운 툴과 기존 툴의 활용 193

실제 예 195

위협 예측 기술의 적용 201

정리 203

10장 앞으로의 방향 205

개요 205

존 피어츠 205

데이비드 디센토 208

이인 데이비슨 211

윌 그레기도 212

정리 215

찾아보기 216

들어가며

인류는 태곳적부터 자신의 상황을 알기 위해 노력해왔다. 그래서 인류는 자신의 의사 결정을 도와줄 수 있는 다양하고 광범위한 비밀스러운 믿음과 의식을 만들어 내고 수용했다. 그렇게 이뤄진 결정은 개인이나 커뮤니티, 주민 또는 기업에 영향을 미쳤다. 유사 이래, 미래를 알고 이해하고자 하는 인류의 소망은 비밀스러운 것은 배척하고 과학적인 것을 지지하도록 만들었다. 오늘날 인류는 계속해서 결과를 예측하고 예견한다. 지금은 안개나 뼛속을 자세히 들여다보거나 살피는 것 대신 증거를 조사한다. 과학을 통해서 설명할 수 있는 다양한 요인과 누구나 이해할 수 있는 개연성을 기반으로 가능성을 고찰한다. 이 책은 최근 주목받는 분야를 다루고 있다. 위협 예측은 정보 보안 산업의 한 분야로, 어떤 면에서는 가장 중요한 분야로서 성장하고 개발되고 있다. 이 책에서는 위협 예측과 예측 분석의 개념을 이해하기 쉽게 소개하고 있다. 이 책은 10개의 장으로 구성되었고, 모든 장은 수십 년의 경력을 갖춘 보안 산업 전문가가 집필했다. 이 책은 확실하지 않은 것을 명확하고 체계적으로 설명하고 있으며, 오늘날의 보안 위협과 위협 예측, 보안 인텔리전스, 보안 위협 환경 자체를 살펴보고 처리하는 것과 관련해서 독자가 다르게 생각할 수 있게 해준다.

❖ 이 책의 구성

총 10개의 장을 통해서 독자는 이전에 고려되었더라도 다루어지지 않았거나 완전히 새로운 개념과 아이디어를 알게 될 것이다. 각 장마다 고유한 저자의 경험과 생각을 읽을 수 있을 것이다. 이 책은 다음과 같은 내용으로 구성된다.

1장, 오늘날의 보안 위협 환경 오늘날의 보안 위협 환경의 이슈를 논의하는 것으로 시작해 이러한 이슈를 해결하려면 더 좋은 해결책이 필요하다는 것을 설명한다. 산업별로 지켜야 하는 규정을 논의함으로써 위협 예측이 필요한 이유를 살펴보고, 마지막으로 정보 보증의 필요성을 알아본다.

2장, 보안 위협 예측 보안 위협 예측의 기본을 알아보고, 기본 외에 이미 익숙한 다른 유형의 예측에 사용되는 패턴을 비교한다. 또한, 빅데이터와 위협 예측에 있어서 빅데이터의 중요성 등을 살펴본다.

3장, 보안 인텔리전스 보안 인텔리전스를 알아보고, 기업에서 보안 인텔리전스 플랫폼을 어떻게 구성해야 하는지 논의한다. 또한, 보안 인텔리전스와 관련이 있는 핵심 수행 지표에 대해서도 살펴본다.

4장, 지식 요소 식별 익숙하지 않은 용어인 IOC[Indicators of Compromise]와 IOI[Indicators of Interest]를 정의한다. 그리고 지식 요소를 수집할 때 발생할 수 있는 이슈를 식별하고 해결해서 지식 공유와 위협 모델링을 위한 최선의 데이터를 얻는 방법에 대해 설명한다.

5장, 지식 공유와 커뮤니티 지원 지식 요소 공유의 장단점을 논의하고 지식 요소를 공유하는 것이 어둠 속에 그대로 있는 것보다는 낫다는 것을 설명한다. 위협 인텔리전스를 제공하는 몇 가지 유명한 커뮤니티와 위협 인텔리전스 커뮤니티에 적극적으로 참여하는 방법을 알아본다.

6장, 데이터 시각화 데이터를 분석하고 시뮬레이션하기 위해서 데이터를 시각화하는 여러 가지 방법을 살펴본다. 3차원 그래프를 살펴보고 비슷한 기술을 활용하는 다른 산업의 경우와 비교한다. 시각화는 위협 예측에서 핵심 요소다.

7장, 데이터 시뮬레이션 데이터 시뮬레이션과 관련된 몇 가지 주제를 논의한다. 시뮬레이션과 에뮬레이션을 비교하고 (4장에서 논의한) 지식 요소를 처리하는 것의 중요성과 사용 가능한 시뮬레이션 엔진의 유형에 대해서 설명한다. 좀 더 빠른 결과를 얻기 위한 양자 컴퓨팅의 활용에 대해서도 논의한다.

8장, 킬 체인 모델링 킬 체인 모델링을 정의하고 위협 예측과 어떻게 연결시킬지 논의한다. 킬 체인 모델링의 필요성을 이해하는 데 도움이 되는 각각의 요소를 자세히 살펴본다. 빅데이터의 역할과 킬 체인 모델링 툴에 대해서도 논의한다.

9장, 점들의 연결 이 책에서 논의된 모든 개별적인 주제를 가져와서 현재의 보안 위협 환경에서 그것들에 대한 관심을 기울이지 않으며 기업에 어떤 영향을 미칠 수 있는지 논의한다. 위협 예측이 기업을 보호하기 위해 어떤 역할을 하는지 보여주기 위해서 실제 예를 들어서 설명한다. 기업의 보안 대응 활동과 절차를 개선하고 위협 예측을 시작하기 위한 지침을 제공한다.

10장, 앞으로의 방향 위협 예측과 전체적인 정보 보안의 미래에 대해서 논의한다. 저자들의 다양한 배경을 통해, 사이버 보안 산업에서 핵심이 되는 몇 가지 이슈와 문제를 바라보는 각기 다른 의견을 접하게 된다.

◆ 결론

위협 예측이라는 주제에 대한 가장 포괄적인 주제를 다룬 이 책을 출판하기 위한 우리의 공동 작업과 헌신은 분명히 가치 있는 일이라고 생각한다. 우리는 독자가 이 책을 통해서 위협 예측과 예측 분석에 대한 지식과 통찰력을 얻길 기대한다. 이 책이 위협 예측 주제를 처음 소개한 책이라는 점과 다른 책과 달리 새롭고 유익하며 교육적이라는 점을 알아줬으면 좋겠다. 이 책은 다른 시간대에 거주하는 네 명의 미국 보안 전문가들이 함께 집필했다. 그들은 국제적 컨퍼런스에서의 발표나 고객을 위한 보안 컨설팅 업무 수행 등 다양한 이유로 세계 여러 곳을 다니는 동안에도 이 책을 쓰기 위한 노력을 기울였다. 우리는 이 책이 위협 예측과 예측 분석으로 가기 위한 여행의 좋은 동반자가 되길 원한다.

1장

오늘날의 보안 위협 환경

❖ 소개

오늘날의 보안 위협 환경은 마치 두더지 잡기 게임과 같다고 할 수 있다. 즉, 보안 전문가가 어느 특정 두더지(위협)를 잡기 위해서 집중하고 있으면 동시에 다른 두더지들(위협들)이 머리를 내민다. 보안 위협은 감당하기 힘들 정도로 빠르게 발생하고 변화한다. 그런데 그렇게 보안 위협 환경이 변화할 때마다 보안 전문가는 정확한 방향을 잡고 대응해야 하지만, 그렇지 못하고 갈팡질팡하는 일이 빈번하게 발생한다. 그런 보안 위협의 변화를 이해하는 데 필수적인 것이 바로 과거부터 현재까지의 보안 위협 보고서들이다. 보안 위협 보고서는 일정 기간에 발생한 보안 위협 관련 사건들을 요약 정리해준다. 참고할 수 있는 보안 위협 보고서는 매우 많다. 구글에서 "cyber security threat report"를 검색해보면 삼백만 건 이상의 검색 결과를 얻을 수 있다. 그런 보안 위협 보고서 중에는 일반적인 사이버 보안 위협에 대한 것들도 있고 특정 분야(예를 들면, 웹 애플리케이션)에 대한 보안 위협을 설명하는 것들도 있다. 또한, 분기별로 발행되는 것도 있고 일년에 한번 발행되는 것도 있다. 하지만 그런 보안 위협 보고서는 모두 과거를 반영하고 있다.

과거의 보안 위협 보고서는 그 당시의 보안 위협 환경을 설명해준다는 점에서 가치가 있다고 할 수 있다. 과거의 많은 위협 보고서는 그 당시를 기준으로 앞으로의 보안 위협 트렌드나 변화에 대한 예측 내용을 담고 있지만, 현재와 미래에 대한 보안 위협 환경에 대해서 단지 제한적인 가시성만을 가지고 있을 뿐이다. 따라서 오늘날의 보안 위협들과 싸우고 미래의 보안 위협을 미리 예측하기 위해서 기업은 그들의 보안 인프라 제품, 데이터 수집에 대한 시각을 달리할 필요가 있다. 즉, 위협이 발생한 이후에 그것에 대한 사실을 리포팅하기보다는 보안 사고와 데이터 유출과 같은 일이 발생하기 전에 그것을 사전에 방지하고 예측하기 위한 방법을 찾아야 한다. 이 책에서는 끊임없이 진화하고 있는 보안 위협 환경에서 보안 위협을 예측하고 방지하기 위한 방법을 제시할 것이다. 보안 위협 예측을 통해서 보안 전문자는 더 이상 두더지 잡기 게임을 할 필요가 없게 되고 앞으로 어떤 위협이 발생할 것인지에 대해서 알기 시작할 것이다.

❖ 왜 보안 위협 예측이 필요한가?

보안 사고로부터 자유로운 기업은 없다. 보안 위협 예측을 위한 시스템적인 접근을 통해서 기업은 현재의 보안 위협을 좀 더 잘 방어할 수 있을 뿐만 아니라 미래의 보안 위협에 대해서도 합리적인 예측을 할 수 있다. 물론 어떠한 보안 위협 예측도 보안 위협을 100% 막을 수 있거나 예측할 수는 없다. 하지만 보안 위협 예측을 올바르고 일관적으로 수행하면 좀 더 효과적으로 기업에 대한 공격을 탐지하고 차단할 수 있다. 기업에 대한 보안 공격을 미리 차단할 수 있으면 그만큼 투자해야 할 시간과 돈을 절약할 수 있고 데이터 유출과 같은 골칫거리를 줄일 수 있다.

기업은 위협 예측을 통해서 기업 내부에 수집된 데이터에 대한 지능형 위협 대응을 수행할 수 있다. 즉, 기업에 피해를 줄 수 있는 (현재 인터넷상에서 유효한) 공격 패턴이나 트렌드를 식별할 수 있다. 위협 예측을 통해서 기업은 다음과 같은 것을 할 수 있다.

- 기업 내 데이터에서 공격을 트래킹하거나 리포팅하기 위해서 필요한 정보를 식별(4장 참고)
- 좀 더 큰 위협 환경을 전체적으로 바라볼 수 있는 위협 인텔리전스 대응(5장 참고)

- 위험도가 큰 요소가 무엇인지 판단하기 위해서 모든 데이터 셋을 결합하고 식별된 공격 트렌드를 이용하고 공격/침해가 발생하기 전에 보안적으로 취약한 영역에 대한 보호(7장 참고)

위협 예측에 대한 좀 더 자세한 사항은 2장을 참고하기 바란다.

데이터 유출로 인한 영향

데이터 유출은 이제 일상화되어 가고 있다. 그에 따라 보안 권고문도 기업의 데이터 유출 관련 내용을 주로 다루고 있으며, 이전보다 체계화되어 가고 있다. 이는 공포감을 조성하거나 불안하게 만들어서 보안 장비들을 구입하도록 유도하기 위한 것은 아니다. 오늘날의 보안 위협 환경에서는 누구도 공격으로부터 안전하지 않고 데이터 유출은 거의 필연적으로 발생할 수 있다. 악의적인 공격자에게는 모든 산업 분야가 공격 대상이고, 공격 대상 기업이 작은 스타트업이든 거대한 다국적 기업이든 상관하지 않는다. 그러한 무차별적인 공격으로 인해, 최근 몇 해 동안 보안 사고 대응[IR] 시장이 폭발적으로 성장했다. 2017년까지 IR 시장은 140억 달러 규모로 성장할 것으로 예상된다.[1]

데이터 유출의 결과로 기업에는 유형과 무형의 비용이 빠르게 축적되고 결국 매우 큰 비용 부담을 안게 된다. Ponemon Institute의 연구 결과에 의하면, 최근 몇 년 사이 사이버 공격 빈도가 증가했을 뿐만 아니라 그런 공격으로 인한 비용 또한 증가했음을 알 수 있다. 해당 연구에서는 데이터 유출로 인해서 기업이 평균적으로 부담해야 하는 비용을 380만 달러 정도로 산출했다.[2] 기업은 데이터 유출에 대한 대응을 수행할 때 두 가지 유형의 비용을 부담하게 된다. 즉, 직접 비용과

1 Enterprise Incident Response Market Booms to $14bn as Attacks and Threats Multiply, ABI Research: https://www.abiresearch.com/press/enterprise-incident-response-market-booms-to-14bn-/

2 2015 Cost of Data Breach Study: Global Analysis, Ponemon Institute LLC, May 2015, https://www-01.ibm.com/marketing/iwm/dre/signup?source=ibm-WW_Security_Services&S_PKG=ov34982&S_TACT=000000NJ&S_OFF_CD=10000253&ce=ISM0484&ct=SWG&cmp=IBMSocial&cm=h&cr=Security&ccy=US&cm_mc_uid=94450766918914542954680&cm_mc_sid_50200000=14542954968에서 다운로드 가능

간접 비용을 부담하게 된다. 직접 비용에는 외부의 포렌식이나 IR 전문가와의 계약, 데이터 유출 관련 고객 지원을 위한 아웃소싱, 고객에 대한 통지(메일 등), 고객에게 신용 거래 모니터링 제공, 신제품이나 서비스에 대한 무료나 할인된 가격으로 제공하는 것이 포함된다. 간접 비용의 경우에는 비용의 양을 산출하는 것이 쉽지 않다. 간접 비용에는 내부 투자와 커뮤니케이션 비용, 고객 수 감소와 신규 고객 유치의 어려움이 포함된다. 간접 비용은 데이터 유출로 인한 기업 평판의 악화와 그로 인해서 고객으로부터 신뢰를 받지 못하는 피해를 의미한다. 데이터 유출로 인한 영향은 광범위할 수 있기 때문에 그로 인해서 발생하는 비용을 판단하는 것은 힘들 수 있다. 즉, 유출된 데이터 레코드당 0.583 달러에서 1542 달러까지 비용이 다양할 수 있다. 예상 비용이 낮을수록 직접 비용만 포함되는 반면에, 예상 비용이 높을수록 직접 비용과 간접 비용을 모두 포함된다. 비용 측정에 있어서 마지막으로 고려할 수 있는 것은 실질적 피해 측정의 효과와 관련이 있다. 십만 레코드 이상의 고객 데이터 유출에는 비용 측정 모델을 적용하기 힘들다. 즉, 대규모의 데이터 유출에 대한 전체 비용을 산출하는 것은 거의 불가능하다.

불행하게도 최근 몇 년 동안 뉴스에 보도된 대부분의 데이터 유출 사건은 그림 1.1에서 보는 바와 같이 매우 치명적이었다.

침해가 발생하고 그것을 얼마나 빨리 발견하느냐에 따라서 피해 규모가 달라진다. 공격자는 기업에 대한 공격을 압도적으로 수행할 수 있고 "수 분"[3] 안에 데이터를 추출할 수 있지만, 그러한 침해와 데이터 유출을 발견하는 데는 며칠씩 소요된다.

---

3   버라이즌 데이터 유출 조사 보고서, http://www.verizonenterprise.com/DBIR/

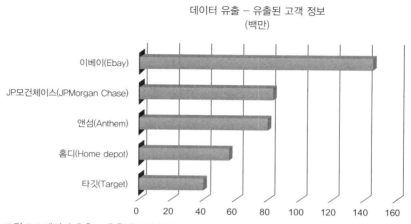

그림 1.1 데이터 유출 – 유출된 고객 정보

경우에 따라서는 몇 주나 몇 달이 지나도 침해 사실을 미처 발견하지 못하는 경우도 있다. 몇 개의 극단적인 경우에서는 심지어 수 년이 지나도 발견하지 못했던 경우도 있었다. 이후의 보안 위협 예측에 대한 내용은 기업이 데이터 유출을 방지하는 데 도움을 줄 것이고 데이터 유출이 발생했을 때도 빠른 공격자의 침입 탐지에 도움이 될 것이다. 위협 예측의 범위에는 기업의 침해 발견 속도뿐만 아니라 위협 관련 정보 공유의 속도도 포함된다. 공격 중에서 75%는 하루 안에 Victim 0에서 Victim 1으로 전파된다.[4] 침해의 흔적과 같은 정보나 도구의 공유는 이후의 공격 피해자에게 실질적인 도움을 제공한다.

위협 예측 실행의 장애물

데이터 유출로 인한 비용과 빈번한 침해 사고 발생 측면에서 보면 위협 예측의 필요성은 명확하다. 하지만 많은 기업은 위협 예측 실행 도입에 필요한 변화와 관련된 비용 때문에 도입을 주저해왔다. 하지만 위협 예측은 확실한 보안 실행과 인프라를 기반으로 하기 때문에 이미 많은 기업은 위협 예측 실행에 필요한 도구를 이

---

4   버라이즌 데이터 유출 조사 보고서. http://www.verizonenterprise.com/DBIR/

미 갖추고 있다고 할 수 있다. 더욱이, 위협 예측 실행에 대한 기업의 조직적인 구현은 단계별 접근 방식에 적합하기 때문에 순차적으로 변화(순차적인 비용 발생)해 갈 수 있다.

❖ 보안 위협 보고서

앞에서도 언급했듯이, 지금까지 수많은 보안 위협 보고서가 작성되었다. 버라이즌, HP, IBM, 시만텍, 맥아피와 같이 많은 유명 기업에서 주기적으로 보안 위협 보고서를 발간한다. 그런 보안 위협 보고서에는 그 해, 분기 또는 특정 기간 동안의 보안 위협 환경 변화와 트렌드에 대한 내용을 자세히 담고 있다. 그런데 보고서에는 유용한 정보가 가득하지만 보고서가 몇 달에 한 번씩 발간되기 때문에 보고서에 포함된 정보가 최신의 것이 아닌 이미 알려진 것일 경우가 많다. 많은 기업이 보안 위협 보고서를 바탕으로 그들의 보안 정책과 절차를 조정하고 보고서가 강조하는 부분을 그들의 인프라에 적용 가능한지 검토한다. 보안 위협 보고서는 과거의 데이터를 보여 주기 때문에 그 당시의 보안 위협 환경을 이해하는 데 도움이 된다. 따라서 현재와 미래에 대한 보안 위협 환경에 대한 가이드를 찾는다면 보안 위협 보고서는 한계점을 갖는다. 보안 위협 보고서가 제공하는 정보를 검토할 때는 그것의 중요한 한계점(시기와 일반화)이 무엇인지를 유념해야 한다.

> **과거의 보안 위협 보고서의 장점**
>
> 여기서 얘기하고자 하는 것은 과거의 보안 위협 보고서의 유용성에 대한 부정적인 부분이 아니다. 보안 위협 보고서는 IT 기업이나 보안 전문가에게 있어서 필수적이다. 여기서는 보안 위협 예측에 초점을 맞추고 있기 때문에 이 장에서는 과거의 보안 위협 보고서보다는 보안 위협 예측의 필요성을 입증하는 데 많이 시간을 투자했다. 하지만 보안 위협 보고서는 체계적이고 간결한 방법으로 풍부한 정보를 제공한다. 즉, 그 당시의 보안 위협 환경과 보안 트렌드를 이해하는 데 매우 유용한 도구라고 할 수 있다. 보안 위협 보고서에 대한 추가적인 정보는 9장을 참고하길 바란다.

시기

보안 위협 예측은 보안 위협 보고서의 범위를 넘어서, 실시간으로 보안 위협 환경의 변화시킴으로써 위험을 감소시키고, 결국 조기에 침해를 탐지하거나 기업 인프라에 대한 보안 공격을 차단할 수 있게 해준다. 반면에 보안 위협 보고서는 다음과 같은 특징을 가지고 있으며, 그것은 오래된 데이터, 민첩한 적수, 새로운 기술이다.

- **오래된 데이터** – 보안 위협 보고서가 발간될 때 그 안에 포함된 데이터는 이미 오래된 상태인 경우가 많다. 보안 위협 예측은 과거의 데이터에 의존하지 않고 최대한 실시간 데이터를 빠르게 분석하는 것을 목적으로 한다. 즉, 조기에 데이터와 트렌드를 분석함으로써 위험에 노출되는 것을 줄인다.

- **민첩한 적수** – 보안 전문가만 보안 위협 보고서를 보는 것은 아니다. 대부분의 적들은 일단 노출되기만 하면 그들의 전술과 기술, 절차를 변경한다. 시기의 이런 측면은 오래된 데이터와 밀접하게 관련되어 있지만 여전히 언급할 가치는 있다.

- **새로운 기술** – 과거의 보안 위협 보고서는 새로운 기술을 적절히 설명하지 못한다. 하지만 보안 위협 예측은 최첨단 기술을 설명할 수 있다. 보안 위협 환경의 변화는 종종 소프트웨어와 웹 애플리케이션 또는 하드웨어 분야에 있어서 새로운 기술이 적용되고 있다는 것을 나타낸다. 위협 예측을 통해서 보안 위협 환경의 변화를 빠르게 조정할 수 있다.

일반화

글로벌한 위협 인텔리전스로 데이터를 분석하고 분석 결과를 결합하는 것을 어떤 것도 대체할 수 없다. 보안 위협 보고서에서 주로 다루어지는 보안 주제는 유사한 다른 보고서에서도 자주 다루어지는 주제이고 매년 변화한다. 보안 위협 예측 기술을 도입함으로써 기업은 보안 위협 보고서에서 발견되는 일반화를 넘어 기업이 속한 산업과 기업 자체가 겪을 수 있는 구체적인 위협 프로파일을 정의할 수 있다.

◆ 규정 현황

사이버 공격과 데이터 유출에 의한 위협임에도 불구하고 몇 가지의 연방 사이버 보안 규정이 존재한다. 대부분의 규정은 산업이나 (주 또는 연방) 정부에 대한 것이다. 오늘날의 규정 대부분은 수행되어야 할 특정한 사이버 보안 조치를 명시하는 것 대신 합리적인 레벨의 보안 표준을 제시한다. 규제 기준에서는 최소한의 보안 요구사항을 정의하고 기업에서는 그것을 만족시키기 위한 보안 인프라를 만드는 것이 가장 좋은 그림이다. 다음에 이어질 내용은 사이버 보안 규정에 대한 완전한 것은 아니지만, 어떤 보안 아이템을 선택하느냐에 따라서 오늘날의 보안 위협 환경, 표준 그리고 모범 사례에 큰 영향을 줄 수 있다. 연방 정부, 주 정부, 기업에 영양을 주는 산업관련 규정을 철저히 숙지하기 바란다.

산업에 대한 가이드라인

상대적으로 연방 사이버 보안 규정의 수는 적다. 하지만 헬스 케어와 금융 산업은 주목해야 할 분야이기 때문에 해당 분야에 대한 보안 규정이 확립되어 있다. 만약 여러분이 속한 기업이 그 두 가지 산업에 속한다면 그 산업에 요구되는 규제를 적용을 받게 된다. 헬스 케이와 금융 산업은 핵심적인 기반 산업으로 여겨지기 때문에 다음 절에서 논의할 미국 국립 표준 기술원[NIST, National Institute of Standards and Technology]의 프레임워크를 준수해야 한다.

헬스 케어 기관

헬스 케어 산업과 그것의 유관 산업은 1996년 제정된 건강보험 정보 활용 및 책임에 관한 법^{HIPAA, Health Insurance Portability and Accountability Act}의 주요 규제 대상이다. HIPAA가 제정되기 전에는 건강 정보를 보호하기 위해서 일반적으로 적용할 수 있는 보안 표준이 없었을 뿐만 아니라 준수해야 할 일반적인 요구 사항 또한 없었다. HIPAA는 지속적인 규정 준수를 위해서 반드시 따라야 하는 다양한 조항과 규칙으로 구성되어 있다. 여기서는 전자적으로 보호되는 건강 정보(e-PHI) 기술과 보호에 대한 관리 체계를 제공하는 보안 규칙 항목에 대해서 논의할 것이다. HIPAA의 보안 규칙 요약[5]에 의하면, 보안 규칙에서는 e-PHI를 보호하기 위해서 합리적이고 적절한 물리적인 안전 조치와 기술적인 조치를 관리할 것을 요구한다. 구체적으로 다음과 같은 조치를 수행해야 한다.

- 생성, 수신, 유지, 전송된 모든 e-PHI에 대한 기밀성과 무결성, 가용성을 보장해야 한다.
- 정보의 보호와 무결성에 대한 공격과 예측된 위협을 식별하고 방어해야 한다.
- e-PHI에 대한 허락되지 않은 사용과 노출을 합리적으로 예측하고 보호해야 한다.
- HIPAA 보안 규칙을 모든 직원이 준수해야 한다.

보안 규칙에서는, e-PHI에 접근할 권한이 없는 자에게 e-PHI가 노출되거나 이용되지 않아야 한다는 것을 "기밀성"이라고 정의하고 있으며, HIPAA 프라이버시 규칙에서 서술된 "기밀성"의 정의를 따른다. 보안 규칙은 또한 헬스 케어 사업에서 반드시 고려해야 할 몇 가지 사항을 정의하고 있다.

---

5 HIPAA 보안 규칙 요약 – 미 보건 복지부. http://www.hhs.gov/hipaa/for-professionals/security/laws-regulations/index.html

■ **위험 분석과 관리** – 보안 관리 프로세스의 정의에 따른 주기적인 위험 분석 수행

■ **관리적 안전 조치** – 오피스 보안 담당자 지정, 위험 분석과 같은 업무를 관리하기 위한 적절한 보안 관리 프로세스 마련, 주기적인 직원 교육 수행

■ **물리적 안전 조치** – 시설에 대한 접근 통제와 e-PHI에 접근하는 데 이용될 수 있는 업무기기에 대한 접근 통제

■ **기술적 안전 조치** – e-PHI에 접근할 때의 적절한 접근 통제, 감사, 무결성 통제, 안전한 데이터 전송

■ **정책과 절차 그리고 문서화 요건** – 보안 규칙에서 요구하는 모든 사항을 준수하기 위한 합리적이고 적절한 정책과 문서 유지 관리 정책

HIPAA에 대한 자세한 사항은 미 보건 복지부 웹사이트의 건강 정보 프라이버시 부분을 참고하기 바란다(http://www.hhs.gov/hipaa).

금융 기관

금융 산업은 다양한 규제를 받는 대상이다. 금융 산업에 대한 규제 환경은 수십 년 동안 진화해왔기 때문에 여러 가지 규제가 얽히고 설켜 있다. 이렇게 다양한 법령이 연결되어 있어서 금융 기관에 대한 규제 환경은 매우 복잡하다. 따라서 금융 기관에 대한 새로운 법령이 제정되면 그것은 새로운 규제 요건을 추가함과 동시에 기존의 법령과 규제 요건을 개정해야 하는 경우가 많다. 국제 전략 문제 연구소에서는 이러한 금융 산업에 대한 규제 환경의 진화를 깊이 있게 다룬 보고서를 발표했다. 이 보고서를 참고하면 이 책에서 제공하는 것보다 더욱 상세한 금융 산업 규제에 대한 내용을 알 수 있을 것이다.[6]

---

6 The Evolution of Cybersecurity Requirements for the U.S. Financial Industry, D. Zheng, 국제 전략 문제 연구소, http://csis.org/publication/evolution-cybersecurity-requirements-us-financial-industry

이 장에서 언급하는 대부분의 법령은 사이버 보안 요건에 대해서 상세히 기술하지는 않는다. 대신에 기업이나 조직이 다양한 목적(예를 들면, 고객 데이터 보호, 도난 방지와 보고서 작성)의 "정보 보안 시스템"을 구현하도록 요구한다. 수년 동안 법령이 개정되어 온 것 같이 "정보 보호 시스템"의 의미 또한 오늘날의 사이버 보안 환경의 필요성을 충족시키기 위해서 변화되어 왔다. 표 1.1은 몇 가지 관련 법령을 요약해 놓은 것이다. 표 1.1의 내용은 단지 일부분만을 나타낸 것이다.

표 1.1 금융 관련 법령의 예

법령	설명
은행 비밀법(Bank Secrecy Act of 1970 (BSA))	BSA는 자금 세탁과 테러 자금 그리고 탈세를 방지하기 위해서 만들어졌다. BSA는 "의심스러운 행위"로 정의된 것에 대한 보고 요건과 절차를 규정했다. 그리고 기술이 발전함에 따라 그에 따른 새로운 유형의 의심스러운 행위도 추가되어왔다.(예를 들면, 전자적 침투와 계정 탈취) 또한 기술 발전이 발전함에 따라 좀 더 효과적인 보고 절차가 가능해졌다.
연방 예금 보험 공사 법(Federal Deposit Insurance Corporation Improvement Act of 1991 (FDICIA))	FDICIA는 예금과 대출 위기가 절정일 때 통과되었다. FDICIA는 운용상의 보증과 거래 모니터링 그리고 기업이 정보 보안 시스템을 구현하도록 요구하고 있다.
금융 서비스 현대화 법(Gramm-Leach Bliley Act of 1999 (GLBA))	GLBA는 아마도 인터넷 시대의 새로운 문제를 기술한 최초의 법일 것이다. GLBA는 고객의 개인 데이터 보호를 위한 보안 요건을 정의하고 있으며, 정보 보안 계획의 작성을 요구한다. 또한 GLBA는 매년 직원에 대한 정보 보안 교육을 수행하도록 요구하고 있다. 2001년 연방 통산 위원회는 GLBA 구현에 대한 가이드라인을 만들었다. 그것에는 컴퓨터 보안 조치 방법에 대한 내용도 포함되어 있다. 즉, 다층적 접근 통제 사용과 악성코드를 탐지하고 방지하기 위한 구현 통제 그리고 정책에 위반되거나 의심스러운 네트워크 행위를 식별하기 위한 모니터링 방법을 정의하고 있다.
공정하고 정확한 신용 거래법(Fair and Accurate Credit Transactions Act of 2003 (FACTA))	FACTA는 광범위하게 퍼져있는 신원 도용 문제에 대응하기 위해서 만들어졌으며, 신원 도용 방지를 위한 정보 보안 표준에 초점이 맞추어져 있다.

많은 법령에는 구체적인 내용이 결여되어 있기 때문에 금융 기관에서는 외부 기관이 제공하는 가이드라인이나 표준, 프레임워크에 의존하는 경우가 많다. 규제 기관의 조사 결과에 따르면, 조사된 금융 기관 중 90%가 그런 프레임워크나

표준을 이용하는 것으로 밝혀졌다.[7] 여기서는 그들 중 두 가지(PCI DSS와 NIST)를 모범 사례, 표준, 프레임워크 절에서 다룰 것이다.

사이버 보안 정보 공유 법

사이버 보안 환경이 계속 변화함에 따라 그에 따른 관련 법령 환경 또한 변하게 된다. 예를 들면, 이 책을 쓸 당시에는 사이버 보안 정보 공유 법^{CISA, Cyber security Information Sharing Act}이 새로 제정되었다. CISA에서는 정부와 개인 기업 간의 정보 공유 방법을 모색하고 있다. "요컨대, 그 법을 통해서 기업은 법적인 소송 걱정 없이 미 국방부(미 국가 안보국을 포함해서)와 정보를 직접 공유할 수 있다.[8]" 정보 공유 법령이 제대로 평가 받기까지는 시간이 필요하다.

정보 기술 분야와 정보 보안 보안 커뮤니티에 속한 사람들은 이와 관련된 최신의 소식과 새로운 관련 법령 제정 움직임에 귀를 기울여야 한다.

❖ 모범 사례, 표준, 프레임워크

현재 대부분의 관련 법령에서는 구체적인 사이버 보안 방법에 대해서 기술하고 있지 않기 때문에 기업이나 기관에서는 보안 표준과 프레임워크에 의존하여 왔다. 그런 표준과 프레임워크는 기업이나 기관이 사이버 보안 프로그램을 모델링할 수 있는 템플릿을 제공한다. 또한 기업이나 기관이 견고한 사이버 보안 실천의 토대를 만들 수 있도록 도움을 주며, "합리적인" 준수 표준을 제공한다. 그리고 효과적인 보안 위협 예측을 위해서 기업은 가이드라인을 잘 준수해야 한다. 즉, 도움이 되는 보안 위협 예측 결과를 얻기 위해서는 사이버 보안 인프라와 실천 방안에 준수해야 할 가이드라인을 추가해야만 한다.

---

7 Report on Cybersecurity Practices, 금융 산업 규제 기관, https://www.finra.org/sites/default/files/p602363 Report on Cybersecurity Practices_0.pdf

8 The controversial 'surveillance' act Obama just signed, CNBC, LLC, http://www.cnbc.com/2015/12/22/the-controversial-surveillance-act-obama-just-signed.html

PCI DSS

2009년 5월 "지불 카드 데이터를 저장, 처리 또는 전송하는 모든 상인과 기업"[9]이 준수해야 하는 PCI DSS^{Payment Card Industry Data Security Standards} 가이드라인이 처음 만들어졌다. 지불 카드가 보편적으로 사용됨에 따라 이 표준은 금융 분야를 넘어 산업 표준으로 자리매김되었다. 연방 법령에 의한 강제성은 없지만 그래도 PCI DSS를 준수하는 것은 중요하게 여겨지고 있다. 따라서 주요 지불 카드 기업에서는 PCI DSS에 대한 의무적인 준수를 요구한다. PCI DSS는 상인과 카드 처리자를 위한 데이터 보안 표준(표 1.2)을 제시하고, PCI DSS 준수를 위한 절차에 대한 개요를 기술하고 있다.

기업이 지불 카드를 수용하고 처리한다면 PCI DSS를 준수해야 한다. PCI 보안 표준에서는 지불 카드를 처리하는 기업을 위한 합리적인 목표와 그것을 위한 처리 방법을 제시한다. 그러한 목표, 즉 기업이 합리적인 레벨의 보안성을 확보하는 것과 그것을 확보하기 위해서 수행해야 할 요구 사항들을 상식적인 출발선에서 제시한다.

표 1.2 PCI DSS 요구사항

목표	PCI DSS 요구사항
안전한 네트워크 구성 및 관리	1. 카드 소지자의 데이터를 보호하기 위한 방화벽 설치와 설정 2. 디폴트 시스템 비밀번호와 그 외 다른 보안 설정의 디폴트 값 사용 배제
카드 소지자 데이터 보호	3. 저장된 데이터 보호 4. 공개 네트워크에 전송되는 카드 소지자 데이터의 암호화
취약점 관리 프로그램 유지	5. 안티 바이러스 소프트웨어 사용 및 주기적인 업데이트 6. 안전한 시스템과 애플리케이션 개발 및 유지 관리
강력한 접근 통제 조치 구현	7. 카드 업체에서 알아야 할 카드 소지자 데이터에 대한 접근 제한 8. 각 개인에게 고유한 ID 할당 9. 카드 소지자 데이터에 대한 물리적인 접근 제한

이어짐

---

9 Document Library, PCI 보안 표준 위원회, https://www.pcisecuritystandards.org/document_library

목표	PCI DSS 요구사항
주기적인 모니터와 테스트 네트워크	10. 네트워크 리소스와 카드 소지자 데이터에 대한 모든 접근을 추적하고 모니터링 11. 주기적인 테스트 보안 시스템과 절차
정보 보호 정책 관리	12. 정보 보안을 위한 정책 관리

앞서도 언급했듯이, 이러한 요구 사항은 그 출발점이고 필요하다고 여겨져야 하지만 강력한 보안 환경을 구축하려고 노력하는 기업에게는 충분하지 않다. 표 1.2는 각 보안 목표와 그것을 위한 요구사항을 요약하고 있다.

PCI DSS 준수를 유지, 관리하기 위해서, 해당 표준에서는 3단계 프로세스의 지속적 수행과 PCI DSS 준수를 확인하고 모니터링하는 독립적인 보안 평가자를 둘 것을 요구한다. PCI DSS가 대단히 중요한 산업 표준임에도 불구하고 주요 지불 카드회사들은 그들 나름의 PCI DSS 준수 프로그램을 유지 관리한다. PCI DSS에서 정의한 3단계 프로세스는 사이버 보안 실천 사항과 매우 긴밀히 연결되어 있으며 카드 처리 과정에 대한 평가, 교정, 보고를 지속적으로 수행할 것을 요구하고 있다(그림 1.2). 즉, 지불 카드 처리 환경과 사이버 보안 인프라, 취약점 관련 정책과 처리를 평가해야 하고 평가 결과에 따른 교정이 수행되어야 한다. 그 다음에는 발견된 취약점을 기술하고 교정 단계에서 수행된 내용을 기술하는 보고서가 만들어져야 한다. 앞에서도 말했듯이, 이러한 과정은 지속적으로 수행되어야 하고 기업 자체의 사이버 보안과 IT 실천 사항에 PCI DSS에서 정의된 3단계 프로세스가 녹아들어가야 한다.

그림 1.2 PCI DSS 3단계 프로세스

NIST 사이버 보안 프레임워크

미국 국립 표준 기술원[NIST, National Institute of Standards and Technology]의 사이버 보안 프레임워크[CSF, Cyber security Framework]는 특별히 핵심 산업으로 분류되는 기업에 대한 보안 강화를 위해서 만들어졌지만 그 이외의 분야, 즉 핵심 산업으로 분류되지 않은 곳에서도 많이 적용되고 있다. CSF 표준에 대한 준수는 강제성이 없지만 데이터 유출 사건을 겪은 기업에게 있어서는 표준으로 자리잡아가고 있다.

　CSF는 다섯 개의 핵심 기능으로 구성된다. 그것은 식별, 보호, 탐지, 대응, 복구다. 각 핵심 기능은 다시 몇 가지 계층으로 세분화된다. 각 계층은 사이버 보안 실행을 위해서 기업의 직원이 수행해야 할 것이 무엇인지 엄격히 규정하고 있다.[10] CSF에 대한 설명과 각 핵심 기능이 무엇인지 그리고 그것이 기업에 미치는 영향이 무엇인지에 대한 자료가 매우 많기 때문에 여기서는 CSF 프레임워크에 대해서 깊이 다루지 않을 것이다. CSF 프레임워크를 여러분의 기업에 적용한다고 가정해보면, 보안 위협 실행에 대한 구현(9장 참고)을 시작하려고 할 때, 기업의 현 사이버 보안 실행과 정책, 절차를 평가하려고 할 때 NIST CSF는 매우 유용한 시작점이 될 수 있을 것이다.

심층 방어

어떤 기업에서든 심층 방어는 올바른 전략이라고 할 수 있다. 기업의 IT 부서 입장에서 보면 하나의 장비로 이루어진 솔루션이 더 편할 수 있지만 어떤 단일 장비 솔루션도 모든 보안 위협을 성공적으로 대응하지는 못한다. 더욱이 IT 인프라는 다양한 보안 업체의 솔루션을 함께 적용 했을 때 효과적이다. 만약 여러 개의 보안 제품을 쓰더라도 그것이 모두 단일 보안 업체의 것이라면 그것은 다양한 기업의 여러 연구팀의 기술을 동시에 적용하는 것이 아니라 단지 하나의 연구팀의 기술만을 적용하는 것과 같다. 반대로 여러 보안 업체의 솔루션을 사용하게 되면 서

10　Understanding NIST's Cybersecurity Framework, C. Thomas, Tenable Network Security, https://www.tenable.com/blog/understanding-nist-s-cybersecurity-framework

로 다른 공격 벡터(즉, 서로 다른 연구 데이터)와 그에 대한 대응 기술을 가지고 있는 여러 보안 연구팀들의 기술을 적용하는 것이 된다. Blackhatonomics 책[11]에서는 심층 방어를 1 계층과 2계층 기술이라는 용어로 설명하고 있다. 특히 대기업에서 심층 방어는 기본적인 구성 요소이며 보안 도구와 기술이라는 형태로 보안 인프라를 구축한다.

계층 1 보안 기술

현재의 모범 사례와 법령을 기준으로 보았을 때, 다음의 계층 1 보안 기술은 상당히 안전한 인프라를 구축하기 위해서 "필요한" 기술들이다.

- 방화벽 또는 차세대 방화벽
- 데스크톱 안티 바이러스
- 안전한 웹 게이트웨이
- 메시징 보안
- 침입 탐지/차단 시스템
- 암호화(저장 또는 전송 시)
- 보안 정보 이벤트 관리

계층 2 보안 기술

계층 2 보안 기술은 보안 인프라를 구축할 때 종종 "있으면 좋은" 기술로 분류된다. 그런 보안 기술들은 좀 더 정교한 보안 인프라를 위해서 사용된다. 또는 중대한 데이터 유출 사건의 여파로 그러한 기술들이 적용된 제품을 기업이 종종 구입한다. 계층 1과 계층 2의 보안 기술을 결합해서 인프라를 구축하면 가장 단단한 보호를 제공할 것이다. 다음은 계층 2 보안 기술들이다.

---

11 Blackhatonomics, Chapter 7, W. Gragido, Syngress, 05 December 2012, http://store.elsevier.com/product. jsp?isbn=9781597497404

- 지능형 위협 탐지

- 네트워크와 데스크톱 포렌식

- 네트워크와 데스크톱 데이터 유출 방지

- 행위 기반 분석

- 지능형 보안/위협 정보

- 위협 예측과 모델링

보안 제품과 기술의 업데이트와 평가

근시안적으로 새로운 보안 취약점에 집중하면 안 된다. IT나 보안 팀은 새로운 보안 취약점이 발견되면 티가 나게 민감한 반응을 보일 수 있다. 하지만 새로운 취약점에 매번 민감한 반응을 하기보다는 먼저 자기 기업의 인프라와 그것의 잠재적인 약점을 이해해야 한다(그렇다고 새로운 위협을 파악하는 것이 중요하지 않다는 것은 아니다). 버라이즌의 2015년 데이터 유출 조사 보고서^{DBIR, Data Breach Investigations Report}에 의하면 이미 알려진 취약점 공격 중에서 99.9%의 공격이 CVE^{Common Vulnerabilities & Exposures}로 공개된 지 일년이 넘은 취약점들을 이용한 것이다. 이는 기업이 기존의 인프라(엔드포인트와 네트워크 장비 모두에 대해서)를 업데이트하고 패치하기 위한 정책과 절차를 심사 숙고해서 만들어야 한다는 것을 의미한다. 기업이 새로운 패치 버전이 나오는 것을 지속적으로 파악해서 해당 장비에 대한 업데이트를 수행않으면 그것은 데이터 유출보다 더 큰 위험 요소라고 할 수 있다.

사이버 보안과 인적 요인

보안 모범 사례를 검토함에 있어서 직원의 행위와 같은 인적 요인도 함께 살펴봐야 한다. 직원이 사회 공학적인 기법을 이용한 피싱 사기에 당할 수 있기 때문에 직원 자체가 가장 큰 보안 취약점이 될 수도 있다. 따라서 모든 직원은 보안적인 마인드를 가져야 한다. 그러기 위해서는 기업이 철저하고 적극적인 직원 교육에 노력을 기울여야 하지만 그로 인한 효과나 결과는 클 것이다. 특정 데이터에 대한 유출 공격은 그것을 유출시킬 수 있는 사람 중 하나를 목표로 삼는 사회 공학적 공격과 관련되어 있다. 이런 유형의 데이터 유출에 대해서는 9장을 참고하기 바란다.

❖ 오늘날의 정보 보증의 필요성

기업들은 갈수록 기존의 전통적인 시스템(즉, 컴퓨터 시스템과 네트워크)보다 더 신중하게 다루어야 하는 정보 시스템과 유출되면 안 되는 정보들을 관리하고 있다. 이와 같은 행위를 정보 보증IA, Information Assurance이라고 한다. IA 전문가들은 기밀성과 무결성, 인증, 가용성, 부인방지 보장을 통해 정보와 정보 시스템을 정의하고 보호하려고 노력한다. 특히 IA는 "인가된 사용자가 인가된 시간에 인가된 정보에 접근하는 것을 보장하는 절차"라고 할 수 있다.[12] IA를 위해서는 법령의 요구 사항과 모범 사례 그리고 인프라적 요구를 현재와 미래의 보안 환경을 고려하여 잘 통합할 수 있어야 한다. 기업에 보안 위협 예측 기술을 적용하면 의심할 여지 없이 기업의 보안 레벨을 향상시킬 수 있을 것이다. 결국 기업 입장에서 최종적으로 원하는 것은 자신들의 IR 계획을 적용하는 것이기 때문에 보안 위협 예측을 통해서 그것의 장애가 될 수 있는 위협을 방지할 수 있다.

보안 위협 예측의 세계에 온 것을 환영한다.

---

12 아이오와 주립 대학 정보 보증 센터, http://www.iac.iastate.edu/

2장

보안 위협 예측

◆ 개요

이 장에서는 빅데이터 수집과 관련된 하이 레벨의 개념과 그것이 보안 위협 예측에 어떻게 적용되는지에 대해에 대해서 배우게 될 것이다. 그리고 보안 위협 예측이 일기 예보 예측이나 전염병 예측과 어떤 유사점을 가지고 있는지 그리고 보안 위협 예측에 있어서 고빈도 매매 알고리즘이 어떻게 중요한 역할을 하는지 배우게 될 것이다. 또한, 3장부터 중요한 역할을 하게 될 개념으로서 위협 예측 절차에 영향을 미치는 요소에 대해서 알게 될 것이다.

◆ 소개

3장에서는 보안 위협 예측의 개념에 대해서 설명할 것이다. 그리고 왜 보안 위협 예측이 필요하고, 그것이 특정 산업과 지리적 위치 그리고 기업 이미지에 대한 정보, BYOD^Bring Your Own Device 전략을 통해 어떻게 대기업과 중소 기업 모두에 도움이 되는지 살펴볼 것이다. 보안 위협 예측을 통해서 기업은 자본 지출과 운영 경비를 줄일 수 있다. 이에 대한 자세한 내용과 보안 위협 예측에 필요한 구성 요소를 위한 다양한 모델링 기술에 대해서 다룰 것이다. 여기서 소개하는 내용이 다소 극단적으로 생각될 수 있지만 문제 해결을 위해서 어떻게 문제를 다르게 바라봐야 하는지, 기업의 위험을 줄이기 위해서 어떻게 규정을 따라야 하는지에 대한 종합적인 방법을 제시한다.

보안 위협 예측

보안 위협 예측의 역사는 수천 년이나 된다. 몇 가지 예를 들면, 다양한 형태의 예측 모델이 금융 시장, 전쟁, 전염병, 기상학 영역에 적용될 수 있다. 예측 모델에서는 과거와 현재에 어떤 일이 일어나고 어떤 경향이 있는지 파악하고 그 결과를 예측 가능한 미래의 결과를 알아내기 위해서 다양한 예측 모델에 적용한다. 앞서 언급한 모델 중 일부 모델은 오히려 예술 형태에 가깝거나 100% 정확한 과학보다는 행운에 의존하는 모델이라고 생각할 수도 있다. 하지만 요즘 시장에서 많이 각광받고 있는 보안 통제는 위협을 탐지하고 방지하기 위해서 점점 더 지능화되어 가고 있고 행위 분석과 수학을 더 많이 이용하고 있는 추세다. 그것은 내부자에 의한 위협과 제때에 위협을 탐지하지 못하는 문제 해결을 위한 큰 진보라고 할 수 있다. 하지만 위협이 엔드포인트 단까지 미치게 된다면 여전히 부정적인 상황이라고 할 수 있다. 보안 제품은 소매, 헬스 케어, 은행, 제조업, 정부 기관과 같은 산업에 있어서 판에 박은 것처럼 일률적이다. 그것은 마치 최대한 많은 물고기를 잡고자 하는 큰 구멍이 있는 바닷속 어망과도 같다. 불행하게도 그런 어망으로 큰 물고기를 잡을 때는 상관없지만 작은 물고기를 잡으려고 하면 물고기들이 뚫어진 구멍 사이로 달아나기 때문에 작은 물고기를 잡기에는 부적합하다. 보안 위협 예측은 제때에 위협을 탐지하고 예측하기 위해서, 적용되는 각각의 산업에 맞도록 만들어지고 각 산업에서 발생할 수 있는 위험 기반의 모델이 적용된다.

행위를 예측하고 특정 결과를 도출하기 위해서는 그것을 위한 사전 지식과 실시간 데이터가 필요하다. 어떤 기업에서든 보안 위협 환경과 위협 대상은 매우 자주 변한다. 그것은 우리가 인터넷이라는 도구에 의존하기 때문이다. 이는 광범위하게 사용되는 스마트 폰과 태블릿, 랩탑, IoT만 보더라도 알 수 있다. 그리고 그런 기술로 인해서 위협 벡터가 만들어지게 된다. 그것은 중소기업이든 대기업이든 상관없이 기업의 범위나 경계를 넘어 확장된다. 더욱이 악성코드와 취약점, 사회 공학적 공격과 같은 보안 위협 환경은 공격자에게 민감한 데이터에 접근하고 통제할 수 있는 다양한 진입점을 제공한다. 많은 사람들이 인터넷에 의존해서 놀거나 일한다. 그것은 하루 24시간 내내 인터넷에 연결되어 있는 것과 같기 때문에 공격자는 그런 네트워크 연결을 이용해서 접근이 제한되어 있는 데이터에 대한 접근 시도를 끊임없이 할 수 있는 환경을 제공해준다. 기업 인프라 공격을 위한 엔트리 포인트로서 스마트 폰과 태블릿의 역할이 너무 과장된 감이 있다. 왜냐하면 공격자는 공격을 위해서 가장 쉬운 방법을 찾기 마련이며, 공격 포인트로서 스마트 폰과 태블릿을 이용하는 것은 공격자자 선택할 수 있는 공격 방법 리스트에서 우선 순위가 높지 않다. 물론 스마트 폰과 태블릿을 이용하는 공격 방법이 간과되어서는 안 되지만 그로 인한 위험은 상대적으로 낮다고 할 수 있다. 공격자의 공격 기술을 따라가려면 공격자와 똑같이 생각하고 그만큼 보안 접근 방법도 강화해야 한다. 각 산업의 특성과 요구 사항들을 맞추기 위한 위험 기반의 접근 방식도 그중 하나라고 할 수 있다. 시장에는 많은 보안 제품과 보안 회사들이 있지만, 그들은 사전 지식을 이미 갖고 있는 위협에 대한 탐지만을 가시화하려고 한다. 또한 최근에는 좀 더 광범위하게 악성코드를 탐지하기 위해서 샌드박스 안에서 가상화 기술을 이용하는 것이 많이 있지만 그것으로 모든 공격을 탐지하기에는 역부족이다. 예를 들면, 앵글러^{Angler} 익스플로잇 킷과 같은 경우에는 보안 분석가들이 자신의 코드를 VMWare나 VirtualBox, Parallels와 같은 가상 머신이나 Fiddler와 같은 디버깅용 프록시 상에서 실행시키려고 하는지 알아낼 수 있다. 앵글러의 이와 같은 분석 방지 기술로 인해서 보안 분석가들은 골치를 앓게 된다. 이와 같은 현재 보안 제품의 탐지 커버리지와 실제 보안 위협과의 간격을 줄이고자 한다면 보안 위협 예측 기술이 현재의 보안 대응 능력을 향상시켜 줄 것이다.

중요한 점은 대부분의 보안 회사들은 일년에 한두 번 보안 위협 보고서를 발간하는데, 그 안에는 그 기간 동안에 가장 이슈가 되고 중요한 보안 취약점이나 악성코드에 대한 내용을 포함한다는 것이다. 물론 그런 보고서는 흥미롭고 중요한 정보를 제공한다. 하지만 그런 정보를 이용해서 어떻게 미래에 대한 보안성을 높일 수 있을까? 보안 위협 보고서는 지난 일 년 동안 겪었을 모든 보안 위협에 대한 정보를 제공해줄 수는 있지만, 보안에 관한 입장을 바꾸게 하지는 못하고, 이미 지나간 보안 위협으로부터 인프라를 보호하기 위한 제품을 구입하도록 만드는 경향이 있다. 그림 2.1의 그래프는 익스플로잇 킷들의 생명 주기가 길지 않고 짧다는 것을 보여주고 있다.

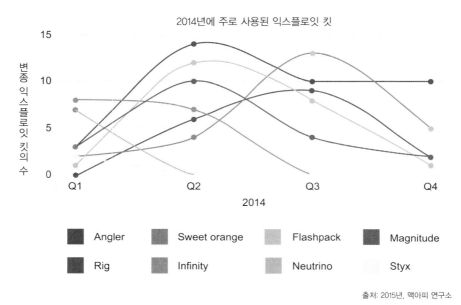

그림 2.1 여러 가지 익스플로잇 킷의 타임라인

　그림 2.1에서 흥미로운 것은 Q3과 Q4 기간 동안에 다른 대부분의 익스플로잇 킷들의 이용이 감소되고 있지만 앵글러 익스플로잇 킷의 경우는 그렇지 않다는 점이다. 앵글러 익스플로잇 킷은 이후 2015년 Q2에는 여러 개의 변종으로 분리되어 많은 기업에 대한 공격 툴로서 여전히 활발히 사용되고 있다. 물론 보안 트렌드에 대한 이력을 분석하는 것은 좋지만 임박한 공격 경고에 대한 선제적인 대응을 하고자 하는 데는 도움이 되지 않는다. 보안 위협을 감시하고 경고하는 것은 마치 기상청이 토네이도가 발생할 것이라고 예고하는 것과 상당히 유사하다고 할 수 있다. 하지만 토네이도를 감시하는 사람의 입장과 토네이도에 대한 경고를 받는 사람의 입장은 완전히 다르다. 만약 토네이도 발생 지역에 있다면 먼저 가족이

안전한지 여부를 확인할 것이다. 기업의 보안에 대한 대응도 이와 매우 유사할 것이다. 신규 보안 취약점과 악성코드를 경고하는 것은 보안 업체가 신규 보안 취약점이나 악성코드를 차단할 수 있는 제대로 된 탐지 능력을 제공해오고 있는지 지속적으로 상기를 시켜주기 때문에 매우 중요하다. 대부분의 기업은 위험을 감소시키기 위해서 표준 운영 절차로써 보안 콘텐츠/시그니처를 업데이트하고 보안 취약점이 있는 시스템을 패치한다. 새로운 보안 취약점이나 악성코드를 알리는 것은 "감시"라고 할 수 있다. 하지만 그것은 보호해야 할 인프라가 보안 위협에 민감하지 않다면 보안성 향상에 아무런 도움이 안 될 것이다.(그림 2.2)

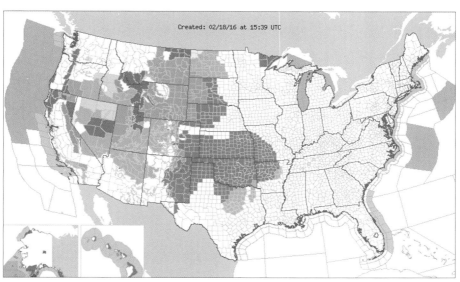

그림 2.2 토네이도 경고를 위한 심각한 날지 예보

만약 금융 산업을 공격 대상으로 한 신규 보안 취약점이나 악성코드가 있었다고 해보자. 그런데 여러분이 속한 기업이 은행이었고 보고된 보안 취약점이나 악성코드와 지리적으로 동일한 위치에 있었다면 여러분은 아마도 기업의 보안 경계 수준을 높은 단계로 올렸을 것이다. 그렇게 되면 공격 코드에 대한 적절한 정보가 필요하고, 보안 업체마다 제 각각인 탐지 성능 간의 차이를 없애는 데 도움이 되

는 위협 인텔리전스가 필요하다. 하지만 기존 프로세스에 위협 인텔리전스를 추가하는 것은 쉬운 일이 아니고 그것을 위한 다양한 데이터를 수급하는 데는 수백만 달러의 비용이 들 수도 있다. 보안 위협 예측은 위협 인텔리전스와 매우 유사하지만 데이터를 바라보고 처리하는 관점에서 다르다. 보안 위협 예측은 예측 정보를 이용해서 데이터를 그것이 적용되는 환경에 맞게 정제한다는 점에서 차이가 있다고 할 수 있다. 정보를 통합하는 것과 데이터의 정확도를 높이는 것은 기업에 적용될지 명확하지 않은 데이터 셋보다는 더 가치가 있다. 만약 보안 위협 관련 데이터 수급에 비용을 지불하고 있고 그 데이터를 이용해서 긍정적인 효과를 얻지 못한다면 쓸데없이 돈을 낭비하고 있는 것이 아닌지 자문해보아야 한다. 공격은 점점 더 타겟팅 공격으로 바뀌어가고 있다. 따라서 외부로부터 전달 받는 보안 위협 관련 데이터를 통해서 타겟팅 공격에 대응할 수 있도록 현재의 보안 통제 능력을 향상 시킬 수 있어야 한다. 이는 매우 중요한 포인트다. 왜냐하면 저자는 현재의 보안 통제가 제대로 자신의 역할을 수행하지 못한다는 주장에 동의하지 않기 때문이다. 지금도 여전히 기술은 확장되고 있고 기업의 보안 위험은 지속적으로 악화되고 있는 상황에서 보안 통제는 나름의 역할을 수행하고 있다.

기술 영역 확장의 위험

이제는 모바일로 업무를 하고 일상 생활을 하는 시대가 되었다. 많은 사람들이 현재와 같은 BYOD 환경을 예상해왔지만, 변하게 된 집적적인 요인은 접근성과 편리성 때문이다. 접근성과 편리성은 상충되는 면이 있고 그것은 보안 위험이 될 수 있다. 예를 들면, 편리성이 강조되면 자산이나 직원들에 대한 통제가 힘들어질 수 있다. 이는 또한 사용자 데이터를 자산으로 하는 대부분의 기업에게 있어서 매우 큰 영향을 미친다. 이는 그 동안 좋은 기업 이미지를 유지하고 있고 정기적인 보안 패치로 보안 취약점에 전형적으로 대응해온 기업들에게 있어서 중요하다. 물론 모바일 기기 관리^{MDM, Mobile Device Management}를 이용해서 스마트 폰과 태블릿에 대한 보안 통제를 할 수 있다고 말할 수 있다. 하지만 그것은 항상 기업 네트워크 내부에 있는 모든 모바일 기기를 대상으로 하는 것은 아니다. 전통적인 보안 위협을 만들어 내는 위협 벡터에 대한 접근, 통제, 분리, 탐지, 차단을 제공하는 것은 보안 산업에 있어서 해결해야 하는 큰 문제로 여겨져 왔다. 일반적으로 대부분의 기업은 NIST나 SANS top 20 또는 ISO 27001과 같은 널리 알려진 보안 프레임워크를 기반으로 보안 대응을 수립한다. 하지만 그런 프레임워크는 빠르게 확장되는 보안 위협 벡터와 보안 위협 환경, 보안 위협이 해당 기업에 관련이 있는지 고려하지 않는다. 이를 보완하기 위해서는 기업 인프라의 핵심에서부터 외부 경계 그리고 모바일 기기까지 그 영역을 가시적으로 볼 수 있어야 한다. 기업에 적용할 수 있는 다양한 보안 통제를 기반으로 인프라 내부에 대한 가시성을 제공하는 것은 기존에도 있었다. 하지만 모바일 기기나 원격지에서의 근무가 확대되고 있기 때문에 기업 외부에 대한 가시성도 마찬가지로 중요하다. 보안 위협 예측은 기업 인프라와 그 내부 개체의 행위를 분석하고 예측한다는 측면에서 사용자와 그들의 행위를 분석하고 예측하는 것과 비슷하다고 할 수 있다. 기업의 안과 밖의 모든 것에 대한 가시성을 확보하면 이전과는 다른 레벨의 기업 보안에 대한 통찰력을 얻을 수 있을 것이다.

고속 빅데이터 수집과 감시

올바른 곳에서 고속으로 데이터를 수집하는 것은 공격 대상이 될 수 있는 데이터에 대해서 실시간에 가까운 가시성을 보장하는 데 핵심적인 요소다. 여기서 중요한 포인트는 올바른 곳에서 데이터를 수집하는 것이다. 또한, 고속으로 데이터를 수집하는 것은 국가의 감시로부터 보호받아야 한다. 불행하게도 우리는 온라인 상에서 우리가 하는 모든 행위를 감시 당하고 있는 감시 사회에 살고 있다. 보안 위협 예측에 있어서 다행인 점은, 보안 위협과 관련 없는 메타데이터는 캐싱하지 않고 기업에 대한 직접적인 위협에 초점을 맞춘다는 것이다. 이는 중요한 포인트다. 왜냐하면 수집하는 데이터를 정부가 감시하고 이용할 수 있기 때문이다. 이는 대부분의 사람들이 불편하게 생각할 수 있는 부분이기 때문에 보안 위협 예측을 위해서 수집하는 데이터는 그와 직접적으로 관련된 것으로 엄격히 제한된다는 점을 재차 강조할 필요가 있다. 인터넷의 속성상 대부분의 보안 전문가들은 보안 위협의 진정한 속성을 꼭 집어서 설명하기 어렵다는 것을 안다. 보안 위협 예측에서는 보안 위협이 시작된 위치가 어딘지는 상관하지 않고 단지 IP 주소에 대한 추적성에만 관심을 갖는다. 이는 공격자가 실제로 중국에 있지만 유럽에 있는 ToR^{The} _{Onion Router} 호스트를 통해서 터널링을 하면 자신의 위치를 숨길 수 있기 때문이다.

이어지는 장에서는 보안 위협 예측에 대한 전체적인 아키텍처를 좀 더 자세히 설명할 것이다. 제대로 된 보안 위협 예측을 위해서는 데이터 전송 속도와 비슷한 속도(10-100 Gbps)로 데이터를 처리할 수 있어야 하고 동시에 수집과 관련 없는 데이터인지를 판단해야 한다. 그렇게 해야만 필요한 저장 공간을 줄일 수 있다. 반면에 데이터베이스에 대한 정교한 상관관계 질의와 분석을 위해서는 상당한 컴퓨팅 능력이 필요하다. 십여 년 전에는 이를 위해서 하드웨어 플랫폼 아키텍처를 그에 맞게 설계해서 만들었고 데이터베이스의 경우에도 그렇게 하거나 오라클 데이터베이스를 최대한 최적화시켜서 사용했다. 하지만 지금은 특별히 설계된 하드웨어가 필요하지 않다. 오라클이나 마이크로소프트 SQL 서버가 아닌 오픈소스 데이터베이스나 기존의 다른 데이터베이스를 약간만 수정하여 사용하면 누구나 쉽게 필요한 데이터베이스 환경을 구축할 수 있고 상당한 비용 절감을 이룰 수 있다. 또한, 데이터 전송 속도와 비슷한 속도로 데이터를 수집하고 저장하는 것도 문제가 되지 않는다. 관련 업체에서는 전용 집적회로를 네트워크 인터페이스 카드에 탑재하는 방식 등으로 네트워크 패킷 캡처 속도 문제를 해결해왔다. 고속으로 데이터를 수집하는 것에 있어서의 문제는 네트워크 패킷을 빠르게 캡처하는 것이 아니라, 네트워크 패킷을 처리하고, 상관관계를 파악하고, 어떤 것을 발견하고, 처리 대상이 아닌 것을 판별해서 엄청나게 빠른 속도로 그것을 디스크 저장 장치에 쓰는 것이다. 데이터 셋을 처리하는 데 있어서 이것이 무엇보다도 가장 중요하고 필요한 요소라고 할 수 있다.

보안 위협 역학

의학에서 역학(전염병학)과 같은 분야는 사이버 보안 위협과 교차되는 부분이 상당히 많이 있다. 소프트웨어 개발자가 이전에 자신이 작성한 루틴이나 서브 루틴을 사용하거나 그것을 새로운 코드에 적용한다는 의미의 "코드 재사용"은 역학에서도 마찬가지다. 보안 위협 예측의 기본은 과학과 수학 그리고 기술을 모두 접목시키고 역학의 어떤 특징을 적용해서 예측 결과를 도출해내는 것이다. 다음은 보안 위협 예측을 위해서 역할이 어떻게 이용되는지에 대한 이해를 돕기 위해서 국립 보건원의 역학에 대한 설명 일부를 발췌한 것이다.

"역학은 질병과 장애의 존재 유무를 판단하기 위해서 모든 요소를 조사하는 의학의 한 줄기라고 할 수 있다. 역학 연구를 통해서 얼마나 많은 사람들이 질병에 걸리고 장애를 갖고 있는지 알 수 있다. 만일 질병과 장애에 걸린 사람들의 수가 변화하면 해당 질병이나 장애가 우리의 사회와 경제에 어떤 영향을 미치는지 이해하는 데 역학 연구가 도움을 줄 수 있다."

"또한, 역학적 판단을 통해서 질병으로부터 영향을 받는 사람들의 수가 시간이 흐름에 따라 어떻게 변화하는지 알 수 있다. 질병의 정의 또한 시간이 흐름에 따라서 변하는 경향이 있다. 하지만 역학적인 판단은 시간이 갈수록 점점 더 어려워진다. 의학자들이 동일한 시간에 동일한 곳에서 조사를 하더라도 특정 질병을 정의하거나 측정하는 방법에 대해서는 이견이 있을 수 있다. 이와 관련된 중요 용어를 살펴보면 다음과 같다.

- **발생률**: 전체 인구 중에서 특정 기간 동안 발생한 새로운 질병에 걸린 수
- **유병률**: 전체 인구 중에서 특정 시점에 질병에 걸린 수
- **질병 비용**: 많은 보고서에서는 의료 행위에 의해서 발생하는 지출(즉, 실질적으로 지출되는 돈)을 질병 비용으로 산정한다. 이상적으로, 질병 비용은 질병과 관련된 업무 비용, 교육 비용, 지원 서비스 비용 그리고 개인이 건강에 위협이 되는 것을 피하기 위해서 지불하는 비용 등을 모두 고려해서 산정한다.

■ **질병 부담**: 질병에 대한 직접적인 치료 비용을 넘어 질병이 사회에 미칠 수 있는 전체적인 중요도다. 이는 질병에 걸린 기간이나 평균 수명과 건강 수명 간의 차이로 측정한다.

■ **건강 수명**DALY, Disability-Adjusted Life Year: 사람들의 건강 지수를 평가하는 방법. DALY는 인생에 있어서 건강하게 사는 기간을 나타내며 현재 사람들의 건강 지수와 모든 사람들이 늙을 때까지 계속해서 건강하게 사는 이상적인 상황과 차이를 측정하는 데 이용된다(http://www.nidcd.nih.gov/health/statistics/Pages/epidemiology.aspx)."

보안 위협 예측은 역학과 일면 비슷한 부분이 있다. 하지만 초점의 대상이 역학처럼 사람들에 있지 않고 특정 분야의 기업이나 비즈니스에 있다. 과거와 현재 그리고 미래의 위협에 트렌드에 대한 실질적인 통찰력을 얻기 위해서 오랜 세월 동안 위협의 존재를 이해하려고 하다는 측면에서는 개념상 유사하다. 하지만 특정 질병의 경우에는 시간이 지나면서 그 방법을 달리한다. 사이버 위협의 경우에도 마찬가지다. 시간이 지나면서 탐지 방법을 달리하기 때문에 "이미 알려진" 위협이 변종을 만들어 내더라도 탐지가 가능하다. 예를 들면, 하나의 보안 취약점을 이용한 공격이 한 곳에 수백 번 발생할 수 있다. 이 경우에는 공격 회수가 많아서 탐지가 쉽게 되지만 종종 너무 늦게 탐지되는 경우도 있다. 보안 위협 예측에 있어서 중요한 포인트는 어떤 특정 보안 위협이 자신에게 닥치기 전에 사전에 그것에 대한 준비를 하는 것이다. 현재와 과거의 보안 트렌드를 이해하는 것은 미래의 알려지거나 알려지지 않은 보안 위협 예측을 가능하게 하는 데 도움이 되기 때문에 보안 위협 역학이 매우 중요하다. 보안 위협의 영향도는 역학의 "유병률"과 "질병 비용" 개념을 이용해서 측정할 수 있다. 대부분의 보안 업체는 공격 시그니처를 탐지한 클라이언트의 수를 추적하며 그것을 이용해서 공격의 유병률을 측정할 수 있다. 또한 이런 식의 데이터 수집을 통해서 보안 업체는 좀 더 높은 탐지율을 구현할 수 있다. 하지만 그렇게 보안 대응을 하더라도 수백만 달러의 비용을 초래하는 공격적인 위협이 있을 수 있다. 예를 들면, 뉴욕 타임즈에서는 아무리 훌륭한 보안 통제를 구축하고 있더라도 타깃 공격으로 1억 4천 8백만 달러에 가까운 비용을 초래할 수 있다는 기사를 게재했다.

앞에서도 언급했듯이 보안 위협을 식별하는 데 있어서 예술과 과학 그리고 수학은 중요할 역할을 할 것이다. 그런 모든 요소(예술, 과학, 수학)들은 동일한 문제를 해결하기 위해서 하나로 모아진다.

고 빈도 보안 알고리즘

고 빈도 매매 개념에 과학과 수학을 이용하면 많은 이점이 있다. 플랫폼과 인텔리전스 자동화는 보안 위협 예측에서 매우 중요한 요소다. 약 4년 전 보안 위협 예측 기술이 개발되기 시작할 때 복잡한 데이터 셋을 고속 연산하고 상관관계 분석을 하기 위한 방법은 많이 있었다. 패턴 매칭, 통계적 샘플링, 행위 분석 그리고 여기서 언급하지 않은 기타 다른 기술은 정상적인 트래픽과 악의적인 트래픽을 구분하는 데 있어서 확실히 기본적인 토대를 제공한다. 하지만 그런 멀티 엔진(패턴 매칭, 통계적 샘플링, 행위 분석)은 동시에 하나의 엔진으로 완전히 통합될 필요가 있고, 각 엔진의 근본적인 개념과 알고리즘 또한 모두 긴밀히 연결되어야 한다. 고속으로 여러 가지 탐지 능력과 분석 능력을 연결하는 방법은 여러 가지가 있다. 데이터 처리 과정에서 디스크에 기록되는 데이터를 분류하고 고속 매매에 사용되는 비슷한 기술을 적용하는 것도 여러 방법 중 하나다. 고속 매매 알고리즘의 기본은 인간의 개입 없이 자동으로 주식을 매매하는 것이다. Shobhit Seth(http://www.investopedia.com/articles/active-trading/101014/basics-algorithmic-trading-concepts-and-examples.asp)는 알고리즘에 의한 매매의 장점을 다음과 같이 정리했다.

- "거래가 가능한 최적의 가격으로 이루어진다.
- 빠르고 정확한 거래 주문(그러므로 원하는 수준에서 거래할 가능성이 크다)

- 주기적이고 즉시적인 거래를 통해서 큰 가격 변동을 피할 수 있다.

- 거리 비용 절감

- 여러 시장 상황을 동시에 자동으로 체크

- 거래에서 발생하는 실수의 위험이 감소됨

- 과거의 데이터와 실시간 데이터를 기반으로 한 영향 평가 알고리즘

- 인간의 감정적이고 심리적인 요인으로 인한 실수의 가능성을 감소시킴"

이와 동일한 개념을 보안 위협 관련 데이터에 적용하면 보안 위협 예측에서도 다음과 같은 이점을 얻을 수 있을 것이다.

- 정확하고 즉각적인 위협을 탐지

- 위협 탐지에 소요되는 시간의 감소

- 여러 KPI를 동시에 자동으로 체크

- 과거의 데이터와 실시간 데이터를 기반으로 한 회귀 분석

- 분석가의 제한된 기술력으로 인한 실수의 가능성을 감소시킴

보안 위협 예측에서 사용되는 알고리즘은 BLAWS라는 이름의 알고리즘이다. 그것 또한 고 빈도 매매 알고리즘과 비슷하게 동작하며 이 책의 다른 장에서 다룰 것이다. 수집되고 처리되는 데이터의 양에 따라서 인간의 어떠한 개입 없이도 데이터를 10억 분의 1초 단위로 처리해야 하는 능력이 요구된다.

✦ 정리

이 장에서는 보안 위협 예측의 개념을 하이 레벨에서 살펴보았다. 새로운 보안 위협 탐지 시스템을 구축하는 방법은 다양하다. 하지만 보안 위협 벡터가 지속적으로 확대되기 때문에 그로 인한 위험을 줄이는 것이 점점 더 어렵고 복잡해지고

있다. 그렇다고 해서 현재의 보안 제품이 필요가 없다는 말은 아니다. 보안 위협은 좀 더 정교하고 특정 목표를 대상으로 공격하는 방식으로 바뀌어 가고 있다. 따라서 그런 특정 산업이나 기업을 목표로 한 공격을 좀 더 진보적으로 경고하는 것은 기업이 적절한 방어책을 미리 준비할 수 있도록 하기 때문에 매우 가치 있는 일이다.

기업 내부 자산을 공격하기 위한 보안 위협을 제대로 알리는 것은 그것을 탐지하는 것보다 훨씬 효과적이라고 할 수 있다. 이를 위해서는 문제 셋을 좀 더 다르고 객관적으로 바라볼 필요가 있다. 보안 위협 예측은 매우 진보적인 기술을 사용하는 것으로 보일지 모르겠지만 공격자들 또한 그런 방법을 사용한다. 공격자들은 모든 수단을 동원하여 최대한 공격을 성공하려고 노력하며 공격 대상 또한 매우 까다롭게 정한다. 보안 위협 예측에서는 공격자가 누구이고 그들이 어느 그룹에 속하는지에는 관심이 없다. 그런 정보는 보안 회사에서 좀 더 잘 제공할 수 있을 것이다. 공격자와는 상관없이 보안 위협은 여전히 보안 위협으로 남게 된다. 보안 위협 예측의 주된 목표는 데이터에서 기업에 정말로 관련 있는 신호를 찾아내는 것이다. STIX, TAXII, Open IOC를 이용한 보안 위협 데이터 처리 과정을 기업의 업무 흐름에 포함시키는 것은 어려울 것이다. 하지만 점점 더 많은 보안 제품이 오픈 표준을 받아들이고 공유하고 있다. 이는 현재의 보안 통제에서 보안 위협 예측을 더 가치 있게 만들고 있으며 기업은 그것을 무료로 사용할 수 있다.

보안 인텔리전스

◆ 개요

3장에서는 보안 인텔리전스의 개념과 그것의 정의를 하이 레벨에서 살펴볼 것이다. 또한, 보안 인텔리전스와 관련 있는 다양한 핵심 수행 지표[KPI, Key Performance Indicator]들에 대해서 자세히 다룰 것이다. 또한, 보안 인텔리전스 플랫폼을 어떻게 구축하는지 설명할 것이다. 보안 인텔리전스의 기원과 그것의 품질을 높이기 위해서 무엇이 필요한지 알게 될 것이다. 구입할 수 있는 보안 인텔리전스의 종류는 같고 많은 부분에서 겹친다는 사실을 알아야 한다. 하지만 솔직히 말해서 이는 문제가 되지 않는다. 왜냐하면 그 중에는 다른 것보다 더 최신의 것이 있을 수 있기 때문이다. 보안 인텔리전스 시스템에 있어서 인텔리전스를 얻을 수 있는 창구가 하나인 것보다는 여러 개인 것이 낫다.

◆ 소개

여기서는 보안 인텔리전스가 무엇을 의미하고 그것이 왜 보안 위협 예측에서 중요한 부분을 차지하는지 설명할 것이다. 보안 위협 예측에서는 보안 인텔리전스의 실시간성, 확실성 그리고 실행 가능성이 중요하다. 또한, 보안 인텔리전스 수집의 복잡성을 좀 더 잘 이해하는 데 도움이 될 수 있는 인텔리전스 조사 과장에 대해서 설명할 것이다. 보안 인텔리전스의 적용 가능성과 심각성을 순위 매기기 위한 스코어링 시스템과 KPI에 대해서도 다룰 것이다. 가치가 없는 정보는 쓸모 없는 정보이다. 보안 세계에서 오진은 보안 분석가가 아무것도 얻지 못하게 만들고, 뿐만 아니라, 이미 보안 위협이 네트워크 안에 존재한 상태이기 때문에 그에 대한 대응이 너무 늦어지게 만든다. 왜냐하면 보안 위협 예측의 목적은 공격이 바로 앞에 닥치기 전에 정보를 미리 제공하는 것이기 때문이다. 어떤 정보가 가치가 있고 어떤 정보가 그렇지 않은지 이해하는 것 또한 중요하다. 인쇄된 파일에 예쁜 라벨이나 공식적인 태그가 붙어 있지 않다고 해서 그것이 흥미롭지 않거나 중요하지 않은 것은 아니다. 마지막으로, 보안 위협 예측을 위한 보안 인텔리전스로 전파되게 될 작거나 큰 데이터 셋의 온라인 처리에 있어서 중요한 지표 속성이 무엇인지 다룰 것이다.

보안 인텔리전스

보안 인텔리전스는 사람마다 각기 다르게 인식될 수 있다. 보안 인텔리전스는 구조화되거나 구조화되지 않은 다양한 형태의 데이터 소스라고 할 수 있다. 예를 들면, IP 주소, 지리적인 IP 위치, 패턴 매칭, 악성코드 바이너리, 악성코드가 포함된 PDF나 마이크로소프트 워드 문서 파일 외에도 다양하다. 핵티비스트 활동의 일환으로 특정 기관이나 특정인을 목표로 하는 소셜 미디어 또한 가치 있는 보안 인텔리전스 소스가 될 수 있다. 또한, 인터넷을 검색을 통해서 탈취되거나 직원이 부주의로 유출한 민감한 기업 문서를 찾아낼 수도 있다. 이 장에서는 보안 인텔리전스를 기업에 대한 직접적인 공격과 간접적인 공격 측면에서 정의할 것이다. 간접적인 공격은 사용자가 링크나 이메일을 클릭하게 만들어서 결국 자신의 기기(랩탑, 태블릿 또는 모바일 기기)가 공격당하게 만드는 것이다. 직접적인 공격의 예를 몇 개 들면, 알려지거나 알려지지 않은 악성코드, 보안 취약점, 자바 기반의 리다이렉트 공격 등이 있으며, 이는 특정 기업이나 전체 사업을 목표로 이루어진다. 가장 중요한 것은 구조화된 데이터와 구조화되지 않은 데이터를 실시간으로 연결해서 무엇이 정상 트래픽이고 무엇이 악의적인 트래픽인지 판단할 수 있는 것이다. 대부분은 아니지만 판단의 대상의 되는 트래픽 중 일부는 암호화된 트래픽이다. 하지만 대부분의 악의적인 트래픽은 실제로 암호화되지 않으며, 악의적인 트래픽을 99.9% 확률로 정확하기 판단하는 것이 불가능하더라도, 이미 악의적인 것으로 알려지거나 의심가는 IP 주소와 연계해서 판단할 수 있는 것이 중요하다. 이를 위해서 보안 인텔리전스의 개연성을 나타내는 스코어링 시스템이 필요하고 그것을 바탕으로 보안 위협의 심각성과 종류를 판단한다.

정보 조사

정보 조사는 획득한 보안 위협 인텔리전스의 정확도를 판단하는 데 있어서 중요한 절차다. 이를 이해서는 보안 인텔리전스를 수집하고 그것을 KPI에 매핑해야 한다. 그리고 앞으로 닥치게 될 보안 위협의 심각성을 판단하기 위해서 보안 인텔리전스를 시스템적으로 자동으로 판단할 수 있어야 한다.

KPIs

IP 주소: IP 평판이라고도 한다. IP 주소는 끊임없이 변한다. IP 주소는 알려진 악성 IP 주소와 원격에서 공격 명령을 내리기 위한 명령 제어 서버와 연결된다. 또한 IPv4나 IPv6 주소 여부와 상관없이 사용자를 악의적인 사이트로 유도하기 위한 악의적인 도메인 네임 서버(DNS) 주소와도 연결된다.

URL(Unified Research Locator): URL은 악성코드를 전파하기 위해서 사용된다. 악의적인 URL 차단이 적용된다면 잘 알려진 정상 사이트에서 다른 URL로의 접속이 차단될 수도 있다. 왜냐하면 웹사이트 내부에 있는 링크를 클릭하면 특정 악성 URL에 대한 접근을 차단시킬 수 있기 때문이다.

GeoIP: 공격자가 어디에 있는지 그리고 공격 대상이 어느 나라의 어느 도시인지 알 수 있는 지리적인 위치 정보를 제공한다. 다음은 IP 주소를 이용해서 얻을 수 있는 정보를 보여 주고 있다(그림 3.1).

IP 주소	국가 코드	위치	우편 번호	좌표	ISP	기관	도메인	도시 코드
8.8.8.8	US	북아메리카, 미국, 캘리포니아, 마운틴 뷰	94040	37.386, −122.0838	구글	구글		807

그림 3.1 GeoIP 테이블

패턴 매칭: 이미 알려진 악의적인 문자열에 대한 문자열 패턴 매칭. 다음은 패턴 매칭의 몇 가지 예다.

alert http $HOME_NET any -> $EXTERNAL_NET $HTTP_PORTS (msg:"ET MALWARE

180solutions Spyware Keywords Download"; flow: to_server, established;

uricontent:"keywords/ kyf"; nocase; content:"partner_id="; nocase;

위 예는 단지 네트워크 트래픽에서 패턴 매칭으로 판단하기 위한 것을 보여주고 있다. 패턴 매칭 이외에도 사용할 수 있는 방법들이 있다. 예를 들면, 머신 러닝을 수행해서 패턴 매칭에 사용할 보안 인텔리전스를 자동으로 생성할 수 있다. 또한, netflow와 sflow를 이용한 행위 분석으로 보안 위협 예측에 사용할 수 있는 풍부한 보안 인텔리전스를 제공할 수도 있다.

복합 문서: 공격자가 인위적으로 전달하는 악성 파일. 만약 파일을 전달받은 사용자가 자신의 컴퓨터나 태블릿 또는 모바일 기기 상의 특정 애플리케이션으로 해당 파일을 열면 악성코드에 감염된다. 게다가 특정 애플리케이션이 아닌 웹 브라우저로 파일을 여는 것만으로 충분한 경우도 있다. 그런 예 중에서 가장 흔하게 사용되는 복합 문서 파일 형태는 어도비의 PDF 파일이다. 만일 그런 악의적인 파일이 알려진 경우라면 MD5나 SHA1과 같은 해시로 고유한 태그 값을

부여해서 악성 파일 여부를 확인할 수 있다. PDF 파일에 대한 MD5나 SHA1 해시 값은 다음과 같을 것이다.

MD5: aaf8534120b88423f042b9d19f1c59ab

SHA1: ed0c7ab19d689554b5e112b3c45b68718908de4c

PDF 파일만이 악성 파일로 사용될 수 있는 복합 문서 파일이 아니다. 마이크로소프트의 워드(.doc, .docx) 파일, 파워포인트(ppt, pptx, pps) 파일, 엑셀(.xls, xlsx) 파일도 악의적인 코드를 포함할 수 있는 복합 문서 형식이다. 다음은 악의적인 목적으로 악용될 수 있는 파일 확장자 리스트이다.

프로그램

.EXE - 실행 프로그램 파일. 윈도우에서 실행되는 대부분의 애플리케이션은 .exe 파일이다.

.PIF - MS-DOS 프로그램을 위한 프로그램 정보 파일. .PIF 파일의 용도는 실행 코드를 포함하는 것이 아니지만, 만일 .PIF 파일이 실행 코드를 포함하고 있으면 윈도우는 그것을 .EXE 파일과 동일하게 취급한다.

.APPLICATION - 마이크로소프트의 ClickOnce 기술로 배포되는 애플리케이션 설치 파일

.GADGET - 윈도우 비스타에서 처음 소개된 윈도우 데스크톱 가젯 기술을 위한 가젯 파일

.MSI - 마이크로소프트 설치 파일. 컴퓨터에 애플리케이션을 설치한다. 애플리케이션은 .exe 파일로도 설치 가능하다.

.MSP - 윈도우 패치 파일. .MSI 파일로 배포되는 애플리케이션을 패치하기 위해서 사용된다.

.COM - MS-DOS에서 사용된 원래의 프로그램 파일

.SCR - 윈도우 화면 보호기. 윈도우 화면 보호기에는 실행 코드가 포함될 수 있다.

.HTA - HTML 애플리케이션. 브라우저에서 실행되는 HTML 애플리케이션과는 다르다. .HTA 파일은 신뢰할 수 있는 애플리케이션으로서 샌드박스 없이 실행된다.

.CPL - 제어판 파일. 윈도우 제어판에 있는 모든 유틸리티는 .CPL 파일이다.

.MSC - 마이크로소프트 관리 콘솔 파일. 그룹 정책 편집기와 디스크 관리 툴과 같은 애플리케이션은 .MSC 파일이다.

.JAR - .JAR 파일은 자바 코드를 포함한다. 만일 자바 런타임이 설치되어 있다면 .JAR 파일은 프로그램으로서 실행될 것이다.

스크립트

.BAT - 배치 파일. 파일이 열릴 때 컴퓨터에서 실행될 명령 리스트를 포함하고 있다. MS-DOS에서부터 사용되어왔다.

.CMD - 배치 파일. .BAT 파일과 유사하지만 이 파일 확장자는 윈도우 NT에서 처음 사용되었다.

.VB, .VBS - VBScript 파일. 파일 안에 포함된 VBScript 코드가 실행된다.

.VBE - 암호화된 VBScript 파일. VBScript 파일과 유사하지만 해당 파일이 실제로 어떤 작업을 수행할지 말하기는 쉽지 않다.

.JS - JavaScript 파일. JS 파일은 일반적으로 웹 페이지에서 사용되고 웹 브라우저에서 실행되면 안전하다. 하지만 윈도우는 브라우저 외부에서 샌드박스 없이 JS 파일을 실행한다.

.JSE - 암호화된 JavaScript 파일

.WS, .WSF - 윈도우 스크립트 파일

.WSC, .WSH - 윈도우 스크립트 컴포넌트와 윈도우 스크립트 호스트 제어 파일. 윈도우 스크립트 파일과 함께 사용된다.

.PS1, .PS1XML, .PS2, .PS2XML, .PSC1, .PSC2 - 윈도우 PowerShell 스크립트 파일. 파일에 정의된 PowerShell 명령이 실행된다.

.MSH, .MSH1, .MSH2, .MSHXML, .MSH1XML, .MSH2XML - 모나드 스크립트 파일. 모나드는 이후에 PowerShell로 이름이 변경되었다.

바로 가기

.SCF - 윈도우 익스플로러 명령 파일. 윈도우 익스플로러에게 잠재적으로 위험한 명령을 전달할 수 있다.

.LNK - 컴퓨터에 있는 프로그램에 대한 링크 파일. 링크 파일은 파일을 삭제하는 것과 같은 잠재적으로 위험한 커맨드라인 옵션을 포함할 수 있다.

.INF - AutoRun에 의해서 사용되는 텍스트 파일. 잠재적으로 위험한 애플리케이션을 실행시킬 수 있고 프로그램에 위험한 옵션을 전달할 수 있다.

기타

.REG - 윈도우 레지스트리 파일. .REG 파일은 실행 시 추가되거나 삭제될 레지스트리 엔트리 리스트를 담고 있다. 악의적인 .REG 파일은 레지스트리에서 중요한 정보를 제거하거나 쓰레기 데이터로 교체할 수 있으며 악의적인 데이터를 추가할 수도 있다.

오피스 매크로

.DOC, .XLS, .PPT - 마이크로소프트 워드, 엑셀, 파워포인트 문서다. 악의적인 매크로 코드를 포함할 수 있다.

.DOCM, .DOTM, .XLSM, .XLTM, .XLAM, .PPTM, .POTM, .PPAM, PPSM, .SLDM - 오피스 2007에서 새로 도입된 파일 확장자. 파일 확장자의 M은 문서가 매크로를 포함한다는 것을 나타낸다. 예를 들면, .DOCX 파일은 매크로를 포함

하지 않지만 .DOCM 파일은 매크로를 포함한다(http://www.howtogeek.com/137270/50-file-extensions-that-arepotentially-dangerous-on-windows/).

보안 위협 예측은 보안 위협이 닥치기 전에 사전에 그것을 예측할 수 있는 상대적으로 새로운 개념이기 때문에 모든 보안 위협 데이터가 정확해야 한다. 이를 위해서는 보안 정보 시스템을 구축하고 파트너와의 정보 공유, 분석이 필요하다. 그 뿐만 아니라 무엇이 저 위험(0-30%), 중 위험(31-79%)이고 고 위험(80-100%)인지 판단하기 위한 통계적인 스코어링 분석이 필요하다. 위험 레벨은 KPI와 긴밀히 연결되어 있다. 하지만 더 중요한 것은 대기업의 IP 주소와 중소기업의 이메일 주소라고 할 수 있다. 그런 정보를 시발점으로 해서 기업의 지리적인 위치, 도시, 어느 산업 영역에 속하는지 그래서 결국 어느 특정 기업인지를 알아내고 최종적으로는 특정 개인을 알아낼 수 있다. 현재 보안 위협을 스코어링하기 위한 모델은 여러 개 있다. 그 예로 Scientific World 저널에서는 "사이버 보안 위협을 관리하기 위한 예측 모델"이라는 제목의 논문이 발표되었다. 그 논문에서 제시하는 모델은 CVSS와 밀접히 연결되어 있고 기업 내 위험은 다양은 속성을 기반으로 하고 있지만, 해당 논문의 다음과 같은 내용은 보안 위협 예측에서 중요하게 이용될 수 있는 부분이다.

개략적인 내용은 보안 위협의 영향을 예상하기 위해서 수학적인 모델링을 사용한다는 것이다.

사이버 공격은 모든 기업이 마주치게 되는 중요한 문제이다. 따라서 보안 정보 시스템이 매우 중요하다. 기업은 사이버 공격 예측과 생태계에 대해서 이해할 수 있어야 하고, 공격 예측은 위험 관리의 일부분으로서 수행되어야 한다. 웜, 바이러스 그리고 기타 악성 소프트웨어에 대응하기 위한 비용은 상당하다. 본 논문에서는 사이버 보안에 영향을 줄 수 있는 다양한 요소를 기반으로 공격의 영향도를 예측하기 위한 수학적인 모델을 제안한다. 해당 모델에서는 환경적인 정보 또한 고려한다. 또한 각 기업의 필요에 따라 수정되어 적용될 수 있다.

논문 저자는 계속해서 예측 모델의 중요성에 대해서 설명한다.

예측 모델은 통계적인 기술을 이용해서 다른 예측 결과가 도출되도록 개발될 수 있다. 프로세스 성능 모델을 위해서 가능성 개념을 적용했다. 이는 시뮬레이션을 통해서 좀 더 자세히 살펴볼 수 있다. 예측 결과는 범위로 볼 수도 있다. 예측 결과에 따라서 중간 보정이 필요할 수 있다. 제시되는 중간 보정을 통해서 최종 결과를 시뮬레이션할 수 있다. 따라서 기술적인 분석가가 데이터와 예측 결과를 분석하는 데 도움을 주는 선행적인 모델이다. 분석가는 데이터를 바꾸어 가면서 가정에 의한 분석을 수행할 수 있다. 그렇게 분석해 나가는 과정을 기록하고 결국 가장 최적의 옵션을 결정한다. 제안하는 모델은 최종 프로젝트 목표를 만족시키기 위해서 무엇을 조절하면 되는지 판단할 수 있도록 도와준다.

보안 취약점은 CVSS 스코어에 영향을 미친다. 보안 취약점이 증가할수록 CVSS 스코어도 증가하고 결국 IT 자신에 대한 영향도 또한 증가한다. 네트워크 트래픽도 CVSS 스코어에 영향을 미친다. 네트워크 트래픽이 많아지면 보안 취약점의 영향도도 증가하고 CVSS 스코어도 증가한다는 것을 의미한다. 따라서 CVSS 스코어는 보안 취약점과 네트워크 트래픽의 영향을 받는다.

예상 CVSS 스코어=−0.2893+0.07174 * 보안 툴에 의해서 보고된 IT 애플리케션 상의 보안 취약점 수+0.0025 * 일주일간 애플리케이션의 평균 입력 트래픽(KBPS)[1]

이는 어떻게 수학적인 분석을 사용해서 특정 결과를 예측하도록 하는지에 대한 개략적인 설명이다. 또한 고 빈도 매매 알고리즘의 유사성을 이용하도록 설계되었다.

---

1 V. Jaganathan, 사이버 보안 위협을 관리하기 위한 예측 모델. The Scientific World, Hindawi Publishing, 2014년 9월, http://www.hindawi.com/journals/tswj/2015/703713/

DIY(Do It Yourself) 보안 인텔리전스

보안 위협 예측이라는 아이디어 자체는 개념적이지만 확실히 구현할 수 있다. 그러기 위해서는 올바른 아키텍처(센서 노드, 수집 노드)와 보안 위협 데이터 소스, 조사/탐지 능력, 그리고 제때에 결과를 전파하고 처리할 수 있는 능력과 모델링이 필요하다. 기업가와 보안 기업 입장에서 볼 때, COTS와 오픈소스 소프트웨어를 이용해서 데이터를 수집, 분석하고 다양한 모델링 능력을 기반으로 적시에 보안 위협 정보 제공을 가능하게 해주는 시스템을 스스로 구축할 수 있는 여러 가지 방법이 존재한다.

물론 그러기 위해서는 소프트웨어 개발자, 데이터 사이언티스트, UX와 악성코드 엔지니어, 리버싱 엔지니어 등이 필요하다. 하지만 자체 보안 인텔리전스 플랫폼을 구축하는 것 외에도 두 가지 방향이 있다. 그것은 보안 인텔리전스를 구입하거나 다양한 보안 인텔리전스 기업과 협력하는 것이다. 여기서 중요하게 기억해야 할 것은 무결성과 정확성을 보장할 수 있는 구입 가능한 데이터는 매우 많다는 것이다.

구축

분석 시스템을 구축하기 위해서는 데이터 수집과 조사를 위해서 어떤 하드웨어가 필요한지 충분한 이해가 필요하다. 또한 KPI와 핵심이 되는 특징을 추출해낼 수 있는 분석 플랫폼이 필요하다. 그리고 GPL이 아닌 오픈소스 소프트웨어를 사용할 수 있어야 한다. 그렇지 않으면, 소프트웨어를 변경할 때마다 오픈소스 커뮤니티에 매번 공유해야 한다. GPL 소프트웨어를 사용하면 소프트웨어에 대한 지적재산이나 성능 향상에 대한 권리를 가질 수 없으며, 반대로 다른 사람들은 기능 향상을 위한 소프트웨어 개발 비용을 줄일 수 있다. 다음은 보안 정보 플랫폼 구축을 위해서 필요한 것을 나열한 것이다.

(1) **수집 센서:** 이상적으로 보면, 세계의 모든 주요 지점에 수집 센서를 둘 필요가 있다. 아마존, 구글 클라우드 컴퓨팅, 마이크로소프트 애저, 아카마이, 랙스페이스 등을 이용하면 동일한 효과를 얻을 수 있다. 수집 센서는 두 가지 작업을 수행할 수 있다. 하나는 데이터를 수집하는 것이고, 다른 하나는 공격이 이루어지는 웹사이트를 찾기 위해서 이미 알려지거나 알려지지 않은 웹사이트들을 인공 지능 기술을 이용해서 실제 사용자가 방문하는 것처럼 운영하는 것이다. 수집된 정보는 정상, 폐기 대상 또는 악성으로 색인되고 추가적인 정보가 산출된다. 그리고 KPI와 핵심이 되는 특징을 기반으로, 앞으로 닥칠 공격을 탐지하기 위해서 침해 여부를 나타내는 모든 정보들 색인해서 저장하고 분석 센서에 분산해서 전달한다. 분석 센서가 정보를 실행 가능하도록 만들어야 하기 때문에 자체 보안 인텔리전스 플랫폼을 구축하는 것은 간단하지 않다.

(2) **분석 센서:** 분석 센서는 수집 센서와 함께 연동되어야 하고, 침해 여부를 나타내는 모든 정보들을 포함한다. 그런 정보들은 앞의 정보 조사 절에서 언급된 KPI와 밀접하게 관련이 있는 것들이다. 분석 센서의 성능은 분석 센서에 전달되는 데이터에 따라서 결정된다. 분석 센서에서 산출된 정보는 데이터베이스 서버에 전달된다. 데이터베이스 서버는 데이터 모델링을 수행하는 데 필요한 모든 분석 정보를 저장한다. 데이터 모델링은 특정 지리적 위치와 산업 그리고 특정 기업에 대한 공격 가능성을 제공하기 위한 분석을 수행해주는 고속의 예측과 결정 알고리즘을 이용한다. 일단 모든 정보들 간의 상관관계 분석과 스코어링이 이루어진 이후에는 보안 위협 데이터를 받아보는 다양한 기업에 전파된다.

(3) **데이터 모델링 서버:** 데이터 모델링 서버는 아키텍처에서 가장 중요한 부분이며, 수집 센서와 분석 센서에서 전달되는 데이터를 위한 데이터 모델링과 데이터들의 모든 상관관계를 제공한다. 데이터 모델링 서버의 지적 재산은 결정 알고리즘과 확률적 분석 방법의 유형에 따라서 전적으로 결정된다. 결정 알고

리즘과 확률적 분석을 위해서는 정확한 정보를 제공하는 스코어링 시스템이 필요하다. 그래야만 보안 위협 데이터를 수신하는 기업들에게 제때에 정확한 정보를 전달해줄 수 있다.

(4) **전파:** 공유되는 보안 위협 정보가 증가됨에 따라 STIX, TAXII, OpenIOC와 같은 오픈 표준은 모든 실행 가능한 보안 정보 전파를 보장하고 있다. 하지만 임박한 위협에 대해서는 모바일 앱, 이메일, 문자 메시지 등 다양한 전파 방법이 이용될 수 있다. 또한 보안 위협 정보를 공유하기 위한 포털을 만드는 것도 필요할 것이다.

(1)~(4)에서 대략적으로 설명한 솔루션을 구축하려면 수 백만 달러의 비용이 들것이고 개발 기간은 12~18개월 정도 그리고 6개월 정도의 품질 보증 테스트 기간이 소요될 것이다. 가장 중요한 것은 과거의 보안 트렌드 분석을 가능하게 만들어주는 데이터 수집과 색인 그리고 현재 보안 위협이 임박했는지 판단하기 위한 실시간 수집 데이터와 과거의 보안 트렌드와의 비교를 위한 데이터 모델링이다. 그런 솔루션을 위한 수 백만 달러의 비용이 천문학적인 것처럼 보이겠지만 좀 더 작은 규모로 구축하는 것도 가능하며, 현재 그런 작은 규모를 위한 연구 개발이 진행되고 있다. 하지만 이는 기업에게 있어서 현실적이지는 않을 수 있다.

구매

분석 내용을 구매하는 것은 많은 소프트웨어 개발 과정과 소프트웨어 구매를 건너뛰게 할 수 있기 때문에 많은 비용 절감 효과를 얻을 수 있다. 하지만 아키텍처에서 가장 중요한 부분인 수집 네트워크와 모델링 서버 그리고 기업의 운영 업무에 녹아 들어가게 될 정보 전파 과정에 있어서는 여전히 상당한 투자가 요구된다. 보안 인텔리전스를 구매하는 데 있어서 다양한 선택 사항이 있겠지만 그 중에서 가장 중요한 것은 잘 정의된 API를 구매하는 것이다. 다음은 보안 인텔리전스를 구매할 수 있는 기업을 몇 개 나열할 것이다.

(1) CrowdStrike

(2) Webroot

(3) VirusTotal

(4) Reversing Labs

(5) Malcovery

(6) Telus

위 리스트는 기업이 보안 인텔리전스에 대한 확실한 기반을 다지고자 할 때 도움이 될 수 있는 기업 몇 개를 예로 든 것뿐이다. 그 외에도 필요한 솔루션으로는 오픈소스인 Cuckoo 샌드박스나 GFI 샌드박스 등이 있다.

협력

협력 단계에서는 시장에 함께 갈 수 있는 보안 인텔리전스 회사를 판단해야 한다. 이는 구매 분석과 매우 유사하다고 할 수 있다. 하지만 분석 서버와 데이터 모델링 서버에 전달될 데이터를 산출할 자체 보안 인텔리전스 플랫폼 구축을 제때에 하는 것이 가장 중요하다.

여기서는 보안 인텔리전스 플랫폼 구축과 관련된 노력과 비용에 대해서 개략적으로 설명했다. 데이터 모델링 서버는 보안 인텔리전스를 수집하는 역할을 수행하는 것은 아니지만 보안 위협 예측 시스템에서 핵심이다.

핵심이 되는 특징

크거나 작은 양의 데이터를 분석할 때는 가장 중요한 특징이 무엇인지 빠르게 파악한 다음 문제의 근원이 무엇인지 계속해서 찾게 된다. 그렇게 시간이 흐른 후에 어떤 패턴이 보이게 된다. 그런 패턴은 대부분 데이터 안의 고유한 다양한 속성들로 이루어진다. 개별적으로 보았을 때 그런 속성들은 잡음으로 간과되거나 쓰레기 데이터로 버려지는 경우가 많다. 누군가의 쓰레기가 다른 사람의 보물이 될 수도 있는 것이다.

스트림 데이터에 있는 페이로드 간 연결은 종종 패턴을 이루는 속성으로 분류되기도 한다. 예를 들면, VoIP를 이용한 대화를 패킷 캡처할 때 네트워크 문제로 일부 패킷이 손실되는 경우가 있다. 그런 경우, 캡처한 내용을 재생하면 대화 내용에서 다양한 단어의 의미와 문맥이 손실될 수 있다.

마치 쓰레기처럼 보이지만 종종 패턴으로 분류되는 경우는 데이터가 다른 데이터 셋과 데이터 소스, 목적지, 시간 그리고 애플리케이션/문맥에서 서로 관계가 있을 때다. 쓰레기 데이터와 연관된 쓰레기 데이터는 당연히 쓰레기라는 것에 논쟁이 있을 수 있다.

그런 데이터는 자체만으로는 가치가 없어 보이지만 다른 데이터 셋과 연계해서 좀 더 자세히 들여다보면 그것은 더 이상 쓰레기 데이터가 아닌 금 덩어리로 보일 수도 있다.

많은 경우, 결합해서 봐야만 보이는 속성을 위해서 시야를 넓힐 필요가 있다. 그 것은 마치 1980년대의 3D 포스터를 보는 것과 유사하다. 포스터를 보고 얼마 지나야만 그 포스터안에 "돛단배"가 있다는 것을 깨닫게 되기 때문이다. 시야를 넓히면 큰 용량의 데이터 셋를 볼 때 정보와 관련이 없는 쓸모 없는 데이터를 분류하는 것이 쉬워지고 데이터 셋 안에서 돛단배를 찾는 데 도움이 될 것이다.

큰 데이터 셋에서 중요한 요소로 서로 연관되어 있는 패턴을 찾는 것은 중요하다. 그와 더불어 불명확한 패턴을 찾는 것 또한 중요하다. 그것은 속성의 문맥과 패턴이 언제 시작되고 언제 끝났는지에 대한 시간 정보를 의미한다. 이런 유형의 패턴을 통해서 시간대나 위치, 경우에 따라서는 나이를 알 수 있다. 또한 그런 패턴을 한데 모아서 보면 전체적인 그림 안에서 행위가 어떻게 이루어졌는지 알 수 있다.

패턴의 전체적인 그림을 보면 어떤 행위가 언제 시작되었고 언제 끝났는지 그리고 언제 잠시 멈추었는지 파악할 수 있다. 그렇게 파악한 정보를 이용해서 유사한 특징을 가지는 다른 데이터 셋과의 상관 분석을 시작할 수 있다. 분석 결과, 공격자가 공격을 잠시 쉬거나 멈추었다고 느껴지면 그것은 아마도 공격 자가 다른 곳을 공격하고 있기 때문일 것이다. 이에 대해서는 6장에서 자세히 살펴볼 것이다.

인텔리전스 전파

정보를 공유하고 분배하기 위한 모델은 여러 가지가 있다. 그런 모델 내부적으로 는 암호화와 망 분리 등의 방법이 동원된다. 그리고 현재는, 비밀을 지키면 안전 할 것이라는 오래된 격언을 지켜나가면서 공유를 위한 하이브리드 솔루션으로 변 화해가고 있다.

과거에는 각각의 모델에서 특징을 조금씩 가져와서 합친 형태의 하이브리드 모 델이 가장 흔했다. 그리고 그 모델에 망 분리를 적용한 형태를 정부 기관에서 주 로 많이 사용했다. 여기서 말하는 망 분리는 여러 계층으로 구성된 형태로 진화하 고 각 계층은 각자 자신의 보안 모델과 분리 네트워크를 가지고 있다.

항상 관련된 유형의 보안 인텔리전스는 공개하고 공유하는 것이 좋다. 공유가 필요한 정보 유출 정보를 예로 들어보면, 공격자가 어디에서 내부 정보를 탈취했 고 공격을 위한 교두보를 어디에 확보했는지 등이 있을 것이다. 정보를 공유하게 되면 종종 악의적인 행위를 하는 사람에 대한 제보가 가능하고 보안 위협을 제거 하기 위한 계획을 수립할 수 있다.

침해 사고 발생하고 그것이 공유되면 해당 침해 사고 조사관이나 관련 고위 관리자에게 인증서를 발급하기 위한 새로운 오프라인 CA 서버를 만드는 것이 좋다. 그리고 해당 보안 위협이 제거될 때까지 그것을 이용한다. 이처럼 침해된 네트워크와 직접적인 연결이 없는 새로운 인증서와 키 배포 채널을 만들면, 해 당 채널을 이용하는 통신은 모두 암호화되어 공격자가 해석할 수 없다는 것을 보장할 수 있다.

따라서 조사 과정에서 이루어지는 모든 통신은 암호화되고 조사 과정은 클린 시스템에서 지속적으로 이루어질 수 있다. 또한 조사관이 공격자의 공격 목표가 되더라도 모든 정보가 유출되지는 않을 것이다. 단지 그때까지 발견된 정보만 그 대상이 될 뿐이다.

또한 보안에 대한 자세와 강제화된 보안 정책은 조사가 이루어지는 과정에서 발생할 수 있는 정보 유출을 줄일 수 있고, 자신의 존재를 아무도 모를 것이라고 착각하고 있는 공격자에게 좀 더 가까이 다가갈 수 있게 해준다.

철저히 격리된 네트워크를 통해서 정보를 공유하고 모든 보안 관련 자들이 여러 대의 워크스테이션을 사용하도록 강제하면 격리된 네트워크 내에서 문제가 발생하거나 공격자가 신뢰된 멤버로 인식되기 전까지는 보안 인텔리전스의 보안성을 보장할 수 있다.

보안 조직의 모든 구성원이 알아야 하는 정보가 모두에게 공유될 때까지 보안 공유 정책은 대개 잘 지켜진다. 경우에 따라서 다르겠지만 마지막에는 모든 구성원이 알아야 한다고 느끼는 구성원에 의해서 다시 한 번 공유되고 정리된다. 슬프게도, 보안 침해 소식이 외부에 노출되면 대개 그런 소식은 들불처럼 퍼져나가게 되고 보안 팀은 침해를 조사하는 와중에도 언제, 어떻게 그런 일이 발생했고 언제쯤에나 해결이 될 것 인지와 같은 난처한 질문에 대답하기 시작해야 한다. 그렇게 되면 보안 팀은 초과 근무를 하게 되고 공격자는 침해에 대한 느슨해진 통신 채널을 통해 현 상황을 알아낼 수 있게 된다. 또 다른 문제는 시스템 관리자가 아무 생각 없이 파일에 대한 접근 시간과 같이 증거가 될 수 있는 정보를 오염시킬 수도 있다는 것이다.

일반적으로 침해 사고에 대한 긴급 대응 작업을 수행할 때는 좀 더 큰 커뮤니티 그룹에 통보하는 것이 흔하지 않다. 그런 커뮤니티 그룹은 대규모로 분산되고 분리된 네트워크 위에서 민감한 정보를 처리하고 정기적으로 정보를 분류하는 작업을 수행한다. 또한 분리된 네트워크 상의 정규 채널을 통해서 통보받은 내용을 전달하고 수신된 정보와 어떤 대응이 이루어졌는지에 대해서 확인한다.

24시간 대응 시스템에서 결합 모델은 종종 처음부터 끝까지 자동화된 방법으로 긴급 대응을 할 수 있는 것으로 여겨진다. 이미 알려진 악성코드나 바이러스 감염의 경우에는 대부분 큰 문제가 없다. 해당 보안 이벤트에 대한 추적과 충분히 문서화된 대응 절차를 통해서 단계적으로 수행된 작업을 기록하면 되기 때문이다. 하지만 불행하게도 그 정도 수준의 성숙함을 갖고 있는 기업은 많지 않다.

그렇다면 인텔리전스를 전파하고 특정 정보에 대한 분류 레벨을 이해하기 위한 가장 최선의 방법은 무엇일까? 그에 대한 답은 보안 생태계 환경과 그것이 어떻게 구성되었는지에 따라서 달라질 것이다.

보안 정보를 이해하기 위해서는 현재의 약점이 무엇인지 정의하고 각각의 보안 도구에 대한 충분한 이해 그리고 다른 보안 도구와 어떻게 연계되어 동작하는지 이해하는 것이 중요하다. 중요한 것은 정보 공유를 위한 안전 구역을 만들어 줄 뿐만 아니라 정보를 수집하고 이해하는 데 도움을 주는 도구의 수가 아니라 그것이 어디에 설치되고 어떤 기능이 있는지 그리고 어떻게 해야 좀 더 나은 성능을 발휘하는지를 아는 것이다. 하지만 이를 제대로 이해하는 기업은 많지 않다.

안전 구역을 만들기 위해서 필요한 사항은 다음과 같다.

- 암호화 통신
- 구획화
- 보호된 리포팅
- 긴급 대응 프로세스의 결합

안전한 통신은 어느 곳에서나 반드시 필요하다. 보안 이슈에 대한 토론과 정보 공유를 쉽게 할수록 원치 않는 은닉 채널과 잘못된 키 관리의 위험이 따라오게 된다(보안 팀의 구획화). 오른손이 하는 일을 왼손이 알 필요가 없다는 것은 아니지만 그렇다고 해서 모든 사람들이 발견된 버그의 모든 자세한 사항이나 위반 사항을 알아야 한다는 것은 아니다.

모든 보안 사고는 문서화될 필요가 있다는 말은 명백하게 들리겠지만 그 안에는 많은 질문이 내포될 수 있다. "보안 사고나 이벤트를 어떤 레벨에서 문서화를 해야 하는가?" 그 답은 "바로 그 순간"이다. 간단히 얘기하면, 특정 이벤트나 보안 사고가 어떻게 처리되었는지에 대해서 과거로부터 배우는 것은 다음에 발생할 보안 사고나 이벤트를 어떻게 하면 더욱 잘 처리하거나 방지할 수 있는지에 대한 노력에 도움이 되기 때문이다.

과거에 비슷한 기업에 어떤 일이 발생했는지를 이해한다고 해서 기업의 보안 위협 환경이 개선되는 것은 아니다. 중요한 것은, 미래의 잠재적인 보안 위협을 방지하고 공격 벡터를 제거하기 위한 노력을 제대로 평가하기 위해서 과거로부터 배우는 것이다.

클라우드 네트워크로의 보안 정보/인텔리전스 전파의 결합은 보안 위협 인텔리전스를 공유하고 교환하는 대규모 분산 그룹에게 있어서 핵심적인 요소다. 그들은 보통 동일한 인프라에 연결되고 공동의 목표를 공유한다.

공공 부문에 있어서 대부분의 주요 침해 사고는 해커가 인지할 수 있게 Pastebin이나 Zone-H에 포스팅되기 때문에 어떤 피해를 입었는지 파악할 때까지 문을 걸어 잠그고 감추고 싶어도 더 이상 감출 수 있는 일이 아니다. 그렇게 되면 침해 사고는 공공 정보가 되고 피해 통제가 수행되어야 한다. 중요한 점은, 현재 처리하고 있는 것이 정확히 무엇인지 파악할 때까지, 침해 사고가 일어났다는 것 외에는 관련해서 어떤 이해도 하지 못한 지휘자의 의도에 맞게 정보가 뒤틀리거나 추가적인 정보가 생산될 수 있다는 것이다. 이는 포스팅된 파일이나 로그에서 어떤 유용한 정보를 찾고자 하는 부류에게는 유용할 수도 있다.

◈ 정리

보안 인텔리전스의 영역은 앞에서도 언급했듯이 매우 넓고 사람마다 각기 그 의미가 다를 수 있다. 보안 인텔리전스는 다양한 구조화된 데이터 소스와 구조화되지 않은 데이터 소스로 정의된다. 예를 들면, IP 주소, IP의 지리적 위치, 패턴 매칭, 악성코드 바이너리, PDF 파일이나 마이크로소프트 워드 문서와 같은 악의적인 복합 문서 등이 있다. 인터넷이 점점 TLS^{Transport Layer Security}와 SSL^{Secured Socket Layer}을 이용하는 방향으로 가기 때문에 인터넷 트래픽에 대한 연관 분석에 있어서 IP 평판이 중요한 포인트가 될 것이다. 하지만 정당한 사용자처럼 보이게 만들 수 있는 인공 지능 가상 머신 기술을 사용하는 경우에는 암호화된 트래픽을 검증하고 확인할 수 있어야 한다. 이는 문제의 소지가 있을 수 있는데, 그것은 TLS/SSL이나 VPN 암호 트래픽을 뚫어서 보안 인텔리전스를 수집하는 경우 법률 위반뿐만 아니라 프라이버시 위반이 될 수 있기 때문이다.

3장에서는 보안 위협 인텔리전스와 KPI의 정확성을 판단하는 데에 있어서 정보 조사가 얼마나 중요한지 살펴보았다. KPI는 보안 인텔리전스와 기업의 자산을 연결시킬 수 없다면 소용이 있다. 또한, 보안 인텔리전스의 정확성을 위한 스코어링은 반복적으로 수행되어야 한다. 왜냐하면 그것은 보안 인텔리전스를 제공하는 데 있어서 중심이 되기 때문이다. 그리고 보안 인텔리전스는 기업이나 기업의 고위 임원을 목표로 하는 보안 위협 감시나 경고 메시지를 제공한다.

3장에서는 또한 자체 보안 인텔리전스 시스템 구축과 관련하여 보안 위협 예측 플랫폼에 대해서 전반적으로 살펴보았다. 보안 인텔리전스의 구축과 구매, 협력 체계를 만드는 것이 얼마나 복잡한 것인지 살펴본 것은 중요한 전환점이라고 할 수 있다. 이미 구축이 시작된 보안 솔루션이 있고 그중 일부는 가장 큰 몇몇 보안 회사를 위한 보안 솔루션 구축 경험을 기반으로 이루어지고 있다. 따라서 그런 움직임을 놓치지 않는 것은 중요하다. 구축 방법은 다양할 수 있지만 보안 위협 예측 능력은 끊임없이 변화하는 보안 위협 환경과 공격 양상을 지속적으로 따라가기 위해서 필수가 될 것이다. 공격은 모바일 기기나 태블릿, IoT^{Internet of Things}

또는 IoE^{Internet of Everything}까지 빠르게 확장되고 있다. 특정 애플리케이션에 대한 보안 위협은 애플의 Xcode와 같은 프로그래밍 언어에 좀 더 초점을 맞추게 될 것이다. 공격자는 프로그래밍 언어를 이용해서 모바일 애플리케이션의 샌드박스를 공격할 수 있다. 하지만 경우에 따라서는 공격자가 모바일 기기에 직접 접근하거나 통제해서 다른 애플리케이션을 공격할 방법이 필요한 경우도 있다. 이는 매우 어려운 작업으로 보일 수 있지만 코드를 분석하면 그렇게 어렵지는 않다. 소프트웨어 개발자가 어떤 애플리케이션을 만들든지 상관없이 공격자는 코드 분석을 통해서 자신이 해당 애플리케이션을 완전히 통제하고 조사할 수 있게 해주는 백도어를 애플리케이션에 삽입할 것이다. 좀 더 명확히 말하면, 정보기관에서는 현재 이와 같은 기술을 사용한다. 중요한 점은, 만약 정보 기관에서 그와 같은 기술을 가지고 있다면 그 외의 다른 사람들도 역시 그와 같은 기술을 가지고 있다는 것이다. 여기서 이와 같은 얘기를 하는 이유는 KPI의 영역이 3장에서 설명한 것보다 더 넓다는 것을 보여주기 위함이다.

이 책을 구상하기 3년 전에는 보안 위협 예측이 개념적으로만 얘기 되었다. 하지만 현재는 현실로 다가왔다. 핵심을 다시 되풀이해보면, "보안 위협 예측 플랫폼 구축을 위해서는 올바른 아키텍처(센서와 수집 노드)와 보안 위협 데이터 소스, 조사/탐지 능력, 적시에 보안 인텔리전스를 전파하고 처리할 수 있는 능력과 절차가 반드시 필요하다." 이와 같은 것을 가능하게 해주는 것이 보안 인텔리전스 시스템의 구축, 구매, 협력이며 이는 결국에는 보안 위협 예측 플랫폼으로 이어지게 된다. 기업가나 보안 기업은 이를 위해서 COTS, 오픈소스 소프트웨어를 이용해서 데이터를 수집, 분석하고 다양한 모델링을 기반으로 제때에 위협 예측 정보를 제공하려고 한다.

크고 작은 데이터를 분석할 때, 우선적으로 성능에 가장 영향을 미치는 요소가 무엇인지 파악할 것이다. 그리고 계속해서 문제의 원인이 무엇인지 찾을 것이고 결국 시간이 흐르면 패턴의 모습이 보이기 시작할 것이다. 그런 패턴은 대부분의 경우 데이터에서 고유한 속성을 가지는 것들로 구성된다. 그것은 개별적으로 보앉을 때는 보통 쓸모 없는 데이터로 무시되는 것들이다. 누군가에게 쓸모 없는 것은 종종 다른 누군가에게는 보물이 될 수 있다. 그렇게 만들어진 패턴은 패턴 매칭에 이용되며 KPI에도 연결되지만 더 많은 정보를 내포하고 있다. 스트림 데이터에 있는 페이로드 간 연결은 종종 패턴을 이루는 속성으로 분류되기도 한다. 예를 들면, VoIP를 이용한 대화를 패킷 캡처할 때 네트워크 문제로 일부 패킷이 손실되는 경우가 있다. 그런 경우, 캡처한 내용을 재생하면 대화 내용에서 다양한 단어의 의미와 문맥이 손실될 수 있다. 이는 쓸모없게 보일 수 있지만 매우 가치 있는 정보로 분류될 수 있다.

현장으로부터의 보안 인텔리전스의 필요성은 단지 공격을 예측하기 위한 것이 아니라 그런 공격에 대한 준비를 한다는 명확한 이유를 가지고 있다. 24시간 내내 지속적으로 네트워크 보안 모니터링을 수행하고 위협의 발생 빈도와 종류 그리고 심각성에 대한 한계 가중치 기반으로 자동 판단하여 방지를 수행하는 24시간 보안 운영 솔루션은 비용이 많이 들어간다. 다른 방법으로 자동화하는 것도 가능하다. 그것은 1번 계층이 2번 계층에서 데이터를 입력 받는 형태와 계속해서 줄어드는 IT와 보안 예산을 극복이 어려워짐에 따라 단순히 하나의 계층으로 이루어진 형태로 만들 수 있다.

마지막으로 많은 모델들이 분산되어 정보를 공유하기 때문에 보안 인텔리전스 전파는 그 만큼 중요하다. 그런 모델 내부적으로는 암호화와 망 분리 등의 방법이 동원된다. 그리고 현재는, 비밀을 지키면 안전할 것이라는 오래된 격언을 지켜나가면서 공유를 위한 하이브리드 솔루션으로 변화해가고 있다. 과거에는 각각의 모델에서 특징을 조금씩 가져와서 합친 형태의 하이브리드 모델이 가장 흔했다. 그리고 그 모델에 망 분리를 적용한 형태를 정부 기관에서 주로 많이 사용했다. 여기서 말하는 망 분리는 여러 계층으로 구성된 형태로 진화하고 각 계층은 각자 자신의 보안 모델과 분리 네트워크를 가지고 있다. 그럼에도 불구하고 기업에 적용할 수 있는 데이터 전파를 위한 운영 플로우를 가지게 되면 기업은 전달된 정보를 소화해서 보안 위협이 닥치기 전에 필요한 보호 조치를 취할 수 있게 된다.

4장

지식 요소 식별

✦ 개요

오늘날 IOA^Indicators Of Attack, IOC^Indicators Of Compromise, IOI^Indicators Of Interest를 관리하는 것은 무엇보다 중요하다. 기업을 공격으로부터 방어하는 일을 하거나, 침입과 관련된 위험을 제거하는 일을 하거나, 보안 위협 관련 지표 또는 지표 객체 데이터를 좀 더 잘 공유하기 위해서 노력하는 일을 하거나 상관없이 어떤 형태의 정보를 공유하는 것은 진지하게 수행되어야 한다. 4장에서는 인텔리전스와 정보를 구별하는 것이 중요하다는 것을 배울 것이다. 그리고 오늘날 산업에서 가장 보편적인 프레임워크와 표준을 통해서 지표와 지표 객체를 공유하는 것에 대해서 가이드할 것이다. 또한, 지표로 표현되는 보안 위협을 상황 별로 기술하는 개념에 대해서 소개할 것이다. 결국, 5장부터 가장 중요한 역할을 하는, 위협 예측 절차 전반에 영향을 미치는 개념을 소개할 것이다.

✦ 소개

십 년 전에 비해서 세상은 더 많이 복잡해졌다. 과거에는 오늘날 IOC라고 부르는 것을 공유하는 규모나 그에 따른 영향력은 작았다. 지금은 대부분 정보 보안 업체와 산업의 신뢰 커뮤니티 또는 ISAC^Information Sharing Analysis Center과 CERT^Computer Emergency Response Team로 구성된 커뮤니티가 그것을 담당한다. 시간이 지나면서 보안 위협 환경에 관련된 정보가 많아짐에 따라서 정보 공유 또한 더 많이 이루어지고 있다. 악의적인 IP 주소나 도메인, MD5 또는 악성코드 샘플에 관한 정보 공유는 증가하였지만, 공유된 정보로부터 파생된 정보나 정제된 정보(지표)는 별로 공유 되지 않았다. 만약 공유가 잘 되었다고 하더라도, 엔드포인트 에이전트부터 네트 워크 기반의 보안 기기나 SIEM^{Security Information Event Management}에 이르기까지 각기 상 이한 기술적 플랫폼에서 쉽게 소비되지 못했을 것이다. 결과적으로, 많은 사람들 과 기업은 보안 위협에 대한 연구 결과에서 핵심 정보를 추출하고 소비하는 방법 그리고 재사용을 위한 패키징 방법을 강구할 필요가 있다고 인지하기 시작했다. IOA와 같은 개념은 IOC와 IOI 자체가 개별적일 때 좀 더 더 많은 가치를 부여할 수 있도록 IOC와 IOI와의 개념적인 관련성을 추가하기 위해서 도입되었다. 이와 같은 지표는 정규 신호에서 이상 신호의 비율이 이미 조건을 만족시켰다는 전제 와 이를 이용하는 기업은 시장에서 차용한 다양한 도식과 표준, 프레임워크를 최 대한 이용한다는 전제 하에 동작한다. 이 장에서는 이와 같은 개념들을 종합적으 로 살펴볼 것이고 각각의 주요 차이점에 대해서도 알아볼 것이다. 그리고 각 각 도식과 프레임워크, 표준의 장점과 잠재적인 실패 가능성에 대해서도 보여줄 것 이다. 개인이나 기업은 이를 통해서 제대로 된 식견을 얻을 수 있고 그것을 그들 환경에 적용하거나 직원에 대한 현명한 판단을 할 수 있게 된다.

❖ 지식 요소 정의

인텔리전스 vs. 정보

지식 요소에 대해서 논하기에 앞서 인텔리전스^{Intelligence}와 지식과의 차이를 먼저 살펴보는 것이 중요하다. 많은 사람들이 이 두 용어를 같은 의미로 쓰지만 각각 고유하고 자기 나름의 분명한 의미를 가지고 있다. 인텔리전스는 웹스터 사전에 서 다음과 같이 정의되어 있다.

- 어떤 것을 배우고 이해하는 능력 또는 새롭거나 어려운 상황을 처리할 수 있는 능력

■ 현재의 적이나 잠재적인 적에 대해서 정부가 수집하는 비밀 정보. 정부 기관 또한 그런 정보를 수집한다.

웹스터 사전은 정보를 다음과 같이 정의하고 있다.

■ 누군가 또는 어떤 것에 대한 지식. 어떤 대상에 대한 사실이나 세부 사항
■ 특정 사람이나 기관의 전화 번호를 찾기 위해서 이용하는 서비스

두 용어의 차이가 분명히 있지만 개인이나 기업이 보기에는 비슷하기 때문에 종종 동의어로 여전히 사용된다. 정보에 대한 두 번째 정의, 즉 고객에게 제공하는 통신사의 서비스라는 의미가 두 용어를 확실히 구분해주는 정의라고 할 수 있다. 두 용어의 차이는 분명하지만, 둘 사이에 존재하는 고유한 관계를 이해하는 것은 보안 위협 예측이나 예측 분석에 초점을 맞춘 서비스를 개발하고 구축하고자 하는 개인이나 기업에게는 매우 중요하다. 일반 통념과는 달리, 특정 커뮤니티나 정보 보안 산업의 요소에서 두 용어는 식상하지 않고 오히려 신선하고 직관적이라고 할 수 있다. 또한 사람이나 객체, 위치, 시스템 그리고 네트워크와 밀접한 관련이 있는 핵심 개념을 모두 가지고 있으며 다양한 형태의 도구에서 사용될 수 있다.

따라서 인텔리전스와 정보의 정의에 대한 이해는 강조해도 지나치지 않는다. 이해하고 지식을 적용하는 것은 다양한 대상 및 환경과 관련이 있다. 그것은 다양한 위협 주체(이념적인 목적이든 범죄를 위한 것이든 또는 국가를 대신하거나 국가의 지원을 받을 것이든)와 실제 공격 목표(예를 들면, 개인, 비즈니스/기업, 특정 산업 전체, 국가 기관/군)에 대한 TTP[Tactics, Techniques, Procedures], ToI[Target of Interest], ToO[Target of Opportunity]에 따라서 중심이 되는 포인트가 달라진다. 여기서 ToI는 공격을 위한 충분한 사전 준비를 갖추고 공격하려는 목표를 의미하고, ToO는 사전에 계획되지 않은 공격 목표이고 예기치 않은 발견이나 출현 등으로 공격을 받게 되는 목표를 의미한다.

이상 신호 비율

인텔리전스와 정보의 경우처럼 사이버 위협 인텔리전스, 보안 위협 예측, 예측 분석을 논할 때도 두 개의 중요한 용어가 있다. 그것은 바로 신호와 잡음이다. 주로 "비율"을 말하거나 어떤 값이 몇 번 포함되어 있는지 또는 다른 값에 포함되어 있는지를 말할 때 두 용어를 언급한다. 사실 실제로 그것이 언급하는 것은 엔지니어적인 의미보다는 그것과 관련된 비유라고 할 수 있다. 인텔리전스와 정보에 대해서 살펴보았듯이 산업에서 신호와 잡음을 둘러싼 매우 이질적인 생각의 차이가 존재한다. 하지만 여기서 뿐만 아니라 이 책 전반에 걸쳐서 두 개념에 대한 쓰임새와 응용 분야에 대한 현실적이고 학문적인 이해를 기반으로 한 소개나 설명은 하지 않을 것이다.

그렇다면 이상 신호 비율[Signal-to-Noise](보통 과학계에서는 줄여서 SNR 혹은 S/N이라고 부른다)은 무엇일까? 특정 응용 과학(예를 들면, 전기 공학)에서 사용되는 측정의 형태로서, 정상 신호의 수준을 비교하거나 어떤 현상의 속성이나 행위에 대한 정보 전달 기능의 수준을 비교한다.[1] 이런 맥락에서 신호를 사용한다는 것은 종종 데이터나 통신 환경 또는 신호 처리나 전기 공학의 이미지가 떠오르게 한다. 신호는 잡음이나 비정상 소리와 비교된다. 비정상 소리는 전체 신호 품질에 영향을 주고 메시지에 대한 해석과 응답 또는 인텔리전스 조각이나 상당히 어려운 정보를 해석하기 어렵게 만든다. 오랫동안 이 이상 신호 비율은 널리 사용되어 왔다. 특히, 수신하거나 가로채거나 또는 응답해줄 필요가 있는 메시지(인텔리전스 또는 정보)를 논할 때 많이 사용된다. 이 책, 특히 이번 장의 목표는 이상 신호 비율을 매우 낮게 만드는 것이다. 그래서 보안 위협 예측과 예측 분석 주제와 밀접한 관련이 있는 메시지(인텔리전스와 정보 개념) 송수신에 정확히 초점을 맞추게 될 것이다. 이상 신호 비율은 라우팅이나 스위칭 플랫폼을 분류하는 전기 기술자에게 또는 보안 위협 예측과 관련된 사이버 보안 위협 인텔리전스에 초점을 맞춘 정보 보안의

---

1 https://books.google.com/books?id=QBT7nP7zTLgC&pg=PA1&hl=en#v=onepage&q&f=false

순 기능을 발휘하기 때문에, 가장 높은 수준의 정확도와 순도를 이루기 위해서 노력해야만 한다.

IOC와 IOI

여기서 사이버 위협 인텔리전스와 보안 위협 예측을 이해하고자 노력하는 독자에게 매우 중요한 두 가지 개념을 소개할 것이다. 그 두 가지 개념, 즉 IOC와 IOI를 통해서 앞으로 살펴볼 지식과 이해에 대한 많은 하위 범주들을 설명할 것이다. 그리고 대부분의 경우, IOC와 IOI는 각각 개별적으로 자동화된 해석 시스템으로 전달된다.

하지만, 비시스템 레벨에서 매우 중요한 의미를 갖는 하위 범주들도 많이 있다. 그런 경우에는 사이버 보안 위협 인텔리전스 분석가가 수행하는 작업에 영향을 줄 수 있다.

IOA, IOC, IOI를 통한 정보 획득

IOA, IOC, IOI는 호스트와 네트워크에서 발생하는 중요한 이벤트를 이해하는데 도움을 준다. 그런 이벤트들 중 몇몇은 악의적이지는 않지만 관리자 관점에서는 의미가 있는 것일 수 있고 또는 인프라나 호스트에 대한 침해 여부를 나타내는 것일 수도 있다. 보안 위협 예측과 예측 분석 측면에서 좀 더 넓게 보면, IOA와 IOC, IOI와의 관계를 제대로 이해하는 것이 매우 중요하다.

위협 행위자나 공격자에게 있어서 무엇이 중요한(취약점 공격이나 침해와 관련해서 보았을 때)지 이해를 하면, 무엇이 발생했고 어떤 수법(공격 행위자나 공격자가 기업 내부 환경에 침입하기 위해서 수행한 특정 방법)으로 공격이 이루어졌는지에 대한 통찰력을 얻을 수 있을 것이다. 다음 절에서 살펴보겠지만, IOA, IOC, IOI를 제대로 이해하면 기업 내부 환경에서 발생하는 이벤트의 여러 가지 요소를 이해하고 해당 이벤트에 대한 대응 담당자를 아는 데 도움이 된다. 만약 발생한 이벤트가 ToI

라고 여겨진다면 그런 정보는 매우 중요하다. 다음 절에서 IOA, IOC, IOI에 대해서 좀 더 자세히 살펴볼 것이다.

◆ 지식 요소의 유형

정보 보안과 보안 위협 인텔리전스 분야에서는 다양한 유형의 지식 요소가 있다. 지식 요소 중에는 방화벽, 침입 탐지 시스템, 침입 차단 시스템, 엔드포인트 위협 탐지 대응 플랫폼(ETDR) 등에 전달되어 소비되거나, 사람과 시스템이 결합되어 분석하는 곳에서 소비되는 것도 있다. 다음 절에서는 정보 보안, 위협 엔텔리전스 그리고 보안 위협 예측과 예측 분석과 관련된 두 가지 중요한 지식 요소에 대해서 자세히 살펴볼 것이다.

IOA 또는 사전 공격 지표

2014년 클라우드 스트라이크^{CrowdStrike}와 인텔/맥아피에 의해서 정의된 IOA라는 용어는 IOC, IOI와 유사하지만 엄밀히 말하면 다른 의미를 갖는다. IOA는 법 집행 과정에서 사용되는 용어인 사전 공격 지표라는 용어와 비슷하다.[2] 인텔/맥아피에 의하면 IOA는 알려지지 않은 속성과 IOC, 정황상 관련 있는 동적인 정보(기업의 인텔리전스와 위험을 포함), 상황에 따른 모습으로 이루어진다.[3] 클라우드 스트라이크의 경우에는 IOA를 다르게 정의한다. 2014년 12월 클라우드 스트라이크에 의해서 작성된 블로그 내용에 의하면 IOA는 공격자가 공격을 성공시키기 위해서 반드시 해야하는 어떤 연속된 행위라고 정의할 수 있다.[4] 클라우드 스트라이크는 스피어 피싱 공격을 예로 들어서 IOA를 설명했다. 클라우드 스트라이크에서 예로 든 시나리오는 다음과 같다.

---

2 https://www.policeone.com/police-products/training/articles/1660205-Pre-attackindicators-Conscious-recognition-of-telegraphed-cues/

3 http://www.mcafee.com/us/resources/solution-briefs/sb-indicators-of-attack.pdf

4 http://www.crowdstrike.com/blog/indicators-attack-vs-indicators-compromise/

- 캠페인 시작

- 캠페인 내용에는 공격 대상자의 컴퓨터를 감염시키기 위한 링크를 클릭하거나 문서를 열도록 설득하는 내용이 포함된다.

- 일단 성공적으로 감염이 이루어지면 공격자는 메모리나 디스크상에서 보이지 않도록 처리한 또 다른 프로세스를 실행 시킨다.

- 그 다음 공격 대상자의 컴퓨터를 지휘하고 통제하기 위한 통신 채널을 만들고 공격자는 그 채널을 이용해서 추가적인 공격 명령을 내린다.

인텔/맥아피와 클라우드 스트라이크에 의하면 IOA는 공격을 위한 각 단계에서 이루어지는 행위(스피어 피싱 공격 시나리오에서 이루어진 각 단계별 행위)와 공격자의 의도(이유/근거/공격 이면에 있는 목표와 성공) 그리고 투입된 노력의 결과와 관련이 있고 그것에 초점이 맞추어져 있다. 그래서 IOA의 경우에는 좀 더 광범위하고 다양한 조건과 상태, 특히 IOC가 포함된다. 그렇다고 하더라도 단지 그런 것들에만 의존해서 결과를 도출하지는 않는다. IOA를 이해는 것은 공격자의 사고방식과 동기를 이해하는 데 매우 중요하다. 분명히 클라우드 스트라이크와 인텔/맥아피에서는 IOA를 중요하게 여길 것이다. 그래서 IOA를 아주 깊이 이해하게 되면 분석가나 기업가 모두에게 이익이 될 것이다.

IOC

IOA와는 달리 IOC^Indicators of Compromise는 호스트나 네트워크 상에서 식별 가능한 침입에 대한 흔적이나 포렌식의 산물이다.[5] IOC는 행위 기반도 아니고(다시 말해서, 위협 행위자나 공격자의 의도나 행위를 반영할 필요는 없다) TTP와 밀접하게 연결되지 않는다. 대신, 네트워크에 있는 호스트에서 추출할 수 있는 것 또는 네트워크 자체를 침해해서 공격자의 침투와 탈출을 위한 창구를 제공하는 요소를 기반으로 한다. IOC의 일반적인 예는 다음과 같다.

---

5 https://blogs.rsa.com/understanding-indicators-of-compromise-ioc-part-i/

- IP 주소

- IPv4

- IPv6

- URL과 FQDN+Path

- MD5 해시

- SHA-1 해시

- 파일 이름

- 파일 유형

- 윈도우 레지스트리 키

- 윈도우 드라이버

대부분의 경우, 분석가가 IOC를 찾기 위한 교육을 받았다면 어렵지 않게 찾을 수 있을 것이다. 표 4.1에서 몇 가지 IOC를 설명하고 있다.

표 4.1 IOC의 예와 설명

IOC	설명
IPv4	105.103.125.129
IPv6	2002:0:0:0:0:0:105.103.125.129
URL (FQDN+Path)	islam20134.no-ip.biz
MD5	a07c79ed7a30c5408d6fb73b4c177266
SHA-1	992cbd54688030d9afd631946f4698de078638bf
파일 이름	Server.exe
파일 유형	PE32 executable (GUI) Intel 80386 Mono/.Net assembly, MS Windows

많은 경우, 사람들은 실수로 (IOC와 IOA 용어를 혼동해서) IOC와 호스트나 기업 네트워크 환경에서 관찰된 행위와 연결을 시킨다.

2013년 온라인 정보 보안 잡지인 「Dark Reading」은 "Top 15 Indicators of Compromise"라는 제목의 글을 게재했다.[6] 그 글에서는 "침해 지표(IOC)"라고 주장하는 것들에 대한 예를 들어서 설명했다.

하지만 「Dark Reading」의 글에서 제공한 IOC 리스트는 실제로는 앞에서 살펴본 IOA나 TTP에 더 가깝다. 그 리스트에는 다음과 같이 관찰 가능한 행위들이 포함되어 있다.

- 일반적이지 않은 아웃 바운드 네트워크 트래픽
- 권한을 가진 사용자의 비정상적인 행위
- 불규칙한 지리적 위치
- 비정상적인 로그인
- 데이터베이스 볼륨에 대한 읽기 작업 증가
- HTML 응답 크기
- 동일 파일에 대한 다수의 질의
- 일치하지 않는 포트와 애플리케이션
- 의심스러운 레지스트리 또는 시스템 파일 변경
- 비정상 DNS 질의
- 예상치 않은 시스템 패치
- 모바일 기기 프로파일 변경
- 올바르지 않은 곳에 위치한 데이터
- 사람의 행위 같지 않은 웹 트래픽
- DDoS 활동 징후

---

6 http://www.darkreading.com/attacks-breaches/top-15-indicators-of-compromise/d/d-id/1140647

만일 우리의 IOC 정의가 올바르고 IOC가 방화벽, IDS, IPS, ETDR 플랫폼과 같은 자동화된 플랫폼 그리고 ATD^{Advanced Threat Detection} 제품에 적용되고 정보 보안 분석가, 사이버 보안 위협 분석가에게 제공된다면 위의 IOC에 관한 리스트는 잊고 그것은 단지 IOA와 TTP와 관련된 행위라고 여기면 된다. 이는 매우 중요하다. 왜냐하면 정보 보안 산업에서 IOC가 (정확히) 무엇이고, 그것이 어떻게 사용되는지에 대해서는 약간의 토론의 여지가 있을 수 있기 때문이다. 최소한 특정 기업과 산업에서 관련 주제를 다루는 전문가의 눈으로 보면 IOC는 단지 IOA의 속성이다. 다음 절에서는 IOC처럼 잘 알려져 있지는 않지만 자신들의 호스트와 네트워크 환경에 대한 더 많은 이해를 바탕으로 보안 위협 예측을 하고자 하는 데 매우 중요한 가치를 제공하는 개념에 대해서 알아볼 것이다.

IOI

IOC처럼 IOI^{Indocators of Interest}는 호스트나 네트워크 상에서 식별 가능한 침입에 대한 흔적이나 포렌식의 산물을 포함한다. 하지만 IOI는 전형적으로는 IOC의 식별과 정의에 도움을 주는 역할을 하는 정보를 말한다. 많은 경우에 IOI는 IOC에 대한 통찰력을 제공한다. 예를 들어서 IOI에는 다음이 포함된다.

- HTTP 세션
- WHOIS 정보
- DNS 질의
- 자체 시스템 네트워크 번호
- 사용자 계정
- 운영 국가
- 패킷 캡처

다음 예에서는 IOI에 속하거나 관련된 정보를 정의하는 데 이용할 수 있는 IPv4 주소와 관련된 경보를 제공할 것이다. 이 경우 알려진 악성 도메인과 관련된 IP 주소(표 4.2)는 다음과 같다.[7]

표 4.2 IOI의 예

IOI	데이터	설명
IP 주소		
	IPv4 주소 유형 WHOIS	105.103.125.129 (105.103.125.129에 대한 whois 검색 결과) % This is the AfriNIC Whois server. % Note: this output has been filtered. % To receive output for a database update, use the "-B" flag. % Information related to "105.96.0.0 - 105.111.255.255" % No abuse contact registered for 105.96.0.0 - 105.111.255.255 inetnum: 105.96.0.0 -105.111.255.255 netname: TA23-new descr: Telecom Algeria country: DZ org: ORG-TA23-AFRINIC]admin-c: DN2-AFRINIC tech-c: SD6-AFRINIC status: ALLOCATED PA mnt-by: AFRINIC-HM-MNT mnt-lower: DJAWEBMNT mnt-domains: DJAWEB-MNT source: AFRINIC Filtered parent: 105.0.0.0 - 105.255.255.255 organisation: ORG-TA23-AFRINIC org-name: Telecom Algeria org-type: LIR country: DZ

이어짐

---

7 https://udquery.net/report.php?id=1451853193990

IOI	데이터	설명
		address: Complexe Informatique des PTT
		address: RN 36 Ben Aknoun
		address: ALGER phone: +213 92 12 24
		fax-no: +213 92 12 08
		admin-c: SD6-AFRINIC
		tech-c: SD6-AFRINIC
		mnt-ref: AFRINIC-HM-MNT
		mnt-ref: DJAWEB-MNT
		mnt-by: AFRINIC-HM-MNT
		source: AFRINIC Filtered
		person: DJOUAHRA Naima
		address: ALGERIE TELECOM INTERNET DJAWEB address: Complexe Informatique des PTT
		address: Route Nationale N 36 Ben Aknoun
		address: ALGER—ALGERIA
		phone: +213 21 92 20 04
		fax-no: +213 21 92 20 04
		nic-hdl: DN2-AFRINIC
		mnt-by: AT-MNT
		source: AFRINIC Filtered
		person: Security Departement
		address: Alger
		phone: +21321911224
		fax-no: +21321911208
		nic-hdl: SD6-AFRINIC
		source: AFRINIC Filtered
	DNS 사용자 계정 운영 국가 Name/Identity/ DJOUAHRA Naima	islam20134.no-ip.biz N/a 알제리 Contact Information ALGERIE TELECOM INTERNET DJAWEB address: Complexe Informatique des PTT address: Route Nationale N 36 Ben Aknoun

이어짐

IOI	데이터	설명
		address: ALGER—ALGERIA
		phone: +213 21 92 20 04
		fax-no: +213 21 92 20 04
		person: Security Departement
		address: Alger
		phone: +21321911224
		fax-no: +21321911208
		nic-hdl: SD6—AFRINIC
		source: AFRINIC Filtered

❖ 공개적으로 정의된 지식 요소

앞에서 살펴보았듯이 지식 요소는 다양한 형태를 띤다. 이번 절에서는 검토를 목적으로 공개적으로 정의된 지식 요소 중 가장 일반적인 것 몇 가지를 살펴볼 것이다. 그에 앞서, IOC의 정의에 대해서 다시 한번 상기해보자. 호스트나 네트워크 상에서 식별 가능한 침입에 대한 흔적이나 포렌식의 산물이다. 이후에 소개될 IOC는 공개적으로 정의된 지식 요소는 IOC를 한두 가지 방법으로 처리한다. 노트: 이 글을 쓸 당시만해도 IOC 공유에 대해서 범용적이거나 표준으로 채택된 것이 없었다. 선택할 수 있는 유형은 몇 가지가 있다. 하지만 어느 것이 충분한 이용 가치와 유연성을 제공하는지에 대해서는 각기 다른 의견이 있을 수 있다. 자신이 선택한 형태의 지식 요소에 대해서 확고한 믿음을 가지고 있는 사람을 찾는 것은 그리 어렵지 않다. 물론 대부분의 신봉자들은 자신이 선택한 표준의 최종 사용자이거나 소비자다. 그리고 그들이 선택한 표준이 그들의 환경과 산업에 성공적으로 적용되고, 이용되고, 지원될 것인지 살펴보는데 관심이 많을 것이다. 이번 절에서는 IOC 공유를 위한 네 가지의 표준을 살펴볼 것이다. 그것은 OpenIOC, Cyber Observable eXpression (CybOX), Incident Object Description Exchange Format (IODEF) (RFC5070), IOCBucket.com이다.

OpenIOC

OpenIOC는 맨디언트(Mandiant, 현재는 파이어아이^{FireEye})에 의해서 처음 개척되고 지지를 받은 표준이다. 처음 만들어진 이후로 OpenIOC는 자동화된 판단 시스템에 대한 IOC 공유에 대한 사실상의 표준으로 여겨지고 있다. 맨디언트는 다음의 조건을 만족시킬 수 있는 솔루션의 필요하다는 것을 인지하였고 그것을 만족시키기 위해서 OpenIOC를 개발했다.

- **정교한 지표**: 보안 위반을 식별하기 위한 전통적인 방법은 더 이상 유효하지 않다. 침입자가 단순한 시그니처를 우회하는 것은 너무 쉽다는 것을 맨디언트는 발견하였고 그들은 좀 더 좋은 방법이 필요하다는 것을 인지했다. 그래서 그들은 모든 기업에 있어서 가장 훌륭한 솔루션은 그들의 네트워크와 호스트에 공격자가 존재하는지 여부를 효과적이고 안전하고 빠르게 의사소통할 수 있는 것이라고 판단했다. 그 솔루션은 정보 제공자(이 경우에는 맨디언트)가 그런 데이터를 자동으로 처리(소화)할 수 있는 형태로 전달할 수 있는지에 따라서 의존적일 수 있다. 그리고 각종 상황이나 보안 위협 인텔리전스 공유에 있어서 발생하는 지연(사람에 의한 지연)이 제거되어야 한다.

- **진보된 위협 탐지**: 기업이 OpenIOC 프레임워크를 이용하면 가장 진보된 보안 위협 탐지를 할 수 있다는 것을 증명할 수 있었다. 그래서 좀 더 친밀감을 주기 위해서 OpenIOC 표준을 위한 커뮤니티를 만들었다. 기업은 그 커뮤니티를 통해서 포춘 1000 기업뿐만 아니라 관련 산업의 보안 위협 인텔리전스 기업으로부터 많은 도움을 받을 수 있다.

- **확장과 커스터마이징**: 기존에 고안된 솔루션은 유연성과 적용 편의성 측면에서 아쉬움이 있었기 때문에 맨디언트는 확장성과 커스터마이징이 가능한 형태라야 표준으로 광범위하게 받아들여질 것이라고 판단했다. 그 결과, OpenIOC에서는 맨디언트가 필드 테스트하고 검증한 IOC을 기업이 사용할 수 있도록 제공하고 기업은 그것을 이용해서 자신들의 환경에 맞는 IOC 셋을 만들 수 있다.

- **체계화**: IOC 형태의 정보를 이용하는 기업에게 전달되는 정보를 체계적으로 정리하고 성문화하는 것은 표준에 있어서 그것의 성공과 실패를 가를 수 있는 매우 중요한 것이다. 맨디언트는 표준을 체계적으로 정의했기 때문에 모든 데이터를 쉽게 성문화하고 바로 사용할 수 있다.

- **만족**: 맨디언트는 표준을 만듦으로써 만족감을 이루었다. 사용자 커뮤니티에서 채택되는 경우가 많아지고 정보 보안 산업에서 맨디언트의 개척 정신이 인정받았다.

OpenIOC가 일단 개발되고 사용되고 테스트되고 개선됨으로써 그것은 위협 인텔리전스와 정보 공유 영역에서 가장 중요한 표준 중 하나가 되었다. 이런 유형의 체계화의 필요성은 엔터프라이즈 급의 정보 보안 기술(예를 들면, 방화벽, IDS, IPS, 이메일과 웹 게이트웨이, 악성코드 분석 플랫폼, 엔드포인트 탐지 대응 플랫폼 등)을 유지 관리하는 사람과 포렌식 조사와 긴급 대응 또는 보안 위협 인텔리전스 연구를 하는 사람에게는 매우 중요하다.

OpenIOC 표준은 매우 성공적이라는 것이 증명되었고 널리 채택되었다. 그토록 성공적이다 보니, 맨디언트가 긴급 대응을 수행하거나 그들의 제품을 판매하는 과정에서 그들의 고객이나 소비자로부터 맨디언트 플랫폼을 통하지 않고 데이터를 공유해줄 생각이 없는지 자주 요청을 받았다. 그래서 맨디언트는 숙고 끝에 OpenIOC를 만들기로 결정했다. 그렇게 표준을 만듦으로써 맨디언트는 정보 보안 커뮤니티의 요구를 수용할 수 있게 되었다. 맨디언트는 또한 그들의 새로운 표준을 채택하는 데 도움을 줄 수 있고 빠르게 보안 위협 정보를 의사 소통하는 데 사용할 수 있는 몇 가지 새로운 툴과 유틸리티를 만들었다. 그리고 자동화된 방법(가독성 있는)으로 빠르게 보안 위협 정보를 전달할 수 있다는 것이 정보 보안 커뮤니티에 의해서 증명되었다. 인터넷 보안 위협 환경은 끊임없이 진화하기 때문에 안정적이고 의미 있는 정보를 실행 가능한 형태로 빠르게 제공하는 능력은 매우 중요하다. 그렇게 함으로써 빠른 탐지와 대응 그리고 타깃 공격에 대한 접근을 가능하게 해준다.

동작 방식

OpenIOC는 XML 프레임워크를 기반으로 한다. XML 프레임워크는 침입에 대한 포렌식 결과를 쉽고 간단한 방법으로 분류하고 기술할 수 있게 해준다. 또한, 이미 알려진 보안 위협과 공격자의 공격 방법 또는 침해의 증거를 식별할 수 있도록 기술적인 특징을 기술할 수 있게 해준다.

어떻게 얻을 수 있을까

OpenIOC를 이용하려면 파이어아이 웹사이트에서 공식적으로 제공하는 무료 툴을 이용하면 되기 때문에 쉽다. 호스트를 조사할 때 사용할 수 있는 IOC Editor(IOC를 만들 때 사용하는 툴)나 Redline과 같은 툴을 온라인에서 곧바로 다운로드해서 사용할 수 있다. XML 또한 해당 사이트에서 얻을 수 있다. 맨디언트의 공식 깃허브 사이트를 방문하거나 OpenIOC 구글 그룹을 방문하면 OpenIOC와 관련된 최신 정보를 뒤처지지 않게 잘 파악할 수 있다(그림 4.1).

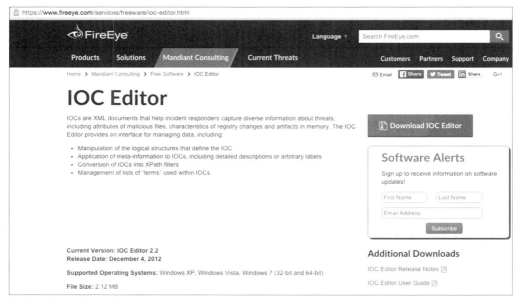

그림 4.1 FireEye의 IOC Editor 툴

IODEF(RFC5070)

앞에서도 살펴보았듯이, 우리의 환경에서 만나게 되는 보안 위협을 제대로 식별하고 분류하고 감소시키기 위해서 데이터 공유는 필수다. 이미 살펴본 OpenIOC와 같은 표준을 이용하면 IOC 정보를 공유할 수 있다. 침해 지표 정보를 사용하거나 채택하는 것을 떠나서 기업은 그들이 목표로 하는 보안 위협 감소와 잠재적인 위협에 대한 좀 더 깊은 통찰력과 이해를 얻기를 위해서 또 다른 도움이 필요할 것이다. 각기 다른 분야나 기업간에 이를 위한 협업이 가능하게 만들기 위해서 IETF는 데이터를 공유하고 표현하기 위한 새로운 표준을 제시했다. 그 표준은 IODEF^{Incident Object Description Exchange Format}다. IODEF는 RFC5070에 그 스펙이 정의되어 있고 "컴퓨터 보안 긴급 대응 팀^{CSIRT, Computer Security Incident Response Teams} 간에 정보 교환을 하기 위한 컴퓨터 보안 정보 포맷"이다. IODEF 포맷은 개선을 위한 운영상의 의무와 권리를 가지고 있는 조직이나 기업간에 침해 사고 정보를 주고 받을 수 있도록 하기 위해서 XML을 지원한다. RFC의 내용에 따르면 IODEF의 데이터 모델은 다음과 같은 정보를 인코딩한다.

- 호스트
- 네트워크
- 서비스
- 공격 방법
- 포렌식 증거
- 영향성
- (제한된) 공격 수행 흐름

IODEF 표준의 원래 목적은 CSIRT의 운영 능력 향상이었음에도 불구하는 긴급 대응과 관련이 있는 기업뿐만 아니라 일반 기업으로부터 지지를 받고 있다. 다른 모든 데이터 공유 표준의 경우처럼 IODEF 표준 또한 채택이 되고 승인이 되는 과정이 다소 시간이 걸리고 있다. 하지만, IODEF의 공동체 중심의 가치는 협업과 데이터 공유를 통해 상황에 따른 인식을 의사소통하기 때문에 보안 사고를 적시에 해결하는 능력을 향상시켜준다.

IODEF 데이터 모델

IETF 데이터를 표현하기 위한 IODEF 데이터 모델을 정의했다. 그것은 컴퓨터 보안 사고와 관련해서 CSIRT간에 통상적으로 교환되는 정보를 공유하기 위한 프레임워크를 제공한다. IODEF의 데이터 모델을 정의할 때 IETF는 다음과 같은 점을 고려했다.[8]

- IODEF 데이터 모델은 전송 포맷이지만 디스크 저장 장치나 장기간 보관하기 위한 용도 또는 메모리 상에서의 처리에 있어서 최적화된 표현은 아니다.

- "보안 사고"에 대한 정확하거나 일반적으로 합의된 정의는 없다. 결과적으로 IODEF 데이터 모델은 기존의 모델을 그대로 답습하지는 않는다. IODEF는 대부분의 운영자를 충분히 수용할 수 있는 유연성을 가져야 한다.

- IODEF는 통상적으로 교환되는 보안 사고 관련 정보를 공유하기 위한 프레임워크가 되는 것을 목표로 한다.

- 보안 분석 영역은 완전히 표준화되지 않았기 때문에 자유로운 형식의 텍스트로 된 설명에 의존해야 한다. IODEF는 자유로운 형식으로 내용을 표현하는 것과 보안 사고 정보를 자동으로 처리할 수 있는 형식 사이의 균형을 잡으려고 노력해야 한다.

- IODEF는 몇 가지의 보안 정보 표현 방식 중 업계에서 인정하는 표준 형식으로 변환되는 유일한 것이어야 한다.

---

8 https://www.ietf.org/rfc/rfc5070.txt

데이터 표현과 공유 모두에 있어서 이런 균형 잡힌 접근 방식으로 인해 IODEF 표준의 개발과 채택이 지속적으로 이어질 것이다.

IODEF 구현

앞에서도 언급했듯이 IODEF 구현은 XML 스키마로 정의되어왔다. XML 스키마는 표준을 도입해서 사용하려는 기업에게 많은 이점을 제공한다. 스키마의 확장성으로 인해 "다양한 문자 인코딩을 지원하는 프레임워크 제시에 이상적"이다.[9] IODEF를 이용한 명확하고 적극적인 데이터 공유 예는 많이 있다. http://siis. realmv6.org/implementations와 같은 웹사이트에서 여러 가지 사용 예를 확인할 수 있다. 해당 사이트에서는 사용 예와 도구 그리고 오픈소스 구현 코드와 IODEF RID 서버 도입에 필요한 것을 제공한다.[10]

IOCBucket.com

OpenIOC와 IODEF 외에 IOC 공유를 위한 것으로 IOCBucket이 있다. IOCBucket은 침투 테스트 업계에서 활발히 활동하는 세 명의 보안 전문가가 만들었다.

IOCBucket.com은 IOC의 출처와 목적에 대한 매우 많은 정보를 제공하고 침해 지표 공유를 위해서 만들어졌다. IOCBucket은 IOC 공유에 관심이 많은 컴퓨터와 정보 보안 전문가들의 커뮤니티다. 사이트 제작자는 IOCBucket이 다국적 기업 사이를 잇는 다리와 같은 역할을 하며 보안 사고 대응 지식과 경험을 제공하는 사이트라고 말한다.[11] 그리고 OpenIOC 업계에 대한 공헌을 하고 가장 큰 오픈소스 지표 저장소가 되려고 노력하고 있다. IOCBucket 사이트에서는 평판 데이터 베이스에서 IOC를 검색하고 체크할 수 있고, OpenIOC 표준에서 지원하는

---

9 https://www.ietf.org/rfc/rfc5070.txt

10 http://siis.realmv6.org/implementations/

11 https://www.iocbucket.com/about

500여 필드 중 하나를 이용해서 잠재적인 감염 가능성을 판단할 수 있다. 그리고 엔드 유저가 자신의 네트워크에 대한 침입과 감염 여부를 확인할 수 있는 IOC를 다운로드할 수 있다. 사이트는 누군가의 소유가 아니고 정부 공무원이나 그 대리 자로부터 후원을 받는다(그림 4.2).

그림 4.2 IOCBucket.com

CybOX

CybOX^Cyber Observable eXpression는 IOC 공유를 위해서 설계된 또 다른 시스템이고 모든 사이버 보안 사용 예를 관찰할 수 있게 해준다. CybOX 개발자에 의하면 CybOX는 사이버 침해 지표를 통일되고 일관된 기본 정의를 통해 특정 도메인별 표준과 솔루션을 지원하는 유연한 시스템이다.[12] CybOx를 이용하는 경우 대부분 은 특정 도메인별 표준에서의 사용 예나 CybOx에 긍정적인 영향을 줄 수 있는 솔루션에 초점을 맞추어야 한다. 그리고 CybOx는 정보(IOC와 사이버 관찰 정보) 관찰을 위한 다음과 같은 원칙을 따른다.

---

12 http://cyboxproject.github.io/documentation/use-cases/

- 다양한 사용 예에 대한 일반적인 사용자이고 특정 사용 예간에 충돌이 발견되지 않는다면 CybOx에는 사이버 관찰 정보만 포함된다.
- 특정 단일 도메인을 지원하는 사이버 관찰 정보와 관련된 데이터는 도메인별 표준이나 모든 일반적인 사이버 관찰 정보를 위해서 CybOx를 지원하는 솔루션에서 관리될 것이다. 지원되는 사용 예는 다음과 같다(표 4.3).[13]

표 4.3 Cybox 사용 예

지원되는 사용 예	관련 프로세스	도메인별 표준
서로 다른 업체의 서로 다른 유형의 다양한 센서 셋에서 수집한 이벤트 데이터 분석	이벤트 관리	CybOX
공격 패턴을 이용하는 악의적인 행위 탐지	공격 탐지	Common Attack Pattern Enumeration and Classification (CAPEC™)
악성코드 행위 특성을 이용하는 악의적인 행위 탐지	공격 탐지	Malware Attribute Enumeration and Characterization (MAEC™)
자동화된 공격 탐지 시그니처 룰 생성	공격 탐지	CybOX, MAEC, CAPEC, Structured Threat Information eXpression (STIX™)
공격 패턴을 이용하는 악의적인 행위에 대한 특징 짓기	사고 대응/관리	CAPEC, STIX
새로운 공격 패턴 식별	위협 특성	CAPEC
공격 전술에 기반해서 기존의 공격 패턴에 대한 우선 순위 정하기	보안 테스트와 보안 개발	CAPEC, STIX
악성코드의 행위 특징 짓기	악성코드 분석	MAEC
공격 패턴을 이용하는 악성코드 분석 가이드	악성코드 분석	MAEC, CAPEC
악성코드의 영향 탐지	공격 탐지와 사고 대응/관리	Open Vulnerability and Assessment Language (OVAL®), MAEC, STIX

이어짐

---

13 http://makingsecuritymeasurable.mitre.org/docs/cybox-intro-handout.pdf

지원되는 사용 예	관련 프로세스	도메인별 표준
협력적인 공격 지표 공유	정보 공유	
공격 패턴을 이용하는 사고 관리와 악성코드 특징화를 위한 권한 부여와 가이드	사고 대응/관리	STIX, CAPEC, MAEC, CybOX
일관적이고 유용한 동시에 자동화된 사고 경보	사고 대응/관리	STIX, MAEC, CAPEC
공격 패턴에 명시된 자동화된 위협 억제 애플리케이션	사고 대응/관리	STIX
사고 정보 공유	사고 대응/관리	STIX
디지털 포렌식의 일부분으로서 관찰된 속성과 악의적인 지표간의 상호 연관성 지원	디지털 포렌식	Digital Forensics XML (DFXML), STIX, MAEC, CAPEC
디지털 포렌식 분석 결과 캡처	디지털 포렌식	DFXML
데지털 포렌식 출처 정보 캡처	디지털 포렌식	DFXML
디지털 포렌식 정보의 공유	디지털 포렌식	DFXML
사이버 관찰 가능 정보에 대한 명시적이고 암시적인 공유 통제	정보 공유	STIX, CybOX, Trusted Automated eXchange of Indicator Information (TAXII™)
사이버 관찰 정보에 대한 새로운 레벨의 메타 분석	사이버 상황 인식	CybOX, STIX

❖ 정리

이번 장에서는 인텔리전스와 정보 구별의 중요성에 대해서 살펴보았고 그것은 여기서 소개한 표준이나 프레임워크 또는 스키마에서 사용된다. 그리고 IOA와 IOC, IOI의 개념에 대해서 설명했다. 또한 OpenIOC 프레임워크, IODEF (RFC5070), IOCBucket, CybOx에 대해서 설명하였으며, 각각의 고유한 세부 내용과 각기 어떤 것을 제공하고 어떤 사용 예에 특화되어 있는지 알아보았다. 이번 장은 이후에 소개될 내용에 대한 개념을 소개하고 동시에 좀 더 복잡한 상황과 시나리오에 대한 서론이라고 보면 된다.

5장

지식 공유와 커뮤니티 지원

◆ 개요

위협 모델링은 기업 네트워크 내의 보안 위협 환경을 이해하는 데 사용할 수 있는 효과적인 도구다. 하지만, 기업 내 네트워크에서 만들어진 데이터를 이용하는 것은 단지 보안 위협 환경의 일부분만을 볼 뿐만 아니라 잠재적인 위협이나 이미 발생한 보안 위반 사항만을 볼 수 있을 뿐이다. 이를 해결하기 위해서 위협 모델링 뿐만 아니라 커뮤니티를 통해서 지속적으로 공급되는 정보를 이용하여 위협 예측 또한 수행되어야 한다. 기업은 커뮤니티에 정보를 공유하는 것을 처음에는 주저하게 된다. 왜냐하면 대부분의 커뮤니티 기반 프로젝트에서 그렇듯이 지식 요소를 공유하는 것은 안전하지 않고 그것이 공유를 통해서 얻을 수 있는 장점보다 더 큰 잠재적인 위험이 있을 것이라고 여기기 때문이다. 따라서 IOI^{Indicator Of Interest}와 IOC^{Indicator Of Compromise}(즉, 지식 요소)에 초점을 맞추기 위해서 대부분의 커뮤니티 공유에서는 보안 위협을 이해하는 데 필요한 데이터만을 표현하도록 설계되었다.

현재는 기업이 선택할 수 있는 정보 공유를 위한 커뮤니티는 여러 개 있다. 버라이즌과 맨디언트(파이어아이)뿐만 아니라 미국 국토 안보국의 지원을 받는 커뮤니티가 이에 해당된다. 버라이즌은 VERIS 프레임워크와 연관된 커뮤니티 데이터베이스를 위한 전용 웹사이트를 제안했다. 버라이즌은 그들의 침해 사고 대응^{IR, Incident Response}과 매년 발간하는 데이터 유출 조사 보고사를 위해서 그들이 제안한 프로젝트를 적극적으로 이용하고 있다. 맨디언트는 OpenIOC 프레임워크와 그것을 위한 전용 웹사이트를 통한 침해 지표 공유 프로젝트를 제안했다. 맨디언트 또한 그들의 제품과 IR에 그들이 제안한 프로젝트를 이용하고 있다. 유명한 커뮤니티 기반 프로젝트 중에는 TAXII와 STIX 표현 언어가 있다. TAXII는 위협 인텔리전스 데이터를 위한 전송을 위해서 가장 널리 사용되는 메커니즘이다. 상업적으로 유로로 제공되는 지식 요소도 있는데 그것은 기업 환경에는 그것이 더 맞다고 생각될 수도 있다. 그것은 커뮤니티를 통한 지식 공유 방법과 상호 보완적일 수는 있지만 커뮤니티 공유를 대체해서는 안 된다.

기업이 공격자보다 앞서는 가장 좋은 방법은 그들의 보안 위협 예측에 커뮤니티 기반의 위협 인텔리전스를 포함시키는 것이다. 기업 네트워크는 과거의 전통적인 경계로부터 계속 확장되어 왔다. 즉, 그들의 서비스를 클라우드로 확장하거나 그들의 중요 서비스를 위해서 애플리케이션 서비스 제공자를 이용하기도 한다. 이는 공격으로부터 기업의 자산을 안전하게 지키기 위한 프로세스를 복잡하게 만든다. 보안 위협 예측에 커뮤니티 공유를 결합시키면 공격이 발생했을 때 그것을 세계의 다른 기업들에게 경고할 수 있다. 공유된 지식 요소를 통해서 커버할 수 있는 보안 영역을 확인할 수 있을 뿐만 아니라 보안 위반이 발생했는지 확인할 수 있다.

보안 위협 예측과 커뮤니티 공유가 결합되면 기업에게 전체적이고 거의 실시간에 가까운 보안 위협 환경 정보를 제공할 수 있기 때문에 보안 위반을 좀 더 빠르게 탐지하고 좀 더 효과적인 보안 전략을 세울 수 있다. 또한 기업에게 보안 위협 예측 수행을 위한 지식을 강화시켜준다.

◆ 소개

오늘날 접하게 되는 기업에 대한 보안 위협은 매우 다양한 공격 벡터로 이루어진다. 그런 보안 위협은 금융 산업에서 흔히 볼 수 있는 기회주의적인 공격의 형태를 띨 수 있다. 공격이 어떤 형태로 이루어지든 상관없이, 기업은 그들의 위협 환경을 제대로 평가하지 못하고 있으며 기업에게 영향을 주는 보안 위협에 대해서 제대로 이해하고 있지 못하다는 것을 발견할 수 있다. 위협 모델링은 위험을 제대로 이해하고 현재의 보안 예방 조치에 존재하는 잠재적인 취약점을 식별하기 위해서 일반적으로 사용되는 방법이다. 하지만 기업 내에서 만들어지는 데이터만으로는 잠재적으로 존재할 수 있는 위험에 대한 일부분만을 볼 수 있고 이미 발생한 잠재적인 보안 위반을 알아차리지 못할 수 있다. 또한 제한된 관점만으로는 현재 운용중인 보안 솔루션에서 킬 체인의 영역을 식별하는 데 실패할 수 있다. 지표 형식의 지식 요소는 보안 위협 환경을 전체적으로 바라볼 수 있도록 외부 소스에서도 수집되어야 한다. 그런 지식 요소는 특정 업계의 커뮤니티 또는 오픈소스 위협 인텔리전스로서 수집될 수 있다. 지식 요소가 어디에서 수집되든 상관없이 그와 같은 추가적인 지식 요소는 위협 모델링을 향상시킬 수 있고 현재의 보안 위협 환경을 좀 더 제대로 바라볼 수 있게 해준다.

◆ 지식 요소 공유

올바른 위협 모델링과 위협 예측을 위한 가장 좋은 방법 중 하나는 지식 요소를 공유하는 것이다. 지식 요소는 커뮤니티뿐만 아니라 상업적인 소스 등 다양한 곳에서 얻을 수 있다. 지식 요소 공유에 있어서 중요한 문제는 기업이 자식의 인프라에 만들어진 지식 요소나 지표를 과연 공유할 것인지 판단하는 것이다. 데이터를 공유하게 되면 동일 업계(즉, 중요 기반 산업, 의료, 금융)의 다른 기업들의 보안성 향상에 도움을 줄 수 있다. 하지만 데이터를 공유하게 되면 의도치 않게 지적 재산을 포함한 민감한 정보가 노출될 수 있거나, 현재의 보안 취약점을 제대로 해결하지 못한 기업에 대한 공격에 악용될 수 있는 정보가 노출될 수 있다.

정확한 평가를 위해서는 장단점을 제대로 파악해야만 한다. 그래야 기업은 최선의 판단을 할 수 있다. 이는 민감한 데이터를 보호하기 위해서 모든 데이터에 대해서 올바른 공급이 수행되어야 하며 데이터 공유에 대한 좀 더 면밀한 검토가 필요하다. 이어지는 절에서는 지식 공유에 대한 일반적인 장점과 단점을 살펴볼 것이다.

장점

동일 업계나 일반적인 정보 보안 커뮤니티에 기여하기 위해서 지식 요소 공유를 준비하는 기업은 그것으로부터 많은 이점을 얻을 수 있다. 앤섬(Anthem, Inc)[1]과 같은 헬스케어 기업과 타깃(Target Corp.)과 같은 소매 기업 관련 데이터 유출량을 고려해보면 기업은 정보 공유를 주저할 수 있다.[2]

지식 요소 공유의 가치를 잘 이해하기 위해서는 그것의 장점을 알아보고 지식 공유를 통한 협력이 사이버 보안 위협에 대한 가장 효과적인 보호 방법이라는 것을 이해하는 것이 중요하다.

지식 요소 공유의 가장 큰 장점 중 하나는 위협 벡터에 접근할 수 있다는 것이다. 공유되는 리소스를 풍부하게 만들기 위해서는 이용자 기반의 참여 또는 커뮤니티가 활성화되어야 한다. 그래야 공유되는 내용의 최신성을 유지하고 그것을 이용하는 소비자(소비자인 동시에 정보 제공자)에게 가치 있는 정보가 될 수 있다. 일부 커뮤니티 기반의 공유 시스템은 이용자가 단지 정보를 받아가기만 할 수 없고 동시에 정보를 제공해야만 새로 업데이트되는 정보에 접근할 수 있도록 하고 있다. 그런 공유 모델 중 몇몇은 정보를 업로드하고 다운로드하는 비율을 모니터링할 수 있는 토렌트 기반의 공유 사이트를 이용한다. 그럼으로써 커뮤니티 이용자가 단지 정보 소비자로서만 활동하지 않고 동시에 정보 제공자로 활동하는지 확인한다. 만일 정보 제공 없이 다운로드만 한다면 커뮤니티에서 정한 업로드와 다운로드 비율을 맞출 때까지 새로운 콘텐츠에 대한 접근을 차단한다.

정보 공유의 또 다른 장점은 외부 소스로부터 최신의 정보를 수집할 수 있다는 것이다. 일단 외부로부터 정보 요소를 수집할 수 있게 되면 기업은 보안 위협 행위자에 대한 잠재적인 정보를 얻을 수 있다. 물론 수집되는 지식 요소 중에는 중

1　Anthem Hack may have impacted millions of noncustomers as well, Newcomb, A., ABC News, http://abcnews. go.com/Technology/anthem-hack-impacted-millionscustomers/story?id=29212840. How to access and sign up for identity theft repair and credit monitoring services, Anthem, Inc., https://www.anthemfacts.com/

2　Target puts data breach costs at $148 million, and forecasts drop profit, Abrams, R. New York Times, http://www. nytimes.com/2014/08/06/business/target-puts-data-breach-costs-at-148-million.html

복되는 것들도 있을 것이다. 하지만 그런 것들은 기업의 수집 수행 프로세스의 기준에 근거해서 무시하면 된다. 기업이 수집한 것이든 또는 공유된 것이든 상관없이 모든 지식 요소는 기업이 위협 예측을 수행할 때 자신의 보안 위협 환경에 존재하는 약점을 최대한 잘 식별하도록 도움을 줄 수 있다. 일단 약점을 발견하면, 약점에 대한 공격이 이루어지기 전에[3] 잠재적인 공격 대상에 대한 패치를 수행하거나 킬 체인을 억제하기 위해서 보안 솔루션(즉, NGFW, NGIPS, WAF, AV)을 업데이트 할 수 있다.

마지막으로 정보 공유의 장점은 커뮤니티 내의 다른 참여자에게 도움을 준다는 것이다. 공격은 주로 크라임웨어 킷이나 악성코드 형태로 특정 업계를 목표로 해서 이루어지기 때문에 동일 업계의 기업이 서로 협력을 한다면 사이버 보안 영역에 있어서 매우 유리한 위치를 점유할 수 있을 것이다. 정보 공유를 통해서 기업은 현재 어떤 형태의 보안 위협이 있는지 뿐만 아니라 앞으로의 공격 대상이 무엇이 될 것인지 알 수 있다. 이 모든 것이 지식 요소의 공유를 통해서 가능해질 수 있다.

앞서 언급한 앤섬의 데이터 유출 사고를 예로 들어보면, TAXII와 STIX 표현 언어(TAXII와 STIX에 대한 좀 더 자세한 내용은 이후의 커뮤니티 공유 절을 참고) 기반의 커뮤니티를 지원하는 국가 건강 정보 공유 및 분석 센터[NH-ISAC, The National Healthcare Information Sharing and Analysis Center]는 커뮤니티에 정보를 공유해서 데이터 유출의 범위뿐만 아니라 누가 공격 대상이 되었는지 60분 안에 확인할 수 있었다.[4] 이는 NH-ISAC의 국민 건강 사이버 보안 인텔리전스 시스템 덕분에 가능했다. 그 시스템으로 각 회원사는 IOC나 지식 요소를 포함한 보안 인텔리전스를 제공받고 기업은 자신의 네트워크 내에 공유 받은 위협 요소가 있는지 보고한다. 이는 헬스케어 산

---

3 Metaploit unleashed – pivoting, offensive security, http://www.offensive-security.com/metasploit-unleashed/Pivoting

4 The National Health ISAC (NH-ISAC) 60-min. response to the Anthem Attack, NHISAC, http://www.nhisac.org/blog/the-national-health-isac-nh-isac-60-minute-response-to-the-anthem-attack/

업에서 커뮤니티 공유의 장점을 보여주는 예라고 할 수 있다. 즉, 지식 공유를 통해서 각 산업 영역에서의 지식 요소 공유, 많은 기업이 참여한 커뮤니티에 대한 영향력 식별 그리고 상대적으로 짧은 시간 안에 공격 범위를 판단한 예이다.

지식은 힘이다.

단점

산업과 보안 커뮤니티에서 지식 요소를 공유하면 많은 장점을 얻을 수 있다. 하지만 지식 공유에 적극적으로 참여하기에 앞서 그로 인한 몇 가지 단점을 살펴볼 필요가 있다. 각 기업은 지식 요소를 공유할 때 아마도 그들 나름의 고유한 문제를 경험할 수 있다. 그것은 내부 정책이나 인프라 문제 또는 신뢰할 수 있는 커뮤니티에서의 지식 공유와 관련된 장점을 제대로 이해하지 못함으로써 발생할 수 있다. 대부분의 단점은 적절한 계획을 세우면 극복할 수 있고 지식 요소 공유를 하지 않기 위한 근거가 되지는 못한다.

첫 번째 단점은 기업의 네트워크에 대한 공격 데이터가 다른 기업에 노출된다는 것이다(직접적인 신뢰 관계가 없는 다른 기업에게도 공유될 수 있다). 공유된 데이터를 조사해보면 해당 데이터를 공유한 기업이 침해되었는지 다른 기업이 판단할 수 있다. 기업은 자신의 네트워크 상의 모든 잠재적 취약점이 완전히 개선되지 않았다는 것이 노출될 수 있는 데이터 유출과 직접적으로 관련된 지식 요소를 공유하도록 선택할 수 있다. 동일 업계 또는 동일 공유 커뮤니티에 속하는 기업에서는 이렇게 공유된 정보를 바탕으로 비슷한 공격에 대해서 대비하거나 그들의 기업 네트워크에 동일한 침해가 발생하지 않았는지 확인할 수 있다.

만약 악의적인 의도를 가진 사람이 공유 커뮤니티에 올라오는 IOC와 같은 지식 요소를 모니터링하고 있으면 어떻게 될까? 그 사람은 아마도 기업 네트워크에 대한 성공적인 특정 공격 벡터를 확인할 수 있을 것이다. 또한, 특정 기업의 보안 위협 환경에 대해서 자세히 알 수 있을 것이다. 지식 요소를 공유함으로써 자신을 또 다른 공격 위협, 즉 공유된 정보를 악의적인 목적으로 이용하려는 공격자의 공격 위협에 노출되게 만들 수 있다.

두 번째 단점은 정보가 제때에 빠르게 공유되어야 한다는 것이다. IOC와 같은 지표 정보를 포함한 지식 요소는 그것이 가장 필요로 하는 시점에 사고 대응팀이 사용해야 한다. 지식 요소 생산자 즉, 앞에서도 기술했듯이 자신들이 만들어낸 지식 요소를 제대로 사용하지 못한다고 우려하는 경우에는 그들 기업 내부 네트워크에서 발생한 중요한 정보를 계속 잡고 있거나 늦게 보고하는 경우가 있다. 그런 경우에는 지식 공유를 통한 공격 대응이 이루어지기 힘들다. 지식 공유가 몇 시간 또는 며칠, 심지어는 몇 주가 지연되더라도 해당 지식 요소를 생산한 기업은 그것을 외부에 공유하지 전에 자기 내부 네트워크 내에 존재하는 모든 보안 취약점을 패치(또는 보안 제품을 해당 취약점에 대응할 수 있도록 설정)할 수 있다. 이렇게 하면 지식 요소 생산자는 자기 자신의 기업 네트워크를 보호하면서 동시에 커뮤니티에 기여할 수 있다. 하지만, 공격이 인터넷으로 전파되는 속도와 조직화된 공격이 며칠 동안 얼마나 많은 피해자를 만들어낼 수 있는지에 근거해서 생각해보면 지식 요소의 빠른 공유는 커뮤니티 공유 모델에 있어서 매우 중요한 요소라고 할 수 있다.

지식 공유의 마지막 단점은 공유되는 내용에 잘못된 점이 없어야 한다는 것이다. 지식 요소 생산자는 지식 요소를 커뮤니티에 공유하기에 앞서 그것에 잘못된 것이 없는지 검사하고 싶을 것이다. 그런 검사 절차를 통해서 기업의 민감한 정보와 고객 데이터 그리고 기업의 지적 재산이 노출되지 않도록 보호할 수 있다. 어쨌든 그런 검사 절차는 지식 요소를 만들어내는 과정에서 수행될 것이다. 데이터를 검사하는 것이 자동으로 이루어지든 수동으로 이루어지든 상관없이 공유할 지식 요소를 만들어내고 그것을 배포하는 데 있어서 잠재적인 지연 요소가 될 수 있다. 검사할 데이터의 양에 따라서 지연 시간이 영향을 받을 수도 있으며 결국에는 커뮤니티에 공유하더라도 지연으로 인해서 더 이상 가치가 없을 수 있고 악의적인 공격을 좀 더 잘 대응하는 데 도움이 되지 않을 수 있다.

여기서는 다루지 않겠지만 지식 공유의 추가적인 단점들이 있을 수 있다. 여기서는 기업이 경험하게 되는 모든 문제를 완전히 종합적으로 다루는 것이 목적이 아니라, 기업에서 발생하는 몇 가지 주요 문제에 초점을 맞추어서 그것의 해결책에 대해서 논하는 것이 목적이다. IOC나 IOI로 직접 사용되는 지식 요소는 기업과 사고 대응 팀이 엔드포인트에서 발생하는 네트워크 통신에서 악의적인 패턴을 찾아내는데 도움을 줄 수 있는 위협 벡터에 직접 매핑될 수 있도록 설계된다. 이후의 커뮤니티 공유 절에서 다루겠지만, 그런 지표에는 일반적으로 특정 데이터, 측정 가능한 데이터가 포함되고 기업의 민감한 정보는 포함되지 않는다. 이미 알려진 악의적인 콘텐츠에 대한 URL, 공인 IP 주소(기업과 관련이 없는), 해시 값이 지식 요소에 속한다. 일반적으로 그런 데이터는 앞에서 설명한 세 가지 단점과는 관련이 없다. 그리고 기업이 그런 데이터를 공유할 때는 사전에 검사할 필요가 없다. 또한, 지식 요소는 그 내용에 초점이 맞추어지기 때문에 기업은 최대한 빨리 그것을 공유할 수 있다. 결국 커뮤니티 공유를 통해서 다른 기업이 최대한의 보안성 강화와 준비를 수행하는 것을 가능하게 해준다. 마지막으로 동일 업계의 속하는 기업간의 커뮤니티처럼 신뢰할 수 있는 커뮤니티에 공유되는 정보는 보안 위협 행위자에 대한 정찰 정보로 이용될 수도 있다. 이는 앤섬과 NH-ISAC의 예에서 중요한 포인트가 된다.

◆ 커뮤니티 공유

지식 요소는 커뮤니티 공유를 통해서 그리고 상업적인 소스를 통해서 얻을 수 있다. 따라서 상업적으로 제공되는 것을 찾기에 앞서 커뮤니티로 공유되는 것을 먼저 찾을 필요가 있다. 커뮤니티 공유는 IR 기업에서 정의된 것이 커뮤니티로 옮겨져서 공유되는 경우도 있고 기존 커뮤니티 내에서 공유가 새로 시작되는 경우도 있다. 공유가 어떻게 시작되었든 오늘날 커뮤니티 공유의 목표는 기업이 침해 당하기 전에 자신의 보안 대응을 업데이트하고 이미 발생한 침해를 발견할 수 있도록 보안 위협 인텔리전스를 제공하는 것이다.

이번 절에서는 커뮤니티 공유를 위한 몇 가지 방법을 살펴볼 것이다. 여기서 제공하는 방법은 완전하거나 완벽한 것은 아니지만 보안 인텔리전스 커뮤니티에서 일반적으로 사용되는 방법들이다. 각각의 방법은 그들이 어떻게 개발되고 커뮤니티에 소개되었는지에 따라서 나름의 고유한 구성 요소를 가지고 있다. 지원하는 영역을 최대화하기 위해서 다양한 커뮤니티 공유를 서로 결합하지 못할 이유가 없다. 또한 커뮤니티 공유가 상업적인 공유와 결합하지 못할 이유도 없다. 하지만 커뮤니티 공유가 최대한 효과적이기 위해서는 커뮤니티에서 공유되는 정보의 소비자는 동시에 공유를 위한 정보 제공자가 되어야 하고 자신의 네트워크에서 탐지된 지식 요소를 커뮤니티에 공유해야 한다.

VERIS

VERIS[Vocabulary for Event Recording and Incident Sharing]는 버라이즌 RISK[Research, Investigations, Solutions, Knowledge]팀에 의해서 시작된 커뮤니티 프로젝트다. 초기에 VERIS는 버라이즌 IR 팀이 버라이즌 데이터 유출 조사 보고서[DBIR, Data Breach Investigations Report]를 위해서 수집한 결과를 표현하는 방법으로 사용되었다. 실제로 2010년 DBIR을 위해서 VERIS를 이용했다. VERIS는 원래 Verizon Enterprise Reporting and Incident Sharing의 약자였지만 이후에 VERIS가 정보 보안 커뮤니티에서 사용됨에 따라 새로운 의미의 이름으로 리브랜딩되었다. 현재 버라이즌은 VERIS 웹사이트를[5] 제공하여 보안 이벤트를 설명하기 위해서 어떤 포맷으로 표현하면 되는지 설명하고 있다. VERIS는 몇 가지 목적을 가지고 있다. 첫 번째 목적은 양질의 보안 정보를 익명으로 그리고 책임감 있게 만들어서 그것을 커뮤니티 내의 다

---

5 VERIS-the vocabulary for event recording and incident sharing, VERIS 커뮤니티(Verizon RISK Team), http://veriscommunity.net/

른 사용자들에게 공유하는 사용자 커뮤니티를 만드는 것이다. 두 번째 목적은 각 구성원의 경험으로부터 위험 관리에 대한 최상의 방법을 배우기 위한 커뮤니티 기반을 만드는 것이다. 마지막 목적은 기업에게 필요한 툴을 제공하는 것이다. 그리고 기업이 그런 툴을 기업 내에서 이용하는 방법과 툴을 이용해서 커뮤니티에서 소통하는 방법 그리고 모두에게 도움이 될 수 있는 가치 있는 정보 셋을 만드는 방법을 제공하는 것이다.

VERIS 프레임워크는 광범위한 범위의 커뮤니티 활동이 이루어지지 않는 곳과 일반적으로 사용되는 분류 체계를 채택하지 않는 곳에서 이슈를 해결할 수 있도록 설계되었다. VERIS는 건설적이고 협력적인 공유가 이루어지도록 하기 위해서 보안 이벤트를 분명하고 자세하게 그리고 반복적인 방법으로 표현하기 위한 일반적인 언어 매트릭스를 제공하도록 설계되었다. 이를 이용해서 커뮤니티 내의 모든 소속원은 다른 소속원의 경험으로부터 위험을 관리하고 대처하는 방법을 배우게 된다. VERIS 커뮤니티 웹사이트에서는 정보 위험을 자산, 통제, 영향, 위협이라는 네 가지 영역으로 설명한다. 다음은 네 가지 영역에 대한 벤 다이어그램이다 (그림 5.1).[6]

기업이 위험을 이해하고 관리하기 위해서는 네 가지 영역 각각에 대한 정보가 필요하다. VERIS는 이를 기본으로 네 가지의 A(Actor, Actions, Assets, Attributes)를 자신의 스키마에 포함시킨다. 그리고 그것은 데이터 유출 주사와 사후 분석에 사용된다. 그리고 VERIS의 보안 매트릭스는 기업의 데이터에 기반한 의사 결정 능력 향상을 위한 지식 요소를 만들어낸다.

---

6 7VERIS 벤 다어그램, VERIS 커뮤니티 (Verizon RISK Team), http://veriscommunity.net/veris-overview.html

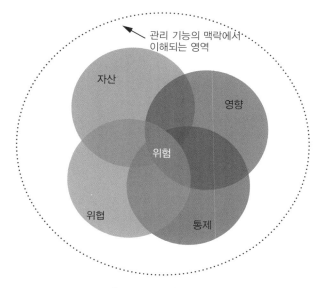

그림 5.1 VERIS 벤 다이어그램

    VERIS 프레임워크 스키마는 다섯 개의 절로 이루어진다. 각각의 절은 보안 이벤트를 좀 더 잘 정의하기 위해서 각기 고유한 아이템을 포함한다. VERIS 스키마의 목적은 기업에게 원인을 판단하고 심각성을 측정하는 데 도움을 줄 수 있는 정보를 제공하는 것이다. 하지만, 보안 이벤트와 관련한 데이터를 남김 없이 모조리 수집하는 것이 목적은 아니다. VERIS 프레임워크는 완벽함보다는 실제로 조치하는 데 도움이 되는 데이터를 제공하고자 한다. VERIS 프레임워크를 구성하는 다섯 개의 메인 절은 사고 추적, 피해자 통계, IR, 발견과 대응, 영향성 평가다.

    VERIS 프레임워크는 객체를 JSON으로 정의한다.[7]

    예제 1[8]은 VERIS 웹사이트에서 발췌한 것으로써 기업의 민감한 문서가 한 개인의 이메일 주소로 전달된 단일 사고에 대해서 JSON 포맷으로 기술한 것이다.

---

7 Introducing JSON, http://json.org/

8 Email abuse, VERIS 커뮤니티(Verizon RISK Team), http://veriscommunity.net/class-examples.html#section-email-abuse

VERIS는 온라인에서 접근 가능한 커뮤니티 데이터베이스[VCDB, VERIS Community Database]를 지원한다. VCDB에는 버라이즌 RISK 팀이 업데이트하는 내용도 포함되며 데이터는 익명화된다.

예제 1 이메일 어뷰징

```
{
  "action": {
    "misuse": {
      "variety": [
      "Email misuse"
      ],
      "vector": [
      "LAN access"
      ]
    }
  },
  "actor": {
    "internal": {
      "motive": [
        "Convenience"
      ],
      "variety": [
        "End user"
      ]
    }
  },
  "asset": {
    "assets": [
      {
        "variety": "U - Desktop"
      }
    ],
    "ownership": "Victim"
  },
```

```
"attribute": {
  "confidentiality": {
    "data_disclosure": "Potentially"
  }
},
"reference": "http://youtu.be/WhWavua-1FI",
"victim": [
{
  "country": "US",
    "employee_count": "100 to 1000",
    "industry": "515210",
    "state": "NY",
    "victim_id": "Plaza Cable"
  }
 ]
}
```

VERIS 프레임워크와 VERIS 커뮤니티 데이터베이스는 모두 깃허브에 오픈되어 있다. 두 프로젝트 모두 활발한 활동이 이루어지고 있는 프로젝트다.

- **VERIS 프레임워크** - https://github.com/vz-risk/veris
- **VERIS 커뮤니티 데이터베이스** - https://github.com/vz-risk/VCDB

OpenIOC

OpenIOC[Open Indictors of Compromise]는 보안 위협 엔텔리전스를 공유하기 위해서 맨디언트(지금은 파이어아이)가 개발한 오픈소스 프레임워크다. VERIS처럼 OpenIOC 프레임워크도 맨디언트의 제품이나 서비스가 보안 위반을 빠르게 식별하기 위해서 수집한 보안 인텔리전스를 빠르게 검색하기 위한 목적으로 시작한 내부 프로젝트였다. 맨디언트의 목적은 보안 위협 요소나 공격 방법론 또는 어떤 침해의 증거를 설명할 수 있고, 그렇게 만든 위협 인텔리전스를 최대한 빨리 공유하는 방법을 제공할 수 있는 스키마를 만드는 것이었다. 이를 위해서 맨디언트는 컴퓨터가 쉽게 이해할 수 있고 확장 가능한 XML 스키마 형태의 OpenIOC 프레임워크를 만들었다. 그리고 OpenIOC를 이용해서 위협 정보를 커뮤니티에 좀 더 빠른 전파할 수 있게 되었다.

OpenIOC 프레임워크와 그것을 지원하기 위한 툴은 공격자가 공격 목표를 바꾸어가기 전에 대응할 수 있도록 빠르게 공유할 수 없다는 문제를 해결하기 위해서 만들어졌다. 중요한 데이터는 컴퓨터가 쉽게 이해할 수 있는 포맷으로 전달되어야 한다. 그래야 짧은 기간에 대응이 이루어지고 데이터 유출 범위를 제한할 수 있다. 또한 중요한 데이터는 해당 업계에서 수용할 수 있는 포맷으로 전달되어야만 쉽게 해석되고 그것을 바탕으로 다양한 선택을 할 수 있다. 업계에서 수용 가능한 포맷을 갖춘다고 하더라도 추가적으로 확장 가능한 언어로 표현되어야 한다. 그래야만 새로운 엔트리나 지표를 포함할 수 있다. 마지막으로 OpenIOC가 XML 포맷을 이용하기 때문에 JSON(VERIS 프레임워크가 이용하는 포맷)과 같은 포맷으로 쉽게 변환할 수 있다. XML 스키마와 특정 지표 용어는 아파치 2 라이선스로 릴리스되었다.[9]

IOC는 대부분의 IR 프로그램에서 매우 중요한 부분을 차지한다. 맨디언트는 "An Introduction to OpenIOC"[10]에서 IR 절차를 잘 정의하였고 그림 5.2와 같은 그림으로 설명하고 있다. OpenIOC와 같은 프레임워크가 성공하려면 IR 수행 과정에서 몇 번이고 검사해서 IOC를 만들어내야만 한다. 이는 OpenIOC 프레임워크가 위협 모델링에 사용되는 것과 비슷하다고 할 수 있다. IOC는 공격과 악성코드로 인한 변경 사항 등을 기반으로 만들어진다. 일단 수집된 데이터를 기반으로 모든 IOC가 만들어지고 나면 그것을 기업 내 네트워크에 적용해서 다른 시스템에 침해될 수 있는지 확인한다. 기업 네트워크에서 침해가 의심되는 시스템이 발견되면 그것을 추가적으로 조사해서 시스템 변경 사항, 로그 데이터, 네트워

---

9 아파치 라이선스 버전 2.0, 아파치 소프트웨어 재단, http://www.apache.org/licenses/LICENSE-2.0

10 An introduction to OpenIOC, OpenIOC 프레임워크 (맨디언트), http://openioc.org/resources/An_Introduction_to_OpenIOC.pdf

크 접속 정보 등이 포함된 IOC나 지식 요소를 뽑아낼 수 있다. 일단 그렇게 만든 IOC를 검토한 다음에는 그것이 필요한 곳에 업데이트하고 공격을 완전히 식별해 줄 수 있는 새로운 것을 만들 수 있다.

새로 만들어지거나 업데이트된 모든 IOC는 배포/재배포된다.

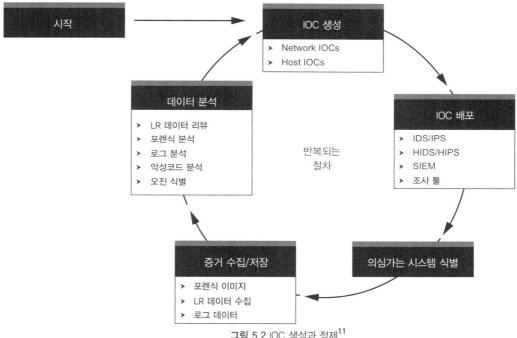

그림 5.2 IOC 생성과 정제[11]

OpenIOC는 IR 과정에서 직접적으로 사용되고 그것의 원래 목적도 IR을 지원하기 위한 것이다. 그렇다고 해서 다른 목적으로 사용될 수 없다는 것은 아니다. IOC는 지식 요소의 또 다른 형태이고 위협 모델링에 사용될 수 있다. 정보 보호 커뮤니티에서 OpenIOC 프레임워크로 지식 요소를 공유하면 기업은 그것을 잘 이용해서 현재의 보안 위협 환경에 대한 영향성을 측정하고 앞으로 발생할 수 있

---

11 아파치 라이선스 버전 2.0, 아파치 소프트웨어 재단. http://www.apache.org/licenses/LICENSE-2.0

는 위험을 판단하고 예측할 수 있다. 예제 2[12]에서는 OpenIOC를 이용해서 스턱스넷을 기술한 것이며 OpenIOC 웹사이트에서 발췌한 것이다. XML 구조로 되어 있고 맨디언트는 스턱스넷 바이러스의 방법론을 그 안에 기술했다.

예제 2 IOC 예: 스턱스넷 IOC 예

```
<?xml version="1.0" encoding="us-ascii"?>
<ioc xmlns:xsi="http://www.w3.org/2001/XMLSchema-instance"
xmlns:xsd="http://www.w3.org/2001/XMLSchema" id="ea3cab0c-72ad-40cc-abbf-
90846fa4afec"
last-modified="2011-11-04T19:35:05"
xmlns="http://schemas.mandiant.com/2010/ioc">
  <short_description>STUXNET VIRUS (METHODOLOGY)</short_description>
  <description>Generic indicator for the stuxnet virus. When loaded,
stuxnet spawns lsass.exe in a suspended state. The malware then maps
in its own executable section and fixes up the CONTEXT to point to the
newly mapped in section. This is a common task performed by malware and
allows the malware to execute under thepretense of a known and trusted
process.</description>
  <keywords>methodology</keywords>
  <authored_by>Mandiant</authored_by>
  <authored_date>0001-01-01T00:00:00</authored_date>
  <links />
  <definition>
   <Indicator operator="OR" id="73bc8d65-826b-48d2-b4a8-48918e29e323">
    <IndicatorItem id="b9ef2559-cc59-4463-81d9-52800545e16e"
condition="contains">
    <Context document="FileItem" search="FileItem/PEInfo/Sections/
Section/Name" type="mir" />
    <Content type="string">.stub</Content>
    </IndicatorItem>
    <IndicatorItem id="156bc4b6-a2a1-4735-bfe8-6c8d1f7eae38"
condition="contains">
```

---

12 IOC 예: Stuxnet, OpenIOC 프레임워크(맨디언트), http://openioc.org/iocs/ea3cab0c-72ad-40cc-abbf-90846fa4afec.
ioc

```
  <Context document="FileItem" search="FileItem/FileName" type="mir" />
   <Content type="string">mdmcpq3.PNF</Content>
  </IndicatorItem>
  <IndicatorItem id="e57d9a5b-5e6a-41ec-87c8-ee67f3ed2e20"
condition="contains">
   <Context document="FileItem" search="FileItem/FileName" type="mir" />
   <Content type="string">mdmeric3.PNF</Content>
  </IndicatorItem>
  <IndicatorItem id="63d7bee6-b575-4d56-8d43-1c5eac57658f"
condition="contains">
   <Context document="FileItem" search="FileItem/FileName" type="mir" />
   <Content type="string">oem6C.PNF</Content>
  </IndicatorItem>
  <IndicatorItem id="e6bff12a-e23d-45ea-94bd-8289f806bea7"
condition="contains">
   <Context document="FileItem" search="FileItem/FileName" type="mir" />
   <Content type="string">oem7A.PNF</Content>
  </IndicatorItem>
  <Indicator operator="AND" id="422ae9bf-a1ae-41f2-8e54-5b4c6f3e1598">
  <IndicatorItem id="e93f1610-daaf-4311-bcf3-3aecef8271c0"
condition="contains">
   <Context document="DriverItem" search="DriverItem/DeviceItem/
AttachedToDriverName" type="mir" />
   <Content type="string">fs_rec.sys</Content>
  </IndicatorItem>
  <IndicatorItem id="72476f35-8dea-4bae-8239-7c22d05d664f"
condition="contains">
   <Context document="DriverItem" search="DriverItem/DeviceItem/
AttachedToDriverName" type="mir" />
   <Content type="string">mrxsmb.sys</Content>
  </IndicatorItem>
  <IndicatorItem id="f98ea5aa-9e23-4f18-b871-b3cf5ba153fe"
condition="contains">
   <Context document="DriverItem" search="DriverItem/DeviceItem/
AttachedToDriverName" type="mir" />
   <Content type="string">sr.sys</Content>
  </IndicatorItem>
```

```xml
    <IndicatorItem id="32f61140-0f58-43bc-8cdd-a25db75ca6c4"
condition="contains">
    <Context document="DriverItem" search="DriverItem/DeviceItem/
AttachedToDriverName" type="mir" />
    <Content type="string">fastfat.sys</Content>
    </IndicatorItem>
    </Indicator>
    <Indicator operator="AND" id="eb585bf5-18d8-4837-baf0-80ac74104ca3">
    <IndicatorItem id="8d85b559-4d18-4e15-b0c9-da5a9b32f53c"
condition="contains">
    <Context document="FileItem" search="FileItem/FileName" type="mir" />
    <Content type="string">mrxcls.sys</Content>
    </IndicatorItem>
    <IndicatorItem id="8a3e425d-fa87-4a31-b20d-8f8630d77933"
condition="contains">
    <Context document="FileItem" search="FileItem/PEInfo/DigitalSignature/
CertificateSubject" type="mir" />
    <Content type="string">Realtek Semiconductor Corp</Content>
    </IndicatorItem>
    </Indicator>
    <Indicator operator="AND" id="bc8d06dd-f879-4609-bb1c-eccded0222ce">
    <IndicatorItem id="89f194d3-3ee6-4218-93f8-055ea92a9f00"
condition="contains">
    <Context document="FileItem" search="FileItem/FileName" type="mir" />
    <Content type="string">mrxnet.sys</Content>
    </IndicatorItem>
  <IndicatorItem id="c2dae8bf-81b1-49fb-8654-396830d75ade"
condition="contains">
    <Context document="FileItem" search="FileItem/PEInfo/DigitalSignature/
CertificateSubject" type="mir" />
    <Content type="string">Realtek Semiconductor Corp</Content>
    </IndicatorItem>
    </Indicator>
    <Indicator operator="AND" id="00538c36-88fe-42ea-a70f-136a2fb53834">
    <IndicatorItem id="a779b811-345f-4164-897e-0752837d0c1e"
condition="contains">
```

```
    <Context document="RegistryItem" search="RegistryItem/Path" type="mir" />
    <Content type="string">HKEY_LOCAL_MACHINE\SYSTEM\ControlSet001\
Services\MRxCls\ImagePath</Content>
  </IndicatorItem>
  <IndicatorItem id="ee981f06-b713-40aa-ac98-c6f4fd82b78d"
condition="contains">
   <Context document="RegistryItem" search="RegistryItem/Text" type="mir" />
   <Content type="string">mrxcls.sys</Content>
  </IndicatorItem>
  </Indicator>
  <Indicator operator="AND" id="d8d9b32c-f648-4552-9805-93c05ed48219">
  <IndicatorItem id="c08044e7-e88c-433c-b463-763bdddeff82"
condition="contains">
   <Context document="RegistryItem" search="RegistryItem/Path" type="mir" />
   <Content type="string">HKEY_LOCAL_MACHINE\SYSTEM\ControlSet001\
Services\MRxNet\ImagePath</Content>
  </IndicatorItem>
  <IndicatorItem id="38dfb382-ebbe-4685-bbb7-60675b91bd15"
condition="contains">
   <Context document="RegistryItem" search="RegistryItem/Text" type="mir" />
   <Content type="string">mrxnet.sys</Content>
  </IndicatorItem>
  </Indicator>
  </Indicator>
  </definition>
</ioc>
```

OpenIOC 프레임워크의 웹사이트는 다음과 같다.

- **OpenIOC 프레임워크** - http://www.openioc.org.

TAXII

TAXII[Trusted Automated eXchange of Indicator Information]는 커뮤니티 기반으로 신뢰된 위협 인텔리전스 교환을 자동화하기 위해서 만들어졌다. TAXII는 미 국토 안보국(DHS)의 사이버 보안 및 통신 사무처의 지원을 받고 있다. 비영리 단체인 MITRE는 기업이나 정부 기관 또는 보안 업체에서 사용할 수 있도록 TAXII의 모든 스펙을 오픈 표준으로 만들었다. 이러한 노력의 일환으로 2013년 초에 TAXII 스펙 버전 1.0 초안이 발표되었고 2014년 공식 버전인 1.0이 릴리스되었다.[13] 현재는 버전 1.1까지 나왔다.

TAXII는 XML 구조로 이루어진 프레임워크이며, TAXII 스펙에서는 메시지 구조와 메시지 교환 방식 그리고 메시지를 전송시 사용되는 전송 프로토콜에 대해서 기술하고 있다. TAXII는 구조화된 XML 메시지를 요청하고 응답하기 위한 통신 프로토콜로 HTTP(또는 HTTPS)를 사용하도록 설계되었다. 예제 3[14]과 예제 4[15]에서는 TAXII 버전 1.1을 이용해서 TAXII 메시지 구독을 위한 요청과 응답을 보여주고 있다. TAXII는 보안 위협 인텔리전스를 교환하기 위해서 만들어졌지만 구조화된 위협 정보 표현이나 STIX와 같은 페이로드도 전달하기 위한 노력이 이루어졌다.[16] TAXII 커뮤니티에 참가하기 위해서 기업은 TAXII 웹사이트의 커뮤니티 절에서 등록하면 된다. 그러면 관련된 소식이나 뉴스레터를 받을 볼 수 있다. TAXII 웹사이트의 커뮤니티 절은 또한 새로운 커뮤니티 가입자를 위한 TAXII 테스트 서버와 몇 가지 툴을 제공한다.

TAXII 서버는 기업이 속한 산업에 특화된 위협 인텔리전스를 제공한다. 그리고 기업이 위협 인텔리전스를 공유하고 받을 수 있는 공개용 서버도 있다. 그런

---

13 릴리스 활동, Trusted Automated eXchange of Indicator Information, https://taxii.mitre.org/specifications/archive.html.

14 TAXII 1.1 수집 구독 관리 요청 예, Trusted Automated eXchange of Indicator Information, http://taxiiproject.github.io/documentation/sample-use/

15 TAXII 1.1 수집 구독 관리 응답 예, Trusted Automated eXchange of Indicator Information, http://taxiiproject.github.io/documentation/sample-use/

16 Relationships to other efforts, Trusted Automated eXchange of Indicator Information, https://taxii.mitre.org/about/faqs.html

공개 서버 중 하나가 HailaTAXII.com이다. HailaTAXII.com은 STIX 포맷으로
위협 인텔리전스를 제공하는 오픈소스 피드 리스트를 제공한다.[17]

예제 3 TAXII 1.1 수집 구독 관리 요청

```
<taxii_11:Subscription_Management_Request xmlns:taxii_11=http://taxii.
mitre.org/messages/taxii_xml_binding-1.1 message_id="96485"
collection_name="default" action="SUBSCRIBE">
  <taxii_11:Subscription_Parameters>
    <taxii_11:Response_Type>FULL</taxii_11:Response_Type>
    </taxii_11:Subscription_Parameters>
  </taxii_11:Subscription_Management_Request>
```

예제 4 TAXII 1.1 수집 구독 관리 요청

```
<taxii_11:Subscription_Management_Response xmlns:taxii_11=http://taxii.
mitre.org/messages/taxii_xml_binding-1.1 message_id="58469" in_response_
to="96485" collection_name="default">
  <taxii_11:Subscription status="ACTIVE">
    <taxii_11:Subscription_ID>Subscription001</taxii_11:Subscription_ID>
    </taxii_11:Subscription>
  </taxii_11:Subscription_Management_Response>
```

TAXII 스펙과 TAXII 커뮤니티에 참여하는 방법 그리고 TAXII와 관련된 프로
젝트에 대해서는 아래의 웹사이트를 참고하면 된다.

- **TAXII 웹사이트** - https://taxii.mitre.org
- **TAXII 커뮤니티** - http://taxii.mitre.org/community/
- **TAXII 깃허브 저장소** - http://taxiiproject.github.io.

---

17 Hail a TAXII.com, Http://hailtaxii.com

STIX

STIX^{Structured Threat Information eXpression}는 위협 인텔리전스를 공유하고 표현하기 위한 XML로 구조화된 언어다. TAXII의 경우처럼 STIX도 미 국토 안보국^{DHS}의 사이버 보안 및 통신 사무처의 지원을 받는 커뮤니티 기반 프로젝트다. 또한 STIX의 경우에도 MITRE가 기업이나 정부 기관 또는 보안 업체에서 사용할 수 있도록 STIX의 모든 스펙을 오픈 표준으로 만들었다. STIX는 2012년 9월 버전 0.3으로 처음 공개되었고[18] 현재 버전은 1.1.1이다.[19] 앞에서도 언급했듯이 STIX는 TAXII "페이로드"의 일부분으로 전달될 수 있다.

STIX는 몇 가지 원칙하에 설계되었다.[20] 첫 번째 원칙은 지식 요소 리포팅을 위한 완전한 표현 방식을 제공함으로써 사이버 보안의 모든 영역을 커버할 수 있어야 하는 것이다. 두 번째 원칙은 다른 위협 인텔리전스 표현 언어와 직접적 또는 간접적으로 통합이 가능해야 하는 것이다. 그리고 통합 대상에는 CybOX^{Cyber Observable eXpression}[21]와 CAPEC^{Common Attack Pattern Enumeration and Classification}[22], MAEC^{Malware Attribute Enumeration and Characterization}[23]이 포함된다. 세 번째 원칙은 지식 요소 리포팅에 포함되는 표준화된 언어 표현이 매우 유연해야 하는 것이다. 네 번째 원칙은 영역별, 지역적 사용을 위한 확장 메커니즘 또는 사용자 기반의 개선/발전을 위한 확장 메커니즘이 가능하도록 STIX 언어 설계가 확장 가능해야 한다는 것이다. 다섯 번째 원칙은 구조와 일관성 극대화를 통한 자동화 지원에 초점을 맞추는 것이다.

---

18 릴리스 활동, structured threat information expression, http://stix.mitre.org/language/archive/

19 버전 1.1.1, structured threat information expression, online, http://stix.mitre.org/language/version1.1.1/

20 Standardizing cyber threat intelligence information with the Structured Threat Information eXpression (STIX), structured threat information expression, http://stixproject.github.io/getting-started/whitepaper/

21 Cyber Observable eXpression (CybOX), online, http://cybox.mitre.org

22 Common Attack Pattern Enumeration and Classification (CAPEC), http://capec.mitre.org

23 Malware Attribute Enumeration and Characterization (MAEC), http://maec.mitre.org

예제 5 파이어아이(FireEye)가 Poison Ivy를 STIX로 표현한 예

```
<stix:Indicator timestamp="2014-02-20T09:00:00.000000Z"
id="fireeye:indicator-f8997797-c779-4fb0-98b0-
42e52bac422e" xsi:type="indicator:IndicatorType">
  <indicator:Title>Mutex: 1vvb8888d</indicator:Title>
  <indicator:Type xsi:type="stixVocabs:IndicatorTypeVocab-1.1">Malware
Artifacts</indicator:Type>
  <indicator:Observable idref="fireeye:observable-c9252382-c1c4-42d8-9cad-
9271954cb9fc"/>
  <indicator:Indicated_TTP>
    <stixCommon:TTP idref="fireeye:ttp-0be8fa38-6ca3-4f87-bf47-
44e5bbf6550b"/>
  </indicator:Indicated_TTP>
  <indicator:Suggested_COAs>
  <indicator:Suggested_COA>
    <stixCommon:Course_Of_Action idref="fireeye:courseofaction-70b3d5f6-
374b-4488-8688-729b6eedac5b"/>
    </indicator:Suggested_COA>
    </indicator:Suggested_COAs>
  </stix:Indicator>
    <stix:Indicator timestamp="2014-02-20T09:00:00.000000Z"
id="fireeye:indicator-0a940e60-6418-4408-9cb4-8b293d5bcc18" xsi:type="indi
cator:IndicatorType">
    <indicator:Title>ID: nasa.xxuz.com</indicator:Title>
    <indicator:Type xsi:type="stixVocabs:IndicatorTypeVocab-1.1">Malware
Artifacts</indicator:Type>
    <indicator:Observable idref="fireeye:observable-291b7e45-887d-4042-
9345-a7ebbc5122d4"/>
    <indicator:Indicated_TTP>
  <stixCommon:TTP idref="fireeye:ttp-0be8fa38-6ca3-4f87-bf47-
44e5bbf6550b"/>
  </indicator:Indicated_TTP>
  <indicator:Suggested_COAs>
  <indicator:Suggested_COA>
    <stixCommon:Course_Of_Action idref="fireeye:courseofaction-70b3d5f6-
374b-4488-8688-729b6eedac5b"/>
```

```
        </indicator:Suggested_COA>
      </indicator:Suggested_COAs>
    </stix:Indicator>
    <stix:Indicator timestamp="2014-02-20T09:00:00.000000Z"
id="fireeye:indicator-927316d9-809b-4c61-96fcce8573e422df" xsi:type="indic
ator:IndicatorType">
  <indicator:Title>Mutex: ((*HKG^%3</indicator:Title>
  <indicator:Type xsi:type="stixVocabs:IndicatorTypeVocab-1.1">Malware
Artifacts</indicator:Type>
  <indicator:Observable idref="fireeye:observable-1aeb5196-3707-44fb-ae13-
8b39d43204d9"/>
  <indicator:Indicated_TTP>
    <stixCommon:TTP idref="fireeye:ttp-4406c7c7-6c58-478d-aacc-
0334929ebdde"/>
  </indicator:Indicated_TTP>
  <indicator:Suggested_COAs>
  <indicator:Suggested_COA>
    <stixCommon:Course_Of_Action idref="fireeye:courseofaction-70b3d5f6-
374b-4488-8688-729b6eedac5b"/>
  </indicator:Suggested_COA>
  </indicator:Suggested_COAs>
</stix:Indicator>
```

마지막 원칙은 다섯 번째 원칙과 반대라고 할 수 있다. STIX 언어의 자동화 처리가 중요하지만 사람이 쉽게 읽을 수 있는 가독성 또한 중요하다. 가독성은 빠른 채택뿐만 아니라 지속적인 사용에 있어서도 중요하다.

예제 5[24]는 파이어아이 보고서에서 사용된 STIX 표현 언어의 예를 보여주고 있다. 즉, 몇몇 유명한 악성코드에서 사용된 툴로서 해커가 원격에서 컴퓨터에 접근할 수 있도록 해주는 원격 접속 툴인 Poison Ivy를 STIX로 기술한 것이다.[25]

---

24 파이어아이의 Poison Ivy에 대한 리포팅 예, structured threat information expression, https://stix.mitre.org/language/version1.1/samples/poison_ivy-stix-1.1.zip

25 Poison Ivy: assessing damage and extracting intelligence, FireEye, https://www.fireeye.com/blog/threat-research/2013/08/pivy-assessing-damage-and-extracting-intel.html

STIX 표현 언어와 STIX 커뮤니티에 참여하는 방법 그리고 프로젝트 깃허브 저장소에 대한 웹사이트는 다음과 같다.

- **STIX 웹사이트** - http://stix.mitre.org
- **STIX 커뮤니티** - http://stix.mitre.org/community/
- **STIX 깃허브 저장소** - https://github.com/STIXProject/.

CybOX

CybOX^{Cyber Observable eXpression}는 사이버 도메인에서 볼 수 있는 사이버 관찰 정보나 패턴을 표현하기 위해서 XML로 구조화된 언어다. 사이버 관찰 정보는 사이버 도메인의 많은 부분을 커버하는 CybOX가 제공하는 다양한 이벤트로 정의될 수 있다. CybOX는 위협 평가와 IR에서의 이벤트를 표현할 수 있고 악성코드와 취약점 공격의 특징을 정의할 수 있다. 또한 위협 지표 공유를 지원한다. TAXII와 STIX와 마찬가지로 CybOX 도 미 국토 안보국(DHS)의 사이버 보안 및 통신 사무처의 지원을 받는 커뮤니티 기반 프로젝트다.

또한 CybOX의 경우에도 MITRE가 기업이나 정부 기관 또는 보안 업체에서 사용할 수 있도록 STIX의 모든 스펙을 오픈 표준으로 만들었다. CybOX는 2011년 10월 버전 0.6으로 처음 공개되었고[26] 현재 버전은 2.1이다.[27]

앞에서도 언급했듯이 STIX는 TAXII "페이로드"의 일부분으로 전달될 수 있다.

가장 단순한 형태로서 CybOX는 사이버 도메인에서 발생하는 이벤트를 표현하기 위한 속성이나 특징 셋이라고 할 수 있으며[28] 그 안에는 파일 변경이나 네트워크 이벤트가 포함될 수 있다. 현재 CybOX는 파일, HTTP 세션, 시스템, 컴퓨터 계정 그리고 X509 인증서 등에 대한 미리 정의된 객체 표현 리스트를 포함

---

26 릴리스 활동, Cyber Observable eXpression, http://cybox.mitre.org/language/archive/

27 버전 2.1 (공식 버전), Cyber Observable eXpression, online, http://cybox.mitre.org/language/version2.1/

28 CybOX 언어, Cyber Observable eXpression, http://cybox.mitre.org/about/faqs.html#B1

하고 있다.[29] 미리 정의된 모든 객체는 두 스키마 즉, CybOX_Core와 CybOX_Common로 정의된다. CybOX 언어로 표현하기 위한 객체를 추가하려면 스키마를 확장하면 된다. 이는 (기업 내) 사설 공유 커뮤니티에서 수행할 수 있지만 좀더 큰 CybOX 커뮤니티에 적용하는 것이 좋다. 새로운 객체 스키마는 CybOX 커뮤니티 이 메일 배포 리스트 상에 공유되어 검토되고 조사된다. 일단 적절한 조사가 이루어진 이후에는 CybOX 배포에 적용되어 전체 커뮤니티에서 그것을 이용할 수 있게 된다. 앞에서도 살펴보았듯이 STIX는 다른 위협 인텔리전스 언어와 통합할 수 있도록 설계되었다. CybOX도 STIX가 통합할 수 있는 언어 중 하나다. STIX는 위협 지표와 네트워크 통신 내의 패턴과 같은 사이버 관찰 정보를 CybOX로 표현하는 데 도움을 준다. 이런 이유로 STIX 언어 스키마는 CybOX 언어 스키마를 처음부터 지원한다. STIX가 CybOX를 지원하듯이 TAXII도 CybOX를 간접적으로 지원한다.

예제 6은 CybOX로 표현한 HTTP 세션이며 이는 CybOX 웹사이트에서 발췌한 것이다.[30]

예제 6 CybOX_Network_Connection_HTTP_Instance.xml 샘플

```
<cybox:Observables xmlns:xsi=http://www.w3.org/2001/XMLSchema-instance
xmlns:cybox="http://cybox.mitre.org/cybox-2"
xmlns:cyboxCommon="http://cybox.mitre.org/common-2"
xmlns:AddressObj="http://cybox.mitre.org/objects#AddressObject-2"
xmlns:PortObj="http://cybox.mitre.org/objects#PortObject-2"
xmlns:SocketAddressObj="http://cybox.mitre.org/
objects#SocketAddressObject-1"
xmlns:NetworkConnectionObj="http://cybox.mitre.org/objects#NetworkConnect
ionObject-2"
xmlns:HTTPSessionObj="http://cybox.mitre.org/objects#HTTPSessionObject-2"
```

---

29 Which objects currently have representations defined in CybOX?, Cyber Observable eXpression, http://cybox.mitre.org/about/faqs.html#B2

30 샘플 (Version 2.1 (공식 버전)), Cyber Observable eXpression, http://cybox.mitre.org/language/version2.1/#samples

```
xmlns:example="http://example.com/"
xsi:schemaLocation="http://cybox.mitre.org/cybox-2
http://cybox.mitre.org/XMLSchema/core/2.1/cybox_core.xsd
http://cybox.mitre.org/objects#NetworkConnectionObject-2
http://cybox.mitre.org/XMLSchema/objects/Network_Connection/2.1/Network_
Connection_Object.xsd" cybox_major_version="2" cybox_minor_version="1"
cybox_update_version="0">
  <cybox:Observable id="example:Observable-1b427720-98d7-4735-b125-
754c7e08f285">
    <cybox:Description>
      This Observable specifies an example instance of a Network Connection
Object with an HTTP Session.
    </cybox:Description>
  <cybox:Object id="example:Object-d1fdd983-530b-489f-9ab8-ed3cb5212c35">
    <cybox:Properties xsi:type="NetworkConnectionObj:NetworkConnectionObj
ectType">
      <NetworkConnectionObj:Layer3_Protocol datatype="string">IPv4</
NetworkConnectionObj:Layer3_Protocol>
      <NetworkConnectionObj:Layer4_Protocol datatype="string">TCP</
NetworkConnectionObj:Layer4_Protocol>
      <NetworkConnectionObj:Layer7_Protocol datatype="string">HTTP</
NetworkConnectionObj:Layer7_Protocol>
      <NetworkConnectionObj:Source_Socket_Address>
        <SocketAddressObj:IP_Address>

<AddressObj:Address_Value>192.168.1.15</AddressObj:Address_Value>
        </SocketAddressObj:IP_Address>
        <SocketAddressObj:Port>
          <PortObj:Port_Value>5525</PortObj:Port_Value>
        </SocketAddressObj:Port>
      </NetworkConnectionObj:Source_Socket_Address>
      <NetworkConnectionObj:Destination_Socket_Address>
        <SocketAddressObj:IP_Address>

<AddressObj:Address_Value>198.49.123.10</AddressObj:Address_Value>
        </SocketAddressObj:IP_Address>
        <SocketAddressObj:Port>
```

```xml
                    <PortObj:Port_Value>80</PortObj:Port_Value>
                  </SocketAddressObj:Port>
              </NetworkConnectionObj:Destination_Socket_Address>
              <NetworkConnectionObj:Layer7_Connections>
                <NetworkConnectionObj:HTTP_Session>
                  <HTTPSessionObj:HTTP_Request_Response>
                    <HTTPSessionObj:HTTP_Client_Request>
                      <HTTPSessionObj:HTTP_Request_Line>
                        <HTTPSessionObj:HTTP_Method datatype="string">GET</
HTTPSessionObj:HTTP_Method>

<HTTPSessionObj:Version>HTTP/1.1</HTTPSessionObj:Version>
                      </HTTPSessionObj:HTTP_Request_Line>
                      <HTTPSessionObj:HTTP_Request_Header>
                        <HTTPSessionObj:Parsed_Header>

<HTTPSessionObj:Accept_Encoding>gzip</HTTPSessionObj:Accept_Encoding>

<HTTPSessionObj:Connection>close</HTTPSessionObj:Connection>
                        </HTTPSessionObj:Parsed_Header>
                      </HTTPSessionObj:HTTP_Request_Header>
                    </HTTPSessionObj:HTTP_Client_Request>
                    <HTTPSessionObj:HTTP_Server_Response>
                      <HTTPSessionObj:HTTP_Status_Line>

<HTTPSessionObj:Version>HTTP/1.1</HTTPSessionObj:Version>

<HTTPSessionObj:Status_Code>200</HTTPSessionObj:Status_Code>

<HTTPSessionObj:Reason_Phrase>OK</HTTPSessionObj:Reason_Phrase>
                      </HTTPSessionObj:HTTP_Status_Line>
                      <HTTPSessionObj:HTTP_Response_Header>
                        <HTTPSessionObj:Parsed_Header>
                          <HTTPSessionObj:Server>Apache</HTTPSessionObj:Server>
<HTTPSessionObj:Transfer_Encoding>chunked</HTTPSessionObj:Transfer_
Encoding>
                        </HTTPSessionObj:Parsed_Header>
```

```
          </HTTPSessionObj:HTTP_Response_Header>
        </HTTPSessionObj:HTTP_Server_Response>
      </HTTPSessionObj:HTTP_Request_Response>
    </NetworkConnectionObj:HTTP_Session>
  </NetworkConnectionObj:Layer7_Connections>
      </cybox:Properties>
    </cybox:Object>
  </cybox:Observable>
</cybox:Observables>
```

위 XML 정의에서는 3과 4 계층의 클라이언트 서버 네트워크 통신 정보를 포함하고 있다. 또한 HTTP 요청과 응답 정보를 포함한 7계층 정보를 포함하고 있다. CybOX 웹사이트에서는 CybOX 언어로 사이버 관찰 정보를 어떻게 표현하는지 이해할 수 있는 20개 이상의 샘플이 들어 있는 zip 파일을 제공한다.

CybOX 언어와 CybOX 커뮤니티에 참여하는 방법, 프로젝트 깃허브 저장소에 대한 웹사이트는 다음과 같다.

- **CybOX 웹사이트** - http://cybox.mitre.org
- **CybOX 커뮤니티** - http://cybox.mitre.org/community/
- **CybOX 깃허브 저장소** - https://github.com/CybOXProject/.

❖ 상용 제품

커뮤니티 공유의 단점 중 하나는 공유된 지식 요소의 일반적인 가용성이 부족하다는 것이다. 이런 문제를 극복하기 위해서 보안 위협 인텔리전스 분야에서 전문적인 서비스나 제품을 제공하는 기업들이 있다. 상용 제품은 다양한 형태가 있으며 그 가격도 천차만별이다. 기업은 이미 가입한 커뮤니티나 NH-ISAC와 같은 그룹을 통해서 공유 받는 정보를 보강하기 위한 목적으로 상용 제품을 도입하거나, 상용 제품을 이용하는 것이 위협 모델링을 위한 새로운 보안 위협 데이터를 제공받기 위한 더 좋은 방법이라고 판단해서 상용 제품을 도입하기도 한다. 기업의 판단이 어떻든 간에 상용 제품을 이용하기에 앞서 고려해야 것이 몇 가지 있다.

첫 번째로, 기업은 위협 모델링을 수행하기 위한 보안 인텔리전스에 얼마나 중요한 업계 특유의 데이터가 포함되는지 판단해야 한다. 기업의 크기나 업종에 따라서 이는 그렇게 중요하지 않을 수도 있다. 앤섬의 데이터 유출 사고1을 포함해서 앞서 예로 든 사례들을 생각해보면, 업계 고유의 데이터는 헬스케어 산업에 대한 영향력을 판단하는 데 있어서 매우 결정적인 역할을 수행한다. 상용 제품을 평가할 때, 그것이 제공하는 서비스나 정보 제공 흐름 내에 특정 산업과 관련된 데이터를 확인하는 작업이 포함되어야 한다. 하지만 항상 그래야 하는 것은 아니다. 두 번째는, 상용 제품이 데이터 내용을 어떻게 처리해야 하는지 판단해야 한다. 현재의 상용 제품과 서비스는 패킷 캡처(pcap)를 통해 PDF 파일에서 악성코드 샘플을 추출하고 그것이 어떻게 동작(즉, 악성코드의 행위나 인터넷 상에서 공격 코드가 어떻게 사용되는지)하는지를 바로 보여준다. 몇몇 상용 제품은 자동화된 프레임워크나 커뮤니티를 통해 수집되고 공유된 데이터에 직접적으로 통합하는 것이 힘들 수 있다. 따라서 기업은 자신이 원하는 의사 결정 속도와 경고를 위한 자동화 수준이 어느 정도 인지 결정해야 하고, 특정 상용 제품을 추가하는 것이 기업에 이익인지 또는 수동으로 처리하는 것도 상관없는지 판단해야 한다. 마지막으로 몇몇 상용 제품은 미리 정의된 "대시 보드"나 위협 모델링이나 위협 예측과 비슷한 기능을 위한 인터페이스를 제공한다. 기업의 규모에 따라서 이런 유형의 서비스나 솔루션이 딱 맞을 수 있다. 이런 유형의 제품이나 서비스를 선택하는 기업은 커뮤니티나 상용 서비스로부터 전달되는 데이터를 소화하는 데 필요한 인프라를 구축을 위한 충분한 IT 담당자나 보안 담당 부서가 없을 수 있다. 그리고 기업은 독립적인 제품으로 데이터 자체를 추적할 필요 없이 해당 제품이 제공하는 데이터에만 집중하면 된다.

어떤 편견이나 특정 상용 제품을 간접적으로 홍보하거나 새로운 제품을 무심코 빠뜨리게 되는 것을 없애기 위해서 이 책에서는 특정 서비스나 제품에 대한 설명을 자세히 하지 않을 것이다. 상용 제품과 서비스에 대해서는 주요 보안 컨퍼런스와 이벤트(전시회도 포함) 또는 "threat feed"나 "security intelligence"를 포함한 키워드로 구글 검색을 해보면 좀 더 많은 정보를 얻을 수 있을 것이다.

❖ 적보다 앞서가기

보안 위협 환경은 지속적으로 성장하고 끊임없이 변화한다. 오늘날 기업이 사용하는 애플리케이션은 기업이 지속적으로 보안 환경을 개선해 나가는 데 필요한 코드들로 점점 더 복잡해지고 있다. 그리고 기업들은 기업간의 경계를 모호하게 만드는 클라우드 서비스와 애플리케이션 서비스 제공자가 제공하는 서비스를 이용하는 방향으로 이동하기 때문에 보안 환경이 더욱 복잡해지고 있다. 이는 공격으로부터 기업의 자산을 보호하고 기업의 민감한 데이터 유출을 방지하기 위해서 노력하는 보안 팀이나 IT 담당자들에 대한 기대치를 높게 만들어 버린다. 더욱이, 단순히 인터넷 검색만으로 무료 공격 툴과 봇넷을 판매하는 업체를 쉽게 찾을 수 있어서 컴퓨터 해킹과 공격에 대한 진입 장벽이 계속해서 낮아지고 있다.

적보다 앞서갈 수 있는 가장 좋은 방법은 탐지한 공격에 대한 지표나 지식 요소를 서로 공유하고 협력하는 것이다. 기업들이 공격에 대해서 서로 경고를 해주면 해당 공격이 특정 업계를 목표로 하는 것이든 아니든 상관없이 그들 스스로 공격을 방어할 수 있을 뿐만 아니라 공유 받은 동일한 공격에 대해서 이전에 공격을 받은 적이 있었는지 확인할 수 있다. 앞에서도 언급했지만, 앤섬의 데이터 유출 사건과 TAXII와 STIX 사용에서 본 바와 같이, 상호 협력이 성공적으로 이루어지려면 그 만큼의 노력이 필요하다. 더 많은 기업이 위협 인텔리전스를 공유하고 협력할수록 그에 따른 효과는 지속적으로 커질 것이다. 즉, 공유 커뮤니티의 모든 참여 기업은 공격으로부터 영향력을 최소화할 수 있고 킬 체인을 억제하기 위해서 보안 솔루션을 업데이트할 수 있다.

◆ 정리

기업은 위협 모델링과 위협 예측을 위한 커뮤니티 기반의 지식 요소 공유를 하려고 할 때 선택할 수 있는 것이 여러 가지 있다. TAXII와 STIX와 같은 커뮤니티 기반의 프로젝트와 그와 관련된 프로젝트인 CybOX는 계속해서 성장하고 인기를 얻고 있다. 기업은 커뮤니티에서 공유되는 정보의 소비자일 뿐만 아니라 그들이 속한 커뮤니티에 지식 요소를 공유하는 생산자 역할을 해야 한다. 커뮤니티 공유의 장점은 그것의 단점보다 더 크다. 기업 내 네트워크에서 생성된 로컬 데이터를 이용해서 위협 모델링을 하면 전체적인 보안 위협 환경의 일부분만을 보게 된다. 그리고 특정 목표를 공격하는 보안 위협을 제대로 탐지하지 못하고 그것과 관련된 위협 환경과 킬 체인이 무엇인지 알기 힘들다. 보안 위협 예측과 커뮤니티 공유가 결합되면 기업에게 전체적이고 거의 실시간에 가까운 보안 위협 환경 정보를 제공할 수 있기 때문에 보안 위반을 좀 더 빠르게 탐지하고 좀 더 효과적인 보안 전략을 세울 수 있다. 또한 기업에게 보안 위협 예측 수행을 위한 지식을 강화시켜준다.

6장

데이터 시각화

❖ 개요

이번 장에서는 데이터를 분석하고 시뮬레이션하기 위해서 시각화하는 여러 가지 방법에 대해서 설명할 것이다. 모든 데이터를 이차원으로 보지는 않는다. 경우에 따라서는 데이터를 다른 관점으로 보는 것이 더 쉬울 수 있다. 데이터를 그래프나 차트로 보는 것을 종종 오래되고 구식이라고 말하곤 한다. 따라서 데이터를 보는 방법과 데이터를 리포팅하는 방법을 달리하는 것도 의미가 있다.

데이터를 다른 방법으로 바라보는 것은 데이터 표현에 있어서 좀 더 유연한 생각을 가질 필요성이 있다는 것을 의미한다.

3차원 그래픽은 우리가 데이터를 바라보는 방법을 바꾸고 있다. 예를 들면, 비디오 게임, 가상 오피스 환경 그리고 새로운 보안 분석에 3차원 그래픽이 사용된다. 가상 네트워크 파이프를 보면 전체 트래픽 흐름을 볼 수 있으며 여러 호스트나 서브넷들을 연결할 수 있고 실시간으로 유출되는 데이터를 볼 수 있다.

이 책에서 언급하는 기술을 홍보하려고 하거나 의도적으로 다른 기술을 배제하려고 하지는 않을 것이다.

◆ 소개

6장에서는 실시간 데이터의 시각화뿐만 아니라 통계적으로 중요한 지표 사용에 대한 시각화를 살펴볼 것이다. 또한 데이터 흐름과 큰 데이터 분석 환경의 데이터를 취함으로써 받게 되는 장점도 살펴볼 것이다. 데이터간의 결합과 관계가 어디에서 일어나는지 정의할 수 있으면 무언가 찾기 위해서 이상한 곳에서 헤매지 않아도 되고 어디를 뒤져보아야 하는지 알 수 있다. 그리고 아마도 이후의 공격 흐름을 예측할 수 있을 것이다. 공격을 억제하기 위한 새로운 패턴을 찾기 위해서 대용량 데이터 분석을 이용하면 동일한 형태의 공격 행위를 하는 다른 공격도 빠르게 발견할 수 있다.

일반적인 방법

데이터 시각화에 가장 많이 사용되는 방법은 그 효과가 이미 검증된 그래프와 차트 그리고 스캐터 그래프다. 그래프나 차트를 이용하면 네트워크로 들어오는 트래픽의 유형과 어디로 유입되고 얼마나 자주 발생하는지 깔끔하게 볼 수 있다.

대개 그런 방식들은 오래되고 구식이라고 할 수 있다. 만약 악의적인 행위자가 옛날 공격 방식을 이용하지 않는데도 왜 기존의 오래된 데이터 가시화 방법을 이용하는 것일까? 대답은 간단하다. 그것은 새로운 방법을 도입하기 위한 예산 부족과 구현을 위한 시간 부족이다. 또 다른 이유로는 누구도 데이터를 표현하는 새롭거나 더 좋은 방법이 무엇인지 질문하거나 찾으려고 하지 않는다는 것이다. 이는 계속되는 경기 침체로 보안 담당자들이 "문제가 없는데 왜 바꾸지?"와 같은 태도로 현실에 안주하기 때문이다. 핵심은 현재 특별한 문제가 없으면 군이 변경할 필요가 없다는 것이다. 대부분의 사람들은 보통 변화를 싫어하고 변화의 이유를 찾지 못한다.

우리가 살고 있는 유동적인 커뮤니티에서는 변화가 불가피하다. 변화는 앞으로 다가올 위협을 예측하는 것뿐만 아니라 좀 더 큰 패턴을 탐지하고, 데이터 유출 사고로 이어지게 되는 전조적인 이벤트를 미리 감지하고 이해함으로써, 또한 그렇게 감지된 이벤트에 대해서 미리 대응함으로써 결국 궁극적인 차이를 만들어낼 수 있는 방법이다.

데이터 시각화로 다양한 패턴이나 유용한 이벤트 식별을 잘 할 수 있게 하려면 대용량 데이터 분석이 필요하다. 하지만, 분석을 통해서 원하는 것이 무엇인지 제대로 알아야 하고 데이터 속성 간의 상관관계 분석이 이루어지지 않는다면 결과는 유용하지 않을 것이다. 이후에 이에 대해서도 다룰 것이다. 데이터를 이해하는 것과 표현하는 것의 차이는 데이터에 대한 잠재적인 위협이나 유출을 식별하는 것과 이미 다른 사람의 손에 데이터가 넘어갔다는 것을 알아차리기 전까지는 데이터를 가지고만 있고 살펴보지 않는 것과의 차이와 같다고 할 수 있다.

피벗 테이블 여러 가지 네트워크 리소스(침입 탐지 시스템, 침입 차단 시스템, 방화벽, 라우터와 스위치, SIEM[Security Information and Event Management]을 포함한 넷플로우 컬렉터)에서 수집된 다섯 가지의 튜플 정보에서 파생된 데이터를 포함한다. 피벗 테이블은 단지 스프레드시트 사용자만을 위한 것이 아니다. 몇몇 데이터베이스는 피벗 테이블을 만들고 그 안에서 상관관계 분석과 데이터를 정렬시킬 수 있도록 지원한다.

```
SELECT [non-pivoted column], -- optional
  [additional non-pivoted columns], -- optional
  [first pivoted column], [additional pivoted columns]
FROM (
  SELECT query generating sql information for pivot
AS Tuple Alias PIVOT (
  (Column for aggregation or measure column)
-- MIN,MAX,SUM,etc FOR [] IN (
1st column, to, last column)) AS alias ORDER BY clause
```

이렇게 하면 데이터를 정렬하고 서로 연관시킬 수 있으며 그 결과를 핵심적인 지표와 속성을 정의하는 데 사용할 수 있기 때문에 정보를 빠르게 표현할 수 있다. 비구조화된 데이터나 데이터 셋 그리고 데이터 정규화와 결합된 핵심 성능 지표 최적화와 통계적 추론을 좀 더 잘 다루고자 하는 모든 사람들을 위한 것이다. T-SQL (Transact-SQL)은 모든 애플리케이션이나 전형적인 분석가들을 위한 것은 아니다. 단지 큰 데이터 셋에서 빠르고 의미 있는 방법으로 유용한 정보를 얻기 위한 또 다른 방법일 뿐이다.

일단 데이터가 추출되면 분석가나 관리자 또는 경우에 따라서는 경영자가 이해할 수 있도록 데이터를 처리해 주어야 하고 그들은 이것이 왜 기업에 중요하고 관련해서 무엇을 해야 하는지 이해하려고 노력할 것이다. 많은 경우, 데이터 표현을 담당하는 사람들은 주로 바 차트와 라인 그래프를 이용하는 오래된 방식을 주로 사용한다. 그것은 또한 예산 축소를 위해서 가장 쉽게 접근할 수 있는 데이터 포맷이기도 하다.

데이터 시각화와 표현에 있어서 리포팅 기능은 중요한 부분을 차지한다. 만약 정보를 그것을 이해할 필요가 있는 사람과 연결시키지 못하면 정보 전달이 실패한 것이다. 보고서를 만들 때 가장 중요한 부분은 표현하고자 하는 것이 무엇인고 그 안에 어떤 내용이 있고 무엇이 좋고 나쁜 것인지 이해하는 것이다.

보고서는 누구에게 그것을 보여주기 위한 것인지에 따라서 정보를 어떻게 보여주고 설명할 것인지가 결정된다. 그리고 보고서에서 가장 어려운 부분은 누가, 언제, 어디서, 무엇을 그리고 왜에 대한 내용뿐만 아니라 보고서의 정확성과 그것의 의도에 따라서 정보를 인지하는 것이 바뀔 수 있다는 것이다.

보고서를 만드는 가장 효과적인 방법 중 하나는 자동화를 이용하는 것이다. 즉, 정적인 변수에서 동적 데이터를 자동으로 생성, 갱신하는 것이다. 인텔리전스 위협 예측을 위한 가장 효과적이고 확인된 방법 중 하나는 맵을 만들어서 그곳에 확인이 필요한 이벤트를 표시하는 것이다. 그렇게 하면 이벤트에 대한 개요와 해당 이벤트를 나타내는 지표에 대해서 자세히 살펴볼 수 있다. 즉, 이벤트가 발생한 시간(몇 일, 몇 시)이 언제인지 그리고 발생한 이벤트가 무엇(이벤트에 대한 더 자세한 설명)인지 볼 수 있다. 이벤트를 발생시킨 근원지와 목표지 정보를 볼 수 있으며 그 안에는 구조화되지 않은 그래픽 정보와 해당 이벤트가 네트워크 상에서 실제로 어디에서 시작되었는지를 판단하기 위한 네트워크 비용 등 많은 정보가 포함된다. 초기 보고서는 대부분의 경우 "악의적으로 데이터를 유출시키는 자"가 누구이고 네트워크 자체에 대한 내용보다는 유출된 데이터에 무엇이 포함되었는지를 다룬다. 일단 침해가 발생하면 악의적인 공격자가 할 수 있는 것이 상당히 많지만 대부분의 경우 그런 가능성에 대해서는 여전히 조사 중으로 표시된다.

이벤트와 관련된 지표를 자세히 살펴보는 것과 더불어 네트워크 접근 횟수, 사용된 프로토콜 유형, 특정 소스로부터 발생한 이벤트 정보 그리고 기타 수집된 데이터를 표시하는 정적 그래프를 사용하지 못하게 막을 수는 없다. 그리고 그런 요형의 그래프가 포함된 보고서는 실제로 보고서를 검토하고 실행 가능한 판단을 내리는 사람에게 유용하다.

빅데이터 분석

많은 사람들이 왜 빅데이터 또는 대용량 데이터 분석인가?라고 묻는다. 그와 관련해서 유행하는 용어로 하둡Hadoop, 스파크Spark, 레드쉬프트Redshift가 있는데 모두 확장 가능한 데이터베이스로서 여러 노드의 대용량 데이터를 처리할 수 있고, 잠재적인 데이터 유출에 대한 패턴을 찾아내거나, 그렇게 찾아낸 새로운 패턴에서 또다른 어떤 정보를 찾아내기 위해서 상관관계 분석을 수행할 수 있다. 패턴은 보안위반만을 나타내지 않고 그 행위까지 포함한다. 행위를 분석하는 것도 패턴을 발견하는 한 가지 방법이다. 충분한 데이터와 중요 속성 정보를 이용하면 악의적인 행위자의 행동 패턴을 발견할 수 있고, 그런 행위들을 모아서 연결시키면 공격자가 공격 이후에 어떤 행동을 했고 공격 대상 시스템에 대한 정보를 어떻게 수집하였는지에 대한 전체적인 분석을 수행할 수 있다. 공격 행위가 예측 불가능하고 매번 다를 것이라고 많은 사람들이 주장하지만 실제로 악의적인 공격자 80%는 특정 방법을 그대로 사용하는 경향이 있다. 나머지 20%는 공격 대상 시스템을 공격하는 것이 어렵거나 공격 과정에서 우연히 발견한 시스템을 추가적인 공격 거점으로 삼아서 공격을 수행하는 경우다.

패턴이란 무엇일까? 일반적으로 동일한 개체에 의해서 최소한 세 번 이상 반복적으로 수행되는 행위를 패턴이라고 한다. 엄밀히 말하면 단지 두 번만 반복되어도 패턴이라고 할 수 있다. 두 번 이상 반복된 행위를 모두 필터링하면 매우 많은 패턴과 잡음이 만들어진다. 반면에, 그렇게 하면 반복된 횟수에 너무 의존해서 행위를 판단하지 않기 때문에 더 많은 악의적인 행위를 잡아낼 수 있다. 공격자마다 각자 나름대로 고수하는 전략이 있겠지만 경고성 메모를 남기는 것을 좋아하는 공격 그룹도 있다. 즉, 공격 대상 기업에 경고를 보낸 다음 실제로 해당 기업에 DDoS 공격을 수행하는 형태다. 이런 형태의 공격은 대용량 데이터 분석을 통해서 발견할 수 있고 예측 가능한 예라고 할 수 있다. 일단 발견한 후에는 그것을 나타내는 속성을 SIEM에 적용해서 동일한 형태의 공격을 빠르게 탐지하도록 만들 수 있다.

SQL과 NonSQL 데이터베이스를 이해하면 대용량 데이터 셋을 처리할 때 유용하다. SQL 데이터베이스는 명확히 정의된 데이터 포맷과 레코드로 이루어진 구조화된 테이블을 이용한다. 반면에 NonSQL 데이터베이스의 경우에는 SQL 데이터베이스처럼 정형화된 데이터 포맷으로 데이터를 저장하지 않고 다양한 포맷의 데이터를 문서에 저장한다. 두 유형의 데이터베이스는 상호 보완적으로 사용할 수 있다. 즉, SQL과 NonSQL 데이터베이스를 함께 사용하면 기본 정보를 바탕으로 더 큰 데이터 셋을 만들거나 참조할 수 있는 속성으로 상관관계 분석을 수행할 수 있다.

인터랙티브한 시각화

대용량 데이터 셋을 시각화하는 데 가상 현실(VR)이 이용될 수 있다. 딥 노드Deep Node라고 하는 회사는 가상 현실을 이용한 시각화 기술을 개발했다.

그림 6.1을 보면, 네트워크에 대한 시각화를 위해서 네트워크 노드를 동그란 구형체로 표시하였고 네트워크 트래픽 페이로드는 선으로 표시했다. 또한 체크가 필요하다고 판단된것은 모양이 다른 구형체로 표시했다.

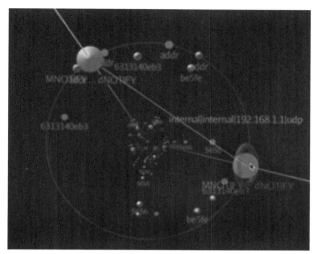

그림 6.1 딥 노드사의 3D 형태의 데이터 시각화

위 그림을 보면 게이트웨이 주소로 전달되는 UDP 패킷을 명확히 볼 수 있다. 위와 같이 시각화를 하면 수많은 노드 상에서 전달되는 전달되는 패킷 중 큰 패킷 흐름을 알아낼 수 있고 네트워크 노드들이 어떻게 연결되어 있는지 볼 수 있다. 또한 인터넷 트래픽에 대한 패킷 캡처 필터를 적용해서 특정 패킷을 강조해서 표시할 수 있다. 이처럼 동적인 인터페이스를 만들 수 있을 뿐만 아니라 분석가가 네트워크 트래픽 흐름을 전체적으로 볼 수 있고 네트워크로 들어오고 나가는 트래픽의 연결을 볼 수 있다. 실시간으로 악의적인 사용자의 행위를 관찰하고 그에 대한 조치를 취할 수 있다. 즉, 발생하는 위협 행위를 알아내서 그 행위의 결과가 좀 더 위험하지 않게 만들 수 있다.

이런 유형의 기술은 실시간 탐지 및 대응에 새로운 장을 열어줄 수 있다. 즉, SIEM은 계속해서 SIEM 역할을 하겠지만 거기에 데이터 시각화를 더한다면 더 많은 가능성이 열릴 수 있다. 데이터 재조합은 단지 캡처한 패킷의 재조합만으로 국한되지 않는다. 패킷 캡처 재조합은 분석에 있어서 단지 빙산의 일각일 뿐이다. VR을 이용하면 이벤트를 재생할 수 있을 뿐만 아니라 이벤트를 시각적으로 재생하고 다양한 레벨에서 이벤트 데이터를 다룰 수 있다. 또한 유출된 데이터베이스를 구체적으로 파고들거나 실시간으로 발생하는 네트워크 스트림을 시각적으로 재조합하고 데이터의 흐름을 볼 수 있다. 이는 접근 통제 가능한 다차원 파일 서버로서 새로운 레벨 또는 새로운 차원의 파일 시스템과 데이터베이스, 데이터 셋 그리고 상호작용에 의해서 제공되는 대용량의 정보를 바라보는 새로운 방법을 제공한다. 그리고 데이터 유출, 보안 취약점, 공격 코드에 대한 잠재적인 사례를 바라보는 새로운 방법을 제시한다. 악성코드와 바이러스의 경우, 단순히 그것이 숨기고 있는 것을 알아내거나 추가적으로 설치하는 악성코드가 무엇이고 어떤 것을 호출하는지 알아냄으로써 완전히 다른 관점으로 바라볼 수 있다(그림 6.2).

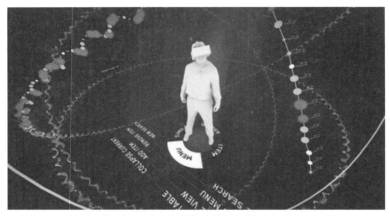

그림 6.2 네트워크 트래픽에 대한 다양한 시각을 제공하는 3D 표현

데이터베이스와 데이터 구조 전체는 인간이 읽을 수 있는 포맷으로 표현되어 데이터 간의 모든 관계와 연결을 나타낸다.

보고보다는 실질적인 조사

백문이 불여일견이라는 말이 있듯이 데이터를 잘 설명해주는 그림이야 말로 가치가 있다고 할 수 있다. 바 차트나 히트 맵, 인포그래픽 등과 같은 그림은 아무것도 묘사하지 않는 관리 툴 그 이상이다. 예를 들면 그림은 공격 대상 "A"에서 "B"로 이동하는 중요한 정보와 인텔리전스를 설명하고 전달하기 위한 좋은 방법이 될 수 있다.

현업에서는 상호보완적이면서 시각적으로 호소할 수 있는 형태의 정보를 원하고 있다. 읽을 수 있고 처리하기 쉬운 형태로 정보를 추출하거나 파싱하는 과거의 방법은 매우 풍부한 정보를 전달해줄 수 있는 유용하고 설계상 직관적인 형태의 사용자 인터페이스로 진화했다.

데이터에 대한 지리적인 묘사 또한 다양한 보안 운영 센터에서 일반화되었다. 하지만 지역과 산업에 영향을 주는 인텔리전스를 전파하는 것도 의미 있는 방법이다. 이는 여러모로 매우 넓은 스펙트럼의 이벤트와 정보를 커버해 주지만, 인텔리전스를 보거나 보안 위협 벡터를 이해하려고 할 때 정말로 유용할 수 있다.

그래픽 표현의 이면에는 노이즈가 자주 발생할 수 있다는 것이다. 그로 인해 어떤 상황이 발생한 이유와 그것이 누구로 인해 발생한 것인지 연관시키는 것이 종종 실패하기도 한다. 세상에는 알려지지 않은 많은 공격 그룹들이 있다. 따라서 정치적이거나 사회적인 의제에 대한 어떤 목적을 가진 공격 그룹이나 기관이 있는지 파악하기 위해서 지속적으로 인텔리전스나 보고서를 참고하는 것은 그들의 목적이나 그들이 던지고자 하는 메시지를 이해하는 좋은 방법이 될 수 있다.

해킹 그룹들의 선언문을 보면 공격의 근원지를 어느 정도 정의할 수 있다. 왜냐하면 각 그룹마다 그들이 따르는 저마다의 윤리 강령이 있기 때문이다. 또한 모든 그룹에는 튀는 악당들이 있고 그들은 곧 눈에 띄기 마련이다. 하기만 그런 것을 안다는 것이 결론을 내리기 위한 유용하고 명확한 방법이라고 할 수는 없다. 정찰과 공격, 유출 방법에 대한 속성을 로깅하면 어떤 공격 그룹인지 파악하는 데 도움이 된다. 모든 사람들이 매번 동일한 방법으로 공격을 하지는 않는다. 하지만 공격 그룹에 속하는 공격자 일부는 매번 동일한 방법으로 공격하는 경우도 있다. 따라서 행위 분석이 의미를 갖는 이유가 이 때문이다.

다른 사람이 보기에는 가치가 없어 보이겠지만 크기가 큰 그림일수록 더 가치가 있는 것처럼 보일 수 있다. 이미지의 본질은 움직이는 공격 목표와 같고, 그것은 시시각각 유동적으로 변한다. 가치는 순간의 이미지에서 발견하기보다는 이벤트에 대한 시간대별 분석과 오랜 시간 동안의 데이터에서 패턴을 찾고자 하는 데서 발견된다.

데이터를 시각화한 그림이 클수록 그 안에 담긴 문맥을 잘 이해할 수 있다. 분석한 정보에 대한 이해도는 그것을 이해하기 쉽게 번역하는 과정에서 낮아질 수 있다. 그것은 주로 상위 보고를 위한 정보 변환 과정에서 정보가 지나치게 단순화되면서 발생한다. 그로 인해 중요한 의미가 빠지거나 중요한 포인트가 너무 빨리 잊혀지는 결과를 낳게 된다. 문맥적인 의미를 제대로 유지하는 것은 묘사된 데이터를 설명하는 것만큼 중요하다. 위협 인텔리전스와 위협 예측에 있어서 시간이 가장 중요하다는 것을 명심하고 이사회에 보고하거나 어떤 해석도 없이 사실을 요약할 때 원래의 의미가 가장 잘 전달된다.

◆ 정리

데이터 없이는 어떤 정보도 만들어낼 수 없다. 현재는 데이터 시각화가 위협 인텔리전스 산업에서 중요한 부분을 차지하고 있다. 네트워크 내의 잠재적인 위협과 공격을 식별하고 더 큰 패턴을 찾을 수 있다. 그리고 모든 것들은 좀 더 지능적인 방법으로 볼 수 있어야 한다. 데이터를 유용하게 만드는 것은 쉽다. 하지만 데이터를 이해 가능하게 만드는 것은 완전히 다른 차원의 얘기다. 분석가가 리포팅 데이터 만으로 대용량 데이터 스트림에서 전달되는 내용이 정확히 무엇인지 파악하기 힘들다는 것은 이제 많은 보안 업체에게 현실로 다가왔다. 9장에서도 언급하겠지만, 데이터를 서로 연결시켜서 어떤 의미 있는 것을 만들고 모든 레벨의 사람들이 이해하기 쉽게 만드는 것은 시각화 툴에서뿐만 아니라 모든 영역에서 매우 중요한 부분이다.

　　많은 경우 예측을 시각화하는 것은 일기 예보와 유사하다. 때로든 엄청난 재앙의 시작처럼 볼일 수도 있고 어떤 때는 폭풍이 강타할 것처럼 보일 수도 있다. 모든 데이터를 해석하고 검토해서 재앙이 아닌 폭풍우라고 시각적으로 인지하는 능력은 훌륭한 분석가와 그렇지 못한 분석가 간의 차이와 같다. 많은 시각화의 절망적인 부분은 어떤 것을 마치 하늘이 무너지는 것처럼 보이게 만든다는 것이고, 공격을 적절히 무력화 시키거나 또는 캡처와 관찰을 위해서 수행할 수 있는 대응책과 솔루션을 자주 빼먹는다는 것이다.

　　데이터를 시각화할 때는 이슈가 전달되는 과정에 문제가 있을 수 있으니 기업 외부적인 영역에도 자주 관심을 가져야 한다. 많은 기업들이 정해진 포맷에 의존해서 문서나 일일 보고를 작성한다. 그 안에는 매우 예쁜 그림들이 포함되지만 문맥적인 내용을 포함하는 경우는 드물다. 따라서 문서 내용에 대한 논의가 이루어지더라도 실질적인 문맥을 이해하기는 힘들다. 저자가 기업의 침해사고 조사했을 때 해당 기업 직원들은 편리하게 필요한 사항을 접근해서 보려고 중요한 데이터베이스의 비밀 번호와 같은 민감한 기업 정보를 공개된 웹사이트에 올려서 사용하고 있었다. 철저한 조사 후에 밝혀진 사실은 해당 웹사이트가 국내외 많은 검색 엔진에 의해서 인덱싱 되었다는 것이다. 그렇게 인덱싱된 데이터는 외부인이 기업의 핵심 인프라를 이용하는 데 사용되었다. 따라서 전체적으로 비밀 번호를 변경하도록 하였고 안전하지 않은 데이터가 무엇이고 외부에 링크된 정보가 무엇인지 파악하기 위한 대대적인 조사가 이루어졌다. 해당 보안 사고를 시각화해서 문서나 보고서를 작성하는 데 다소 시간이 걸렸지만 유출된 정보와 관련된 예측을 통해서 어떻게 하면 정보 유출에 대응하고 이후에 그러한 일이 발생하지 않도록 하려면 어떻게 해야 하는지 알 수 있었다.

7장

데이터 시뮬레이션

개요

이번 장에서는 몇 가지 주제를 다룰 것이다. 즉, 데이터 시뮬레이션에 대한 이해와 그것이 무엇이고 IOI^{Indicators of Interest}와 IOC^{Indicators of Compromise}를 다룰 때 그것이 어떻게 중요한 역할을 하는지 그리고 시뮬레이션과 에뮬레이션의 차이에 대해서 설명할 것이다. 입력 데이터와 시뮬레이션을 지원하기 위한 분석 엔진 그리고 몇 가지 샌드박스와 함께 시뮬레이션의 유형에 대해서 살펴볼 것이다. 그리고 시뮬레이션된 트래팩 분석에 있어서 양자 터널링이 어떤 잠재적인 가치가 있는지 살펴볼 것이다.

또한, 위협 예측에 있어서 보안 팀이 위협을 개선하고 완화하기 위해서 어떻게 데이터 시뮬레이션을 선제적인 툴로서 사용할 수 있는지, 그리고 많은 기업 또는 전반적인 영역에 잠재적으로 피해를 줄 수 있는 보안 위협을 방지하는 데 어떻게 사용될 수 있는지 살펴볼 것이다.

소개

데이터 시뮬레이션이라고 하면 대부분의 사람들은 곧바로 금속 공학이나 물리학, DNA 유전자 배열, 진화 예측을 떠올릴 것이다. 데이터 시뮬레이션은 그 이상으로 많이 사용되는 기술이다. 이번 장에서는 데이터 시뮬레이션을 수행하는 데 있어서 성능이 낮은 하드웨어에서부터 양자 슈퍼 컴퓨터까지 그것들이 어떻게 이용되는지 살펴볼 것이다. 많은 사람들은 시뮬레이션을 하려면 그것이 어떤 종류이든 수백, 수천 달러의 비용이 들고 고성능의 컴퓨터 클러스터와 매우 큰 클러스터 간의 대역폭이 필요하다고 생각한다. 하지만 진실은 상대적이라는 것이다. 무엇을 시뮬레이션하는 것인지, 얼마 동안 시뮬레이션 하는 것인지 그리고 얼마나 빨리 시뮬레이션을 완료하고자 하는지에 따라서 상대적이다. 시뮬레이션은 일기 예보와 같은 예측 모델에 사용된다. 그런 모델은 대용량의 데이터 분석에 초점이 맞추어져 있다. 데이터 유출 사고에 있어서 어떤 것을 찾는 것이 쉬울 때가 있다고 할지라도 기업의 침해 사고에서는 모든 데이터를 확인하는 것은 중요하다. 그러한 일은 데이터를 감별해 내는 대용량 분석 엔진을 이용하지 않으면 매우 힘든 일이며, 좀 더 선제적인 방어측면에서 공격이 실제로 발생하기 전에 미리 예측하기 위한 인입되는 트래픽 조사와 패턴을 찾아내는 일이 수행되어야 한다.

트래픽 시뮬레이션 vs 에뮬레이션

트래픽 시뮬레이션은 트래팩을 발생시키거나 재생하는 것 또는 둘 다를 수행하는 것이다. 일반적으로는 이벤트 기반의 시뮬레이션이나 개별 이벤트 기반의 시뮬레이션으로서 언급된다. 다양한 플랫폼을 위한 오픈소스 시뮬레이션 소프트웨어들이 있다. 그것을 이용하면 많은 예산을 들여서 실험 장비를 구입하지 않아도 다양한 연구실 장비를 시뮬레이션 할 수 있다. 단점은 대부분의 경우 실제 환경에서의 실험처럼 실시간으로 상호작용할 수 있는 환경이 아니라는 것이다. 다음은 많은 네트워크 시뮬레이션을 수행할 수 있는 오픈소스 중에서 일부를 나열한 것이다.

- NS2
- NS3
- OMNet++
- SSFNET
- J-Si.

NS2와 NS3는 MIT에서 개발한 객체 지향 확장을 적용한 Tcl 스크립트 언어로 초기 환경을 세팅해 주어야 한다. 그러면 스크립트가 실행되고 시뮬레이션할 네트워크를 위한 이벤트 스케줄러와 네트워크 컴포넌트를 셋업한다. 그리고 시뮬레이션이 실행되면서 분석 결과를 만들어내고 NAM Animator를 실행한다. Nam은 추가적인 분석을 위해서 네트워크 시뮬레이션을 추적하기 위한 Tcl/TK 기반의 애니메이션 툴이며, 시뮬레이션 대상 네트워크의 토폴로지를 패킷 레벨의 정보와 함께 시각화해서 보여준다.

네트워크 에뮬레이터도 마찬가지다. 네트워크 에뮬레이터에서는 에뮬레이트할 네트워크를 만들기 위해서 단순히 네트워크 오브젝트를 드래그 앤 드롭해서 서로 연결시키고 각각의 연결 타입과 통신 방법을 설정하면 된다. 대부분의 에뮬레이터는 물리적인 호스트의 하드웨어 환경에 의존적이다.

- IMUNES
- CORE
- Cloonix
- Marionnet
- Mininet
- Netkit
- VNX와 VNUML.

위에서 나열한 에뮬레이터들은 시뮬레이터와 마찬가지로 라우팅되지 않는 네트워크와 샌드박스 환경을 안전하게 생성할 수 있지만 실시간 상호작용을 지원하지는 않는다. 몇몇 툴들은 독립적이고 물리적인 워크스테이션으로 시뮬레이션되는 네트워크를 만들 수 있다. 그러면 실제 트래픽을 테스트할 수 있는 고유한 환경을 만들 수 있고, 기업 내 네트워크 전체를 시뮬레이션하려면 충분한 프로세스 능력과 메모리를 갖춘 여러 대의 서버나 워크스테이션이 필요하다.

이러한 툴을 사용하면 위협을 테스트하기 위한 고유환 환경을 만들고 네트워크 트래픽을 시뮬레이션할 수 있다. 또한, 최악의 상황이나 어떤 교란 작전이 수행되는 환경에서의 위협이나, 특정 환경에서만 유효하거나 더 많은 공격 대상에게 해를 입힐 수 있는 좀 더 일반적인 보안 위협을 만들고 그것들의 유형을 조절할 수 있다.

패턴과 시뮬레이션을 기반으로 어떤 발생할 것 같은 이벤트를 예상할 때는 해당 보안 위협이 어떻게 동작하고 그로 인해서 어떤 피해가 발생할 수 있는지를 잘 이해하는 것 또한 중요하다. 그렇지 않다면 해당 보안 위협이 과장되어 많은 사람들 사이에 공포가 퍼지게 되고 해당 위협이 왜 발생하는지 그리고 그것의 결정적인 속성이 무엇인지 알지 못한 채 단지 위협이 퍼진다는 보고서만 만들어질 것이다. 실제로 주의해야 할 것은 존재한다는 증거나 샘플 코드 조차 없는 가공의 바이러스 소식을 사람들이 퍼뜨린다는 것이다. 그로 인해서 어떤 영향이 미치는지 그리고 어떻게 퍼져나가는지는 사람들의 관심을 얻느냐에 달려 있다. 잘못된 정보가 퍼져나가게 되면 사람들은 혼란에 빠지거나 겁을 먹게 되어 자신들의 블로그에 올리고 그것이 또 다른 블로그로 전파된다. 결국, 실재로 존재하는지에 대한 어떤 증거도 없이 내용이 과장되고 부풀려지게 된다.

시뮬레이션 환경

확률적 모델링이나 정모델링은 시뮬레이션된 패턴 데이터뿐만 아니라 이미 가지고 있는 데이터나 보정된 기존 데이터를 이용해서 모델의 예측가능성을 제공한다.

이를 위해서는 보통 수천 개 이상의 시뮬레이션된 패턴이 필요하기 때문에 많은 시뮬레이션이 수행되어야 한다. 그리고 시뮬레이션된 패턴은 유사한 여러 가지 유형으로 분류되어 스캐터 그래프로 표현되고 그 결과는 몇 개의 확률 변수에 부합하는 데이터를 기반으로 만들어지게 된다. 그런 이유로 위협이 어떻게 동작하는지를 이해하는 것이 중요하다. 일단 무엇이 변수이고 보안 위협에서 사용되는 방법이 기업 외부에서 수행될 수 있는 것인지 아니면 기업 내부에서 수행되어야만 하는 것인지를 이해하면 위협을 예측하는 것은 매우 쉬워진다. 다른 시뮬레이션 방법 중 좀 더 일반적인 방법은 통계적 모델링과 가우스와 시공간 수학으로 이루어진 알고리즘을 이용하는 것이다.

네트워크의 흐름

위협 예측을 위한 방법론에서 정보와 데이터 비트가 네트워크 상에서 어떻게 흘러 다니는지 이해하는 것은 외부 위협에 대한 대응 방안을 선택할 때 중요한 부분을 차지한다. 네트워크 상의 데이터 흐름은 어디에서 시작되고 어디에서 종료되는 것일까? 대부분의 경우 네트워크는 외부와의 경계선에서 시작하고 스위치에서 끝난다. 15년 전에는 그 말이 어느 정도는 맞는 말이었다. 문제는 기업이 직원에 대한 BYOD^Bring Your Own Device 정책을 실행하는 경우가 많아지고 있다는 것이다. 기업 입장에서는 새로운 기술에 대한 IT 예산 부족이 원인이라고 할 수 있으며, 기업은 그것이 정확히 어떤 것을 의미하는지 완벽하게 이해하지 못한 상황에서 실행하는 경우가 많다. 그렇게 되면 기업의 네트워크 경계에 직원의 주머니가 포함되게 된다. 믿기 어렵게 들리겠지만, 외부에서 회사의 이메일이나 리소스에 접근하게 되면 그곳이 바로 기업 네트워크 경계선이 되는 것이다.

기업 내부 환경을 파악하는 것은 기업에 침투할 수 있는 보안 위협의 유형을 이해하는 데 매우 중요하다. 내부 위협은 기업이 맞닥뜨리게 되는 심각한 위협 중 하나이지만 많은 사람들이 그것의 위험성을 무시한다. 그리고 내부 공격자는 기업 정책에 위배되는지 여부를 잘 알기 때문에 정책에 위반되지 않도록 행동할 수 있다.

저자가 조사한 사건 중에는 개발자가 유타주에 있는 공개 웹 서버에 자신이 작업한 모든 것을 업로드하는 경우도 있었다. 표면상으로 보면 그렇게 큰 문제처럼 보이지 않을 수 있다. 해당 개발자는 당시 미공개 정부 기관에서 일하고 있었고 개인 식별 정보를 다루는 매우 민감한 프로젝트를 수행하고 있었다. 그리고 그는 데이터베이스 관리자 인증 정보뿐만 아니라 웹 서버 비밀번호까지 모든 것을 물리적으로 호스팅된 웹사이트에 암호화하지 않은 채 저장하고 어떤 인증 절차도 없이 그것에 접근할 수 있다면 매우 편할 것이라고 생각했다. 하지만 해당 웹사이트는 주요 검색 엔진에 의해서 색인되었고 실제로 그 내용이 서로 사이가 좋지 않은 다른 나라에 캐시되었다.

인증 정보 등이 저장된 공개 웹사이트로 접근하려면 기업 내부망에서만 가능한 것이었지만 몇 년이 지난 후에 밝혀진 사실은 해당 기업 내부망에 들어가는 것이 생각했던 것보다 훨씬 쉽다는 것이 밝혀졌다. 네트워크 경계선은 이제는 몇몇 사람들이 느끼는 환상이 되어 버렸다. 즉, 네트워크 경계선은 모든 것이 거기서 출발하고 모든 것이 거기서 종료되는 마치 모래 위에 그려진 하나의 선명한 선과 같다고 할 수 있다. 대부분 방화벽을 설치하기 때문에 명목상으로는 모든 것을 방화벽이 보호한다고 할 수 있다. 그리고 대부분의 기업은 보호되어야 할 기업 네트워크로 들어오고 나가는 소셜미디어와 공유를 통한 공동작업 그리고 기업 소셜미디어 트래픽을 허용한다. 이는 반갑지 않은 손님들에게 문을 열어 놓는 것이다.

네트워크의 흐름을 아는 것은, 이제는 아무도 지속적으로 그것을 파악하기 힘든 일이 되어가고 있다. 네트워크 트래픽 조사를 좀 더 철저히 하기 위해서 모든 트래픽이 반드시 거쳐가야 하는 포인트를 여러 개 둔다고 하더라도 그것을 커버하기 위한 데이터 가시화와 분석이 그만큼 더 필요하게 된다.

데이터 샌드박스

대용량 데이터 분석을 이용해서 통계적이고 해석적인 분석, 행위와 객체 데이터 분석을 위한 가상의 실행 영역은 다양한 입력과 데이터 셋으로부터 결과를 이끌어내기 위한 컴퓨팅 능력의 기반을 제공한다. 이는 현재의 다양한 분석 엔진을 이용하면 된다. 하둡Hadoop과 호튼 웍스Horton Works를 이용하는 분석 엔진은 완성도가 높은 분석 엔진 중 하나다. 호튼 웍스는 불편한 커맨드라인 명령 인터페이스 대신 훌륭한 그래픽 사용자 인터페이스(GUI)를 제공한다. 호튼 웍스를 이용하면 사용자를 위한 단순화된 워크플로우를 만들 수 있고 내부 리소스에 접근하거나 새로운 모델을 만들 수 있다. 또한 필요한 다양한 데이터 셋을 처리할 수 있다. 그리고 대용량 데이터 셋을 처리하는 부하를 줄이기 위해서 여러 대의 시스템으로 부하를 적절히 분산시킬 수 있다.

샌드박스 환경이 무조건 좋은 것만은 아니다. 처리할 데이터가 실제 수집되는 데이터 셋이고 전통적인 방식인 하드웨어를 이용하여 샌드박스 환경을 꾸미려면 실제로 많은 하드웨어가 필요하기 때문에 비용이 많이 든다. 아마존 웹 서비스를 이용하면 데이터센터 이용 비용 없이 매우 복잡하고 스케일이 큰 하둡 클러스터를 빠르게 만들 수 있다. 악성코드, 바이러스, 트로이목마 그리고 악의적인 행위자를 분석하는데 많은 샌드박스가 이용되어 왔다.

샌드박스를 이용한 악성코드 분석의 시작은 2000년 초 노만^{Norman} 샌드박스부터라고 할 수 있다. 그 이후 샌드박스는 통계적이고 분석적인 용도로 산업 전반에 빠르게 사용되기 시작했다. 초기에 분석용 샌드박스는 대부분 상용 제품이었지만 얼마 되지 않아 많은 제품들이 오픈소스화되었다. 반면에 통계를 위한 샌드박스는 대부분 항상 무료였다. 샌드박스 소프트웨어는 직접 구매해서 사용하지 않고 그것을 지원하는 유료 시스템과 하드웨어를 이용하며 그 이용 시간과 사용한 하드웨어 수에 따라서 비용이 부과된다. 많은 샌드박스가 하둡과 호튼 웍스와 같은 유형의 시스템을 요구하기 때문에 샌드박스를 서비스 형태로 제공하는 시스템을 매우 안정적으로 구현할 수 있고 클러스트 단위로 샌드박스 테스트를 할 수 있도록 지원할 수 있다. 통계용 샌드박스를 컴파일하고 최적화, 테스트한 이후에 가장 먼저 해야 할 일은 질문을 하는 것이다. 분석용 샌드박스를 이용할 때는 분석을 위한 악성코드나 데이터를 삽입해서 어떤 일이 발생하는지 관찰하지만 통계용 샌드박스의 경우는 그렇지 않다. 통계용 샌드박스를 이용하는 경우에는 질문에 대한 답을 찾기 위해서 데이터에 대한 어느 정도의 지식이 필요하다. 만약 어떤 답이 나올 것인지 안다면 군이 컴퓨터와 수천 달러의 돈과 시간을 동원할 필요가 있는지 많은 사람들이 의문을 제기할 것이다. 어떤 답이 나올 것인지 안다고 하더라도 그와 같은 답이 나오기 위해서 영향을 줄 수 있는 파라미터를 찾거나, 적어도 질문에 대한 답을 제시하기 위한 통계적인 관점을 얻기 위해서라도 필요하다. 이를 위해서는 도출된 결과를 왜곡 없이 그대로 표현할 수 있도록 데이터를 처리해야 한다.

데이터의 무결성은 데이터를 전달하는 사람의 무결성만큼 중요하다. 파라미터 셋을 이용한 통계적 샌드박스의 결과는 샌드박스에 입력된 데이터와 검색 파라미터를 반영한다. 샌드박스에 입력되는 데이터 유형을 알고 있으면 올바른 결과를 얻기 위한 검색 파라미터를 만드는데 소요되는 시간과 노력을 절약할 수 있다. 데이터를 처리하는 과정에서 데이터에 대한 왜곡이 발생하면 라벨과 태그를 이용해서 그것이 어떤 데이터인지 확인할 수 있다. 따라서 원래 데이터의 태그를 유지하는 것이 출력 데이터의 무결성을 위해서 매우 중요하다.

분석 엔진

시뮬레이션을 위해서는 일정량 이상의 수집된 데이터가 필요하다. 일부 정보는 대용량 데이터 셋을 통해서 얻고 데이터 분석 엔진은 데이터를 파싱한다. 가장 먼저 생각할 수 있는 것은 하둡과 버클리 데이터 분석 스택^{BDAS, Berkeley Data Analytics Stack}이다. 하지만 좀 더 빠르고 확장 가능한 형태로 분석할 수 있는 다른 솔루션들도 많이 있다. SQL을 처리할 수 있는 스파크^{Spark}와 같은 툴로 이제는 맵리듀스^{MapReduce}를 수행할 수 있다. 이로 인해 사람들은 MySQL과 같은 구식 데이터베이스에서 카산드라^{Cassandra}와 같은 데이터베이스로 옮겨가고 있고 더불어 실시간 분석과 인터렉티브한 SQL 툴인 샤크^{Shar}를 이용할 수 있는 스파크를 이용하기 시작했다. 그리고 기계 학습^{ML, Machine-Learnig}과 GraphX처럼 출력 결과를 그래프로 표현해줄 수 있는 오픈소스 툴들도 함께 통합적으로 이용된다.

대용량 데이터 분석 애플리케이션을 만들려면 여러 가지 서로 다른 시스템을 조합해서 사용하면 된다. 하지만 가장 쉬운 방법은 동일한 플랫폼 위에 분석 엔진을 구축하는 것이다. 몇 개의 애플리케이션으로 최적화된 솔루션과 경쟁하는 것은 어렵지만 클러스터에 추가적으로 몇 개의 노드를 더 추가하면 부족한 것을 채울 수 있다. 결국 통합된 시스템의 성능은 하나의 툴 패키지인 것처럼 성능이 향상된다 그리고 그 수행 결과는 시각화 시스템에 전달된다.

상용 제품 시장에서는 하둡과 같이 숙성된 기술에 초점이 맞추어지고 있고 있지만, 다른 오픈소스 소프트웨어 기업은 비용을 줄이고 빅데이터를 좀 더 처리할 수 있는 그리고 더 큰 문제를 해결할 수 있는 획기적인 방법을 만들기 위해서 노력하고 있다.

실시간 데이터 캡처로 패턴을 인식하고 분석하면 너무 늦기 전에 어디서 어떻게 개입할지를 알 수 있다. 다양한 데이터 소스로부터 입력되는 다양한 데이터 셋을 이용하면 하나의 큰 그림을 그릴 수 있다.

양자 컴퓨팅

1990년대 말 양자 컴퓨팅은 여러 측면에서 실패로 인식되었다. 당시에는 기술적인 진보의 결여와 모든 것을 2차원 상태로 만들기 위해서 노력하는 폐쇄적인 과학자들이 그 원인이었다. 지금은 원하는 만큼 기술이 진보되었고 수학 방정식에 의해서 모든 것이 2차원 세계에 있을 필요가 없다는 것이 밝혀졌다. 기술적으로는 C, C++, 포트란, 파이썬으로 작성된 하이 레벨 애플리케이션에서 양자 기계어 명령QMI, Quantum Machine Instruction이라고 불리는 종류의 API를 이용해서 구현된다. 양자역학의 아이디어는 약 백 년 전에 만들어졌지만 최근까지도 그것을 이해하거나 개발하는 것이 부족했다. 최근 영국의 두 과학자는 1700년대 중반부터 시작된 양자 물리학의 이론들을 증명해 나가고 있다. 두 과학자는 양자 물리학을 완벽히 이해하고 있는 여러 연구자들과 양자 이론들을 함께 증명했다. 양자 이론들이 서로 관련이 있다는 것을 증명하는 과정에서 캐나다의 한 기업은 영국의 두 과학자가 발견하고 발표한 것과 유사한 이론들을 이용해서 양자 수학을 어떻게 수행할 것인지에 대한 아이디어를 떠올렸다.

그것의 수학적인 이론은, 만약 문제를 시스템에 입력해서 테스트를 더 오랫동안 할수록 그 결과가 더 정확하고 간결해진다는 것이다. 악성코드와 위협 행위를 분석하기 위해서 양자 컴퓨팅을 이용하는 것은 분석적인 관점에서 보면 대부분의 보안 위협이 매우 짧은 기간에 발생하고 미처 예측 작업을 완료하기도 전에 발생한다는 점 때문에 엄청난 시간과 돈 낭비가 될 수 있다. 오랜 기간 동안 또는 천천히 살금살금 몰래 공격하거나 네트워크 트래픽에서 눈에 띄지 않도록 몰래 공격하는 침략자의 경우에는 대량의 패턴 매칭과 이벤트를 위한 양자 터널 컴퓨터 QMI에 자동으로 전달하는 대용량 데이터 분석 엔진으로 기존 시스템을 강화한다면 오히려 쉽게 찾을 수 있을 것이다.

양자 터널링과의 상호 작용은 다양한 레벨에서 가능하고 그것을 통한 분석으로 문제 해결 속도를 향상시킬 수 있으며 인터넷의 어두운 곳에 숨어있는 다크 넷을 찾을 수 있다.

❖ 정리

그래서 결국 위협 예측이라고 하는 큰 목표를 어떻게 해결할 것인가? 그리고 기업이 이를 필요로 하고 수행할 수 있을까? 이에 대한 답은 단순하지 않을 것이다. 모든 기업 네트워크는 어느 정도 각자 고유한 특징을 가지고 있고 기업이 속한 시장이 다 다르기 때문에 그에 따른 공격 위협의 유형도 다르다. 대부분의 기업에서 법적인 필요성이 있겠지만 불행하게도 단기적으로는 투자 회수율이 낮다. 임의로 정보를 수집해서 관련된 데이터를 연결 시키고 시뮬레이션 모델에 전달할 수 있는 기술을 이용하면 이벤트 시간을 기준으로 대단히 정확한 선제적인 예측이 가능하고 보안팀은 예측된 위협에 대한 예방책을 가질 수 있을까?

보안 위협 예측을 위한 예측 모델은 그냥 인터넷에서 다운로드하거나 위협 예측을 마치 마술처럼 바로 제공할 수 있는 것이 아니다. 기업이 원하는 대로 위협 모델이 동작하게 하려면 시간과 노력이 필요하다. 일반적이고 범용적인 모델은 네트워크와 호스트의 유형 그리고 어떤 취약점이 있는지 전혀 알 수 없다는 한계가 있다.

좋은 위협 모델은 기업에 적용하는 데 문제가 없다면 일반적인 모델이 될 수 있다. 모델을 만들 때는 네트워크 내에 무엇이 있고 그 중에서 외부로 노출된 것이 얼마나 있는지, BYOD 정책이 있는지 그리고 관련해서 어떤 통제가 있는지, 지원되지 않는 운영체제로 동작하는 호스트가 얼마나 많은지를 고려해야 한다.(물론 이것은 고려해야 할 것들 중 빙산의 일각에 지나지 않는다.) 대용량 데이터를 처리하려면 데이터 유형과 그것이 수집된 경로 그리고 그것으로 무엇을 하려는지 등 관련된 많은 것을 알아야 한다. 데이터를 시뮬레이션하는 것은 단지 특정 결과를 얻기 위해서 하는 것이 아니라 기업에게 피해를 입힐 수 있는 네트워크 트래픽을 시뮬레이션하기 위함이다. 대부분의 시뮬레이션에서는 모든 네트워크 트래픽을 고려하지 않는다.

8장

킬 체인 모델링

◆ 개요

이번 장에서는 킬 체인Kill Chain 모델을 자세히 들여다볼 것이다. 그리고 공격 탐지와 데이터 분석 그리고 이후의 분석을 위해서 대용량 분석 엔진에 데이터를 전달하기 위한 툴들에 대해서도 살펴볼 것이다. 여기서 소개하는 툴들은 단지 사용할 수 있는 툴의 예일 뿐이며 해당 툴들을 이용해서 어떻게 보안 결함을 보완하고 공격에 대한 방어를 강화할 수 있는지 논의할 것이다.

◆ 소개

여기서는 킬 체인의 다양한 요소와 주요 위협을 탐지하고 차단하는 데 도움을 주는 다양한 기술을 살펴볼 것이다. 탐지와 차단은 결국 툴의 배치가 그 핵심이지만 툴에 대해서 좀 더 자세히 다룰 것이다. 또한 오픈소스 툴과 그것의 기능과 관련된 다양한 옵션을 살펴볼 것이다. 그러한 툴들을 언급한다고 해서 그 툴들을 지지한다는 것은 아니다. 하지만 그런 툴을 이용해서 목적을 달성할 수 있다. 툴로 킬 체인을 자세히 분석해서라기보다는 툴을 이용해서 여러분의 인프라에 존재하는 보안 결함을 보완함으로써 원하는 목적을 달성하는 것이다.

킬 체인 모델링의 핵심 요소

킬 체인 모델링의 요소는 몇 가지 서로 다른 요소로 나눌 수 있다. 최대한 간단히 나누는 것이 가장 쉬운 방법이다. 첫 번째 요소는 계획과 공격 대상 정의, 명확한 공격 목표 설정 그리고 공격자가 여러 명일 경우 모든 공격 팀 멤버가 동일한 생각으로 공격을 수행하게 만드는 것이다. 계획된 공격을 수행함에 있어서 동시에 공격 대상의 주의를 산만하게 만들면 더욱 효과적으로 공격할 수 있다. 주의를 산만하게 만드는 것은 모든 사람들의 주목을 다른 곳으로 이끄는 정말로 효과적인 방법이다. 그런 주의를 방해하는 요소가 사라졌을 때에는 이미 공격이 완료된 상태일 것이다. 이와 같은 주의 방해 작업은 현업에서 많이 관찰되는 요소다. 두 번째는 정찰이다. 정찰은 계획 단계와 밀접하게 연결되어 있으며, 수집한 정보에 따라서 계획이 다시 수정될 수도 있다. 공격 대상에 대한 정보를 수집하는 것은 공격에 있어서 가장 중요한 작업 중 하나다. 수집한 정보를 기반으로 공격 대상에 대한 주요 공격 방법을 기술하고 공격 이후의 악의적인 행위를 위한 여러 가지 옵션을 만들어낼 수 있다. 공격을 위한 모든 계획이 완료되면 즉, 공격의 목적과 목표가 명확히 정해지면 두 단계가 완료된 것이다. 그 다음에는 세 번째 단계를 수행할 차례다. 세 번째 단계는 매우 직관적이다. 즉, 조심스럽게 수집한 정보를 기반으로 공격을 수행하는 것이다. 정보를 얼마나 조심스럽게 수집했느냐에 따라서 공격 대상은 그들이 동시에 여러 곳으로부터 공격 당하고 있다는 것을 알지 못할 것이다. 처음에는 불필요하고 쓸모 없는 공격을 수행해서 즉, 매우 많은 노이즈를 만들어내서 분석가를 바쁘게 만든다. 노이즈를 계속 발생하는 동안에 실제 공격이 이루어진다. 그러면 공격자는 공격 대상 네트워크에 침투해서 처음에 얻고자 하는 정보를 얻을 수 있을 것이다. 그리고 이후에 더 많은 정보를 얻거나 좀 더 깊숙이 침투하기 위한 교두보를 마련해 놓을 것이다.

결국 공격자는 기업 네트워크를 장악하게 된다. 하지만 기업은 자신들의 네트워크가 공격자에게 장악되었고 그들의 핵심 인프라에 대한 관리자/루트 권한이 탈취되었다는 것을 발견하는 데 몇 달이 걸릴 수도 있다.

다음 공격을 위한 교두보에는 원격에서 쉽게 접근할 수 있도록 명령 제어[C&C, Command and Command] 메커니즘이 설치된다. 좋은 명령 제어(C&C) 소프트웨어 중에는 시스템에 접근하기 위한 포트 번호와 제어 채널을 매번 임의로 바꾸는 것들도 있다.

이를 킬 체인에서 탐지하는 것은 다양한 방법으로 가능하다. 그것을 마치 수행해야 할 일을 쉽게 할 수 있도록 해주는 적절한 도구를 이용하는 수작업과 같다. 그런 툴들은 주로 보안 장비에서 찾을 수 있다. 보안 관리자는 그런 툴들을 이용해서 악의적인 트래픽을 블랙 홀 네트워크나 허니넷 같이 좀 더 깊이 분석하는 데 적절한 네트워크로 보내버리는 정책을 적용할 수 있다.

빅데이터

빅데이터에 대한 내용은 이 책의 전반에 걸쳐서 언급될 것이다. 데이터는 일반적으로 내용면에서 더욱 풍부해지고 있다. 앤드류 브러스트는 ZDNet의 블로그에 올린 글에서 빅데이터의 본질을 정확히 집어내어 정의했다.

"이 블로그는 '빅데이터'라고 불리게 된 산업의 한 영역을 설명하기 위한 것이다. 빅데이터에 대한 관심은 대단하다. 빅데이터를 설명하기 위해서는 많은 기술 용어가 필요하다. 그 중에서 대표적인 것이 하둡이다. '데이터 과학자' 또한 많이 언급되는 용어이고 NoSQL도 마찬가지다.

용어에 대한 사전 정의 없이 (특히 새로운 내용에 대한 첫 번째 블로그임에도) 많은 용어를 사용해서 블로그 내용을 작성하는 것이 다소 이례적이기는 하다. 하지만 솔직히 말해서 빅데이터라는 용어는 엄격하게 정의되지는 않았다. 그리고 빅데이터라는 용어 자체가 스스로 자신에 대한 완벽한 비유라고 할 수 있다. 그 동안 빅데이터라는 용어는 산업계 용어로서뿐만 아니라 일반적인 용어로 확실히 자리를 잡았다.

구체적 빅데이터를 말하면, 빅데이터는 전통적인 데이터베이스 관리 시스템으로는 효과적으로 처리하기 힘든 매우 큰 데이터 셋을 처리하는 기술이라고 할 수 있다. 큰 데이터 셋이 빠르게 전달되는 경우도 많이 있다. 그것은 전달되는 데이터를 계획적으로 천천히 분석할 충분한 시간이 없다는 것을 의미한다. 왜냐하면 데이터 계속해서 전달될 것이기 때문이다.

빅데이터를 이루는 데이터는 금융 시장, 공장의 센서, 물류 환경, 전화 기지국 그리고 주요 도시의 교통 카메라 등에서 공급된다. 또한 웹에서도 공급된다. 몇 가지 예를 들면, 웹 서버 로그 데이터와 소셜미디어(트윗과 팔로우와 같은 상태 메시지 등), 전자상거래 거래 내역과 사이트 크롤링 결과 등이다.

정말로 빅데이터는 어느 곳에서든 만들어질 수 있고 기존 데이터베이스 시스템의 운영과 처리에 있어서 엄청난 혼란을 가져왔다. 또한 데이터베이스가 미래에는 큰 데이터를 처리할 수 있게 되더라도 빅데이터 자체의 볼륨 또한 그 만큼 커질 것이기 때문에 상황은 마찬가지일 것이다. 데이터를 생산하고 관리하기 위해서 지금까지 사용되어온 기술은 다양한 시스템에서 데이터를 수집하고 좀 더 정밀한 분석을 위해서 데이터를 분류하고 통합하는 데 그렇게 알맞지는 않다.

아마도 비즈니스 인텔리전스나 의사 결정 지원, 마이닝과 분석과 같은 용어를 들어보았을 것이다. 그리고 그러한 용어들이 빅데이터의 일부분을 나타내는지 아니면 빅데이터와 기술적으로 차이가 있는지 궁금할 것이다. 그런 것들은 처음에는 전혀 다른 새로운 것으로 시작된 것이지만 종종 빅데이터를 논할 때 자연스럽게 그 개념이 포함되곤 한다. 그렇게 되면 사람들은 그러한 용어들이 빅데이터와 하나인 것처럼 인식할 수 있다. 빅데이터는 여전히 진화하고 있고 그 말 자체로 유연하다. 어떻게 보면, 빅데이터는 자신의 비즈니스 모델을 계속해서 만들어가고 있는 하나의 스타트업이라고 볼 수도 있다.

나는 1980년대 중반부터 데이터베이스와 데이터 엑세스 그리고 비즈니스 인텔리전스 기술 관련 일을 해오고 있기 때문에 당연히 빅데이터에 관심을 가지게 되었다. 흥미로운 것은, 빅데이터는 마치 내가 기존에 경험한 데이터 기술을 의식하지 않는 것처럼 보이고 그러한 기술이 제공하는 지식과 경험을 놓치고 있는 것처럼 보인다는 것이다. 빅데이터는 어느 정도는 다시 발명된 바퀴와 같다(http://www.zdnet.com/article/big-data-defining-its-definition/)."

빅데이터의 원리를 효과적인 킬 체인 모델링과 위협 예측에 적용하려면 대용량의 복잡하고 구조화되지 않은 데이터 셋이 필요하다. 그리고 그런 데이터 셋은 효과적인 결과를 얻기 위해서 빠르게 정규화되어야 한다. 킬 체인 모델은 앞서도 언급했지만, 현재 운영하고 있거나 운영을 고려하고 있는 보안 통제 시스템 간의 차이와 공통점을 이해하는 데 있어서 핵심이다. 실제로 발생한 보안 사고를 이해하려면 내부 보안 통제를 모델링할 수 있는 능력이 매우 중요하며, 모델링을 위한 툴들 또한 많이 나와 있다.

툴

말테고Maltego와 스플렁크Splunk, 테너블Tenable과 같이 데이터 마이닝과 데이터 모델링 그리고 위협 인텔리전스를 위한 툴들은 많이 있다. 상용 툴들 또한 많이 있다. 대용량 데이터를 모으고 연결한다는 측면에서 볼 때 툴을 이용하는 것이 좋은 시작점이 될 것이다.

확실히 데이터 포인트가 많을수록 수집되는 데이터의 용량뿐만 아니라 노이즈에서 IOIIndicators of Interest와 IOCIndicators of Compromise를 구분해 내기 위해서 필요한 분석량도 증가되게 된다. 툴들의 기능과 요구 사항을 잘 이해하면 분석을 통해서 어떤 유형의 데이터를 얻을 수 있는지 알게 될 것이다. 예를 들어서 테너블은 설정된 서브넷의 취약점 데이터에 대한 훌륭한 통찰력을 제공할 뿐만 아니라 지속적으로 네트워크 스캔을 수행하고 그 결과를 리포팅해주기 때문에 전체적인 BYODBring Your Own Device 정책을 수립하는 데 도움을 준다.

스플렁크는 로그를 모아서 분석할 수 있는 훌륭한 툴이다. 스플렁크는 다른 여러 보안 정보와 이벤트 관리 시스템과 경쟁하고 있으며 보안 분석에 정말로 새로운 것은 깨닫게 해준다. 스플렁크는 다양한 대시보드 애플리케이션과 애플리케이션 관리 그리고 네트워크 흐름 정보를 제공한다. 또한 쿠쿠^cuckoo나 시스코의 봇넷 추적 시스템과 같은 외부 네트워크 시스템에서 이벤트 정보를 추적하는 데 사용할 수 있다.

말테고

다음은 말테고^Maltego를 사용하면 어떤 것을 얻을 수 있는지를 설명하는 말테고 웹사이트의 내용을 일부 발췌한 것이다. "기업이 성장함에 따라서 직원이 제대로 일하고 하드웨어가 제대로 동작하도록 하는 것은 매우 중요하다. 하지만 기업의 보안 위협 환경은 언제나 명확하거나 완벽하지 않다. 사실, 해롭다고 알고 있는 것들 대부분이 그렇지 않은 경우가 많다. 또한 우리는 피해를 야기하는 것이 무엇인지 알지 못한다. 그렇다면 기업은 자신의 운영하는 인프라에 대한 명확한 프로파일을 어떻게 만들 수 있을 까? 복잡한 네트워크를 물리적 기반과 리소스 기반으로 이해할 수 있도록 세부적인 제어를 제공하도록 설계된 최신 툴은 무엇일까?

말테고는 기업이 소유하고 운영하고 있는 환경에 대한 명확한 위협 내용을 전달하기 위해서 개발된 고유한 플랫폼이다. 말테고의 고유한 장점은 현재 인프라 영역에 존재하는 신뢰 관계뿐만 아니라 단일 오류 지점의 복잡성을 명확히 보여준다는 것이다. 네트워크와 리소스에 대해서 말테고가 제공하는 고유한 관점은 인터넷 상의 모든 정보를 모으는 것이다. 네트워크 끝 단에 위차하는 라우터의 현재 설정이나 해외 출장 중인 여러분 부사장의 현재 소재가 어디인지 말테고는 관련 정보를 모으고 그것을 시각화해서 보여줄 것이다. 말테고는 사용자에게 강력한 기능과 매우 많은 정보를 제공한다.

말테고는 실세계에 있는 아래의 내용들을 서로 연결시켜서 그 관계를 판단할 수 있게 해준다.

- 사람
- 사람들의 모임(소셜 네트워크)

- 기업
- 기관
- 웹사이트
- 인터넷 인프라
- 도메인
- DNS 이름
- 넷블록
- IP 주소
- 구문
- 소속
- 문서와 파일

말테고는 강력하고 유연한 프레임워크를 사용한다. 따라서 원하는 다양한 용도로 말테고를 도입해서 사용하는 것이 가능하다.

보안과 관련된 모든 정보 수집 단계에서 말테고를 사용할 수 있다. 그리고 말테고를 사용하면 일을 좀 더 정확하고 세련되게 처리할 수 있고 시간 또한 절약해 줄 것이다. 또한 검색된 아이템들 사이의 연결을 시각적으로 보여줌으로써 어떤 것에 대한 사고를 좀 더 쉽게 할 수 있게 도와준다. 말테고는 좀 더 강력한 검색 기능과 그에 따른 좀 더 세련된 결과를 제공해준다. 만약 '숨겨진' 정보를 찾아낸 다면 그것은 성공이라고 할 수 있고 말테고는 그러한 숨겨진 정보를 찾아내는 데 도움을 줄 수 있다(https://www.paterva.com/web6/products/maltego.php).

말테고에 대해서 앞서 언급한 내용에는 말테고와 관련한 중요한 것들이 많이 빠져 있다. 그중에는 연결 관계를 시각적으로 보여줌으로써 정보를 추출하고 알려지지 않은 것을 밝혀낼 수 있다는 것도 포함된다. 말테고가 제공하는 시각화를 이용해서 중요한 정보를 자세히 살펴볼 수 있다. 대용량 데이터 셋을 처리하기 위해서는 데이터를 분류하고 우선순위를 정해야 한다. 그래야 다른 인접한 데이터와의 상관관계를 쉽게 밝혀낼 수 있다. 말테고의 이러한 기능과 GUI를 이용해서 데이터를 조회하고 볼 수 있는 기능을 이용해서 분석가는 좀 더 빨리 자신에게 중요한 데이터 셋을 찾을 수 있다. 다음은 시각화를 통해서 강력한 분석 기능을 제공해주는 말테고 사용자 인터페이스의 스크린 샷이다(그림 8.1).

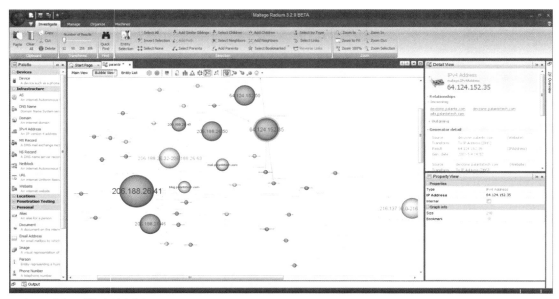

그림 8.1 말테고 사용자 인터페이스

분석가는 사용자 인터페이스 화면의 각각의 요소를 클릭해서 그것과 인접하거나 관련된 데이터를 조사할 수 있다. 위협 예측을 위해서 빅데이터 분석을 자동화하는 것처럼 말테고와 같은 툴을 이용하면 위협을 발견하고 추적하기 위한 데이터 분석 작업을 자동화할 수 있다.

스플렁크

스플렁크[Splunk]는 킬 체인 모델링에 사용할 수 있는 또 다른 툴로서 스플렁크를 이용해서 보안 침해와 위반에 대한 분석을 수행할 수 있다. 스플렁크는 스플렁크가 수집할 수 있는 다양한 모든 데이터에서 정보를 마이닝할 수 있다는 측면에서 보면 만능이라고 할 수 있다. 보안 침해 분석을 수행할 때 스플렁크를 이용하면 빠르게 다양한 데이터를 모으고 데이터 간 상관관계에 대한 복잡한 규칙 없이도 그것들을 서로 연결시킬 수 있다. 빅데이터 분석을 시작할 때 아마도 가장 먼저 떠오르는 것은 그것의 복잡도와 당장 데이터 과학자가 필요하다는 것이기 때문에 이는 매우 중요한 포인트라고 할 수 있다. 스플렁크의 장점은 매우 복잡한 데이터 셋이라고 하더라도 초급 수준의 분석가가 충분히 쉽게 데이터 간의 관계를 만들어낼 수 있다는 것이다. 이 책의 공통적인 주제 중 하나가 대용량 데이터 셋의 복잡성이지만 그렇다고 두려워할 필요는 없다. 말테고와 스플렁크 말고도 대용량의 이질적인 데이터 셋을 쉽게 모으고 분석할 수 있는 사용 툴도 매우 많이 있다.

스플렁크는 단지 로그를 모아서 분석하기 위한 툴은 아니다. 스플렁크는 전자상거래 사이트의 실시간 판매 수치를 측정하고 관리하거나 다양한 서드 파티 제품을 이용해서 봇넷을 추적하는 데 쓸 수 있는 대시보드를 제공한다.

스플렁크는 또한 아마존 웹 서비스와 하둡 클러스터에 통합할 수 있는 애플리케이션을 가지고 있다. 따라서 애플리케이션 관리와 IT 운영, 보안 컴플라이언스 그리고 비즈니스 분석 등으로 그 기능을 확대 적용할 수 있다.

스플렁크 사용자는 중요한 데이터 필드에 대해서 별도의 대시보드를 만들고 그것이 어떻게 정보를 보여줄지 설정할 수 있다. 그런 대시보드를 만들 때는 얼마나 예쁘게 만드냐가 중요한 것이 아니라 얼마나 의미 있는 정보를 표시해 주느냐가 중요하다(이에 대해서는 6장을 참고하기 바란다). 모든 데이터를 그래프로 표시할 수 있는 것이 아니고 또한 동일한 의미를 나타내게 할 수 없다. 데이터 표현은 정확하고 분명해야 한다. 예를 들어, 보안 대시보드의 경우, 그것이 표현하는 것이 정확히 무엇이고 왜 그렇게 표현이 되는지 명확히 알 수 있어야 한다. 데이터를 표현할 때 색은 매우 중요한 역할을 한다. 예를 들어서, 붉은 색깔이라고 하면 일반적으로 부정적인 결과를 나타낸다. 일반적으로 색의 의미는 사람마다 다를 수 있다. 붉은 색의 숫자를 위험한 경고로 인식하는 사람도 있고 아니면 모든 사람이 주의를 기울여야 하는 중요한 정보로 인식하는 사람도 있다. 색이 어떤 것이냐에 따라서 사람들은 데이터의 결과가 좋은 것인지 아니면 나쁜 것인지 여부를 인식한다. 또한 데이터 유형간의 차이를 나타내기 위해서 색을 다르게 사용하는 경우도 있다. 이와 같이 대시보드를 사용자가 원하는 방식으로 변경할 수 있도록 지원하는 것은 스플렁크가 많이 사용되는 요인 중 하나다.

그 외에 스플렁크에서 대시보드나 애플리케이션을 만들 때 고려해야 할 것은 그것을 누가 볼 것인지를 생각해야 하는 것이다. 누구에게 보이기 위한 것인지 어떤 데이터를 보여줄 것이지 그리고 보여주는 데이터가 왜 중요한지를 명확히 해야 한다. 각 대시보드 표현이 내부적으로 어떤 로직으로 결정되었는지 문서화하고 그것을 전달할 수 있어야 한다.

오픈그래피티

오픈그래피티OpenGraphiti는 다양한 운영체제에서 동작하는 유닉스 기반의 툴이다. 이 파이썬 기반의 툴은 네트워크 데이터 흐름을 그래픽으로 표현해주며 커스텀 데이터 셋을 만들어서 3차원 맵상에 표현해준다. 여러 서브넷을 모두 동시에 보여주면 시각적으로 보아야 할 것이 엄청나게 많을 수 있기 때문에 사람들은 특정 서브넷만 보길 원할 것이다. 그래야 세부 내용을 더 쉽게 볼 수 있고 맵이 보여주고자 하는 내용이 무엇인지 알 수 있게 된다.

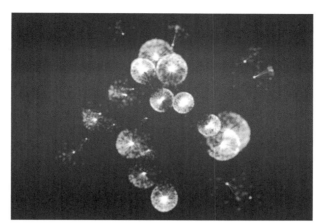

그림 8.2 오픈그래피티의 시각화

　그림 8.2에서 보여주는 것은 크게 두 가지다. 첫 번째로 노란 점은 네트워크 상의 노드나 시스템을 의미하고 두 번째로 분홍색의 꽃 모양은 공격 킷을 의미한다. 실제로 많은 봇넷 추적 기술들이 이런 형태의 기술에 의존해서 악성코드를 추적한다. 그리고 다른 유형의 분석을 위해서 데이터를 재가공할 필요 없이 문제가되는 부분을 찾아낼 수 있다. 이를 위해서 별도의 특별한 교육을 많이 받지 않아도 가능하다. 데이터에 대한 간단한 처리만으로 분석가는 대용량 데이터 셋을 빠르게 볼 수 있다. 오픈그래피티는 현재 CryptoLocker와 CryptoDefense 랜섬웨어, Red October 악성코드, Kelihos 봇넷을 추적하는 데 이용되고 있다. 또한 시리아의 사이버 군대에서 다양하게 사용되고 있고 신용카드나 신용 정보 밀매 추적에도 많이 사용된다. 오픈그래피티는 네트워크 노드 간의 연결을 시각화해주는 툴로서 각 노드 간의 연결은 데이터 스트림에서 각 노드 간의 관계와 의미를 나타내 준다. 매우 복잡하고 높은 수준의 표현을 위해서 분석가는 그가 참조한데이터 셋을 기반으로 엄청나게 많은 양의 세부 사항들을 만들어서 그래픽적으로보여줄 수 있다. 하지만 그러한 작업 전체를 자동화할 수 있는 것은 아니며 또한

의미 관계 네트워크를 만드는 방법을 이해해야만 한다. "오픈그래피티는 공간적인 표현과 데이터 노드간의 상호 연결성에 대한 알고리즘을 적용할 수 있다."(그림 8.3)

데이터 파일 생성

다음의 그래프가 있다고 가정한다.

$$G = (V, E)$$
$$V = \{0, 1, 2, 3\}, E = \{(0, 1), (0, 2), (1, 2), (2, 3)\}$$

V와 E가 다음과 같다고 가정한다.

- Vertex 0의 속성: {"type":"A","id":0}
- Vertex 1의 속성: {"type":"B","id":1}
- Vertex 2의 속성: {"type":"C","id":2}
- Vertex 3의 속성: {"type":"D","id":3}:
- Edge (0,1)의 속성: {'src':0,'dst':1,'type':'belongs', 'id': 0}
- Edge (0,2)의 속성: {'src':0,'dst':2,'type':'owns', 'id': 1}
- Edge (1,2)의 속성: {'src':1,'dst':2,'type':'has', 'id': 1}
- Edge (2,3)의 속성: {'src':2,'dst':3,'type':'owns', 'id': 1}

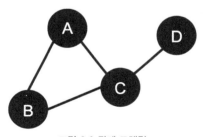

그림 8.3 관계 모델링

"노드" 오브젝트 리스트가 있고 각 노드는 속성과 ID를 가지고 있다. 그리고 각각의 Edge 오브젝트 또한 속성을 가지고 있으며 각 속성에는 각 Vertext의 시작과 종료점을 나타내는 src와 dst 필드가 포함된다. 다음은 오픈그래피티의 몇 가지 사용 예이며 방화벽과 IDS/IPS(침입 탐지/차단 시스템) 데이터와 같은 보안 데이터 분석이 포함된다. 그리고 사전에 인지되지 않은 공격자의 행위나 데이터, 파일, 네트워크에 대한 기술적으로 잘못된 접근 통제 설정 패턴을 알리기 위해서 악성코드 감염 경고를 시각화해서 표현할 수 있다.

예를 들어서, 금융 분석가는 벤처 투자자와 투자를 받는 기업의 유형, 타깃 시장, 심지어는 해당 기업의 과거와 현재 그리고 인수 합병 후의 성공 여부를 추적하기 위해서 데이터를 분석한다. 그리고 데이터 분석을 통한 트렌드 관찰로 단순한 스프레드시트로는 할 수 없는 성공적인 투자와 투자자금 회수를 위한 새로운 모델을 만든다.

소셜 네트워크 분석SNA, Social Network Analysis에서는 사람 간의 관계를 나타내기 위해서 데이터 시각화를 이용할 수 있다. 인류학과 생물학, 언론학, 경제학, 지리학, 역사학, 정보 과학, 조직 연구, 정치학, 사회 심리학, 연구 개발, 사회 언어학 등에서 연관된 네트워크 간의 상호 연결성을 분명히 나타내기 위해서 데이터를 시각화할 수 있다(Thibault Reuille와 Andrew Hay의 오픈그래피티를 이용한 오픈소스 시각화).

오픈그래피티는 훌륭한 오픈소스 데이터 시각화 툴이지만 대용량의 복잡한 데이터 셋을 다룰 때에는 시각화할 데이터의 빠른 처리를 위한 다수의 GPUGraphics Processing Unit 사용을 고려해 보아야 한다. 마지막으로 데이터 시각화와 위협 예측과 관련해서 오픈그래피티는 자신의 입맛에 맞도록 코드를 최적화하고 변경하는 것을 지원한다.

STIX

STIX는 이미 4장과 5장에서 살펴보았다. 하지만 다음의 STIX 웹사이트에서 발췌한 내용을 통해서 STIX가 킬 체인 모델링과 함께 어떻게 사용될 수 있는지 알 수 있을 것이다.

STIX에서의 킬 체인

네트워크 침투는 그것을 위한 여러 가지 연속된 행위로 이루어진다. 또한 이전 단계의 행위가 성공해야만 다음 단계의 행위가 가능하다. 침투 단계는 연속적으로 이어진다. 즉, 초기 정보 수집 단계로 시작해서 민감한 데이터를 탈취하는 것으로 끝난다. 이와 같은 개념은 공격자의 행위를 정의하고 방어 방법을 조직화하는 데 유용하다.

예를 들어서 금전적인 동기를 가진 침입자의 행동은 아마도 스파이와 유사할 것이다. 즉, 그들이 원하는 정보를 훔치는 마지막 단계까지 수행하는 행위가 비슷하다.

이런 개념을 주로 "킬 체인" 또는 "사이버 공격 라이프사이클"라고 부른다.

킬 체인 정의

STIX는 KillChainType을 이용해서 킬 체인을 표현한다. 각 킬 체인은 이름과 그것을 정의한 사람의 정보 그리고 KillChainPhaseType을 이용해서 표현한 각 단계들의 정보를 포함한다. 각 단계들은 순서대로 정의되거나 그렇지 않을 수 있다.

아래의 예는 2단계 모델을 정의한 것이다. 록히드 마틴사는 킬 체인에 대한 첫 번째 논문 중 하나를 발표하였고 그들의 킬 체인은 사실상의 표준이 되었다. STIX도 해당 표준을 기준으로 정적 ID를 정의한다. 다음 예는 또한 기존의 정적 ID를 이용해서 킬 체인 정의를 어떻게 만드는지 보여주고 있다.

킬 체인 단계 참고

킬 체인은 단계별로 또는 킬 체인 ID로 참조된다. 킬 체인 ID는 indicator(그림 8.4 참고) 또는 KillChainPhaseReferenceType을 이용한 TTP에서 참조한다. indicator 항목의 킬 체인 레퍼런스는 킬 체인의 해당 단계에서 악의적인 행위를 탐지했다는 것을 가리킨다. TTP 항목에서의 킬 체인 레퍼런스나 정의는 킬 체인의 해당 단계 TTP가 사용(악성코드, 인프라 등)되었다는 것을 나타낸다.

아래 예에서는 indicator 항목에서 어떻게 킬 체인을 참조하는지를 보여주고 있다(그림 8.4)(http://stixproject.github.io/documentation/idioms/kill-chain/).

```
1  <stix:Indicators>
2      <stix:Indicator id="example:indicator-f33c2b75-aa60-4ffb-9829-3746ef233311" timestamp="2014-10-21T21:10:09.423000+00:00" xsi:type='indi
cator:IndicatorType'>
3          <indicator:Kill_Chain_Phases>
4              <stixCommon:Kill_Chain_Phase/>
5              <stixCommon:Kill_Chain_Phase phase_id="stix:TTP-786ca8f9-2d9a-4213-b38e-399af4a2e5d6" kill_chain_id="stix:TTP-af3e707f-2fb9-49e
5-8c37-14026ca0a5ff"/>
6          </indicator:Kill_Chain_Phases>
7      </stix:Indicator>
8  </stix:Indicators>
9  <stix:TTPs>
10     <stix:Kill_Chains>
11         <stixCommon:Kill_Chain id="stix:TTP-af3e707f-2fb9-49e5-8c37-14026ca0a5ff" definer="LMCO" name="LM Cyber Kill Chain">
12             <stixCommon:Kill_Chain_Phase ordinality="1" name="Reconnaissance" phase_id="stix:TTP-af1016d6-a744-4ed7-ac91-00fe2272185a"/>
13             <stixCommon:Kill_Chain_Phase ordinality="2" name="Weaponization" phase_id="stix:TTP-445b4827-3cca-42bd-8421-f2e947133c16"/>
14             <stixCommon:Kill_Chain_Phase ordinality="3" name="Delivery" phase_id="stix:TTP-79a0e041-9d5f-49bb-ada4-8322622b162d"/>
15             <stixCommon:Kill_Chain_Phase ordinality="4" name="Exploitation" phase_id="stix:TTP-f706e4e7-53d8-44ef-967f-81535c9db7d0"/>
16             <stixCommon:Kill_Chain_Phase ordinality="5" name="Installation" phase_id="stix:TTP-e1e4e3f7-be3b-4b39-b80a-a593cfd99a4f"/>
17             <stixCommon:Kill_Chain_Phase ordinality="6" name="Command and Control" phase_id="stix:TTP-d6dc32b9-2538-4951-8733-3cb9ef1daae2"
/>
18             <stixCommon:Kill_Chain_Phase ordinality="7" name="Actions on Objectives" phase_id="stix:TTP-786ca8f9-2d9a-4213-b38e-399af4a2e5d
6"/>
19         </stixCommon:Kill_Chain>
20         <stixCommon:Kill_Chain definer="Myself" name="Organization-specific Kill Chain">
21             <stixCommon:Kill_Chain_Phase name="Infect Machine"/>
22             <stixCommon:Kill_Chain_Phase name="Exfiltrate Data"/>
23         </stixCommon:Kill_Chain>
24     </stix:Kill_Chains>
25 </stix:TTPs>
```

그림 8.4 XML STIX 킬 체인 스킴 예

위협 인텔리전스는 지속적이고 실시간으로 입력될 것이고 그런 위협 인텔리전스 데이터를 킬 체인을 통해서 분류하고 나눌 수 있으면 공격을 위한 연속된 행위가 어디에서 발생했는지 알 수 있을 것이다. 데이터를 분류도 중요하지만 분류된 위협이 킬 체인의 어디에 해당되는지 이해하는 것 또한 중요하다. 이를 통해서 위협에 얼마나 노출되어 있는지 판단할 수 있다. 위협 예측과 KPI의 추가된 셋에는 정찰, 무기화, 전송, 취약점 공격, 설치, 명령과 통제 등이 포함된다. 하지만 이 책의 앞 부분에서도 언급했듯이 위협 예측의 핵심은 제때에 위협의 유효성을 판단하는 것이다. 밝혀지지 않은 위협을 발견한 후에는 그것을 일반화하고 분류하는 작업이 수행되어야 한다.

❖ 정리

설계가 잘되고 구조화된 킬 체인을 구현하는 것은 매우 어려운 일이 될 수 있다. 왜냐하면 제한된 예산과 해결하기 힘든 아키텍처와 설계상의 문제, 많은 보안 침해 공격이 점점 더 복잡해지는 등 해결해야 할 문제들이 많을 수 있게 때문이다. 따라서 킬 체인 구현에 있어서 핵심은 유동적인 부분을 최대한 줄여서 모든 것이 함께 자연스럽게 변할 수 있도록 단순하게 유지하는 것이다. 근본적으로 모든 것이 하나의 팀으로 움직여야 한다. 문제는 저절로 발생하고 그것을 해결하려면 시간과 노력이 들어간다. 그리고 미처 생각하지 못하는 것이 늘 있다.

하나의 장비만으로 모든 것을 할 수 있는 획기적인 방법은 없다. 문제는 모든 계란을 한 바구니 담는 것이다. 즉, 모든 버그 해결과 업데이트를 위해서 하나의 제품에 의존하면 안 된다. 다양한 제품과 기술을 동시에 사용하면 위협 인텔리전스의 양을 증가시킬 수 있고 좀 더 심도 있는 보안을 제공할 수 있다.

9장

점들의 연결

❖ 개요

점들을 연결하는 것은 기업을 위한 위협 예측의 가치를 보여주기 위해서 앞선 장의 모든 주제와 다른 관련된 주제들을 연결해서 말하는 것을 상징적으로 말한 것이다. 8장은 다섯 개의 주요 절로 나뉘어서 전통적인 위협 리포팅과 위협 예측을 비교하고, 실제로 어디에서 위협 예측이 한몫을 하는지 그리고 최근의 주요 데이터 유출 사건에 대해서 위협 예측이 어떤 역할을 할 수 있는지 설명할 것이다.

첫 번째 절에서는 전통적인 위협 리포팅에 대한 설명과 위협 예측과의 관계에 대해서 설명할 것이다. 이 주제에 대해서 정보 보안 산업의 동료와 논의할 때 우리는 자동으로 위협 리포팅이 가치가 있다고 더 이상 믿지 않았다. 하지만 진실은 그 반대다. 위협 리포팅은 대부분의 기업에게 충분한 가치를 제공하고 보안 제품 제조사와 보안 인텔리전스 기업 모두가 유용하게 이용될 수 있다. 위협 보고서와 관련해서 몇 가지 어려운 점이 있다. 하지만 그것은 기업에 위협 예측을 적용하면 해결된다.

그 다음 절에서는 보안 제품이 처리하는 위협의 유형을 논의하고 보안 제품이 만들어내는 데이터를 분석함으로써 보안 산업의 현황을 자세히 들여다 볼 것이다. 보안 제품이 처리해야 하는 위협의 유형은 세 가지로 분류할 수 있다. 그것은 보안 제품이 정확히 알고 있는 위협과 부분적으로만 알고 있는 위협 그리고 전혀 알지 못하는 위협이다. 보안 제품 입장에서는 마지막 유형의 위협이 문제다. 이 때문에 위협 인텔리전스가 위협 예측과 결합해서 기존 보안 제품의 부족한 부분을 채워줘야 한다. 독립적인 테스트 기관의 테스트 결과를 보면 알려지지 않은 위협이 가장 문제가 되고 있고, 보안 제품이 이런 알려지지 않은 위협에 대해서 효과가 있는지 의문시되어 왔다.

마지막으로 위협 예측 기술을 기업에 적용하려면 어떻게 시작해야 하는지에 대해서 개괄적으로 살펴볼 것이다. 즉, 위협 예측 적용을 위한 진입 장벽을 낮추고 좀 더 쉽게 접근할 수 있도록 단계별로 나누어 총 3단계로 설명할 것이다. 1단계에서는 위협 인텔리전스 공급에 대한 연구와 기업이 기존에 수행하던 보안 대응 활동 개선에 초점을 맞추어 설명할 것이다. 2단계에서는 지식 요소를 생성하는 것을 소개하고 위협 모델링(이를 시작으로 이후에는 위협 예측을 수행)을 시작할 수 있도록 도울 것이다. 그리고 마지막에는 최소한 한 개 이상의 위협 인텔리전스 데이터를 이용해서 위협 모델링을 할 수 있도록 할 것이다. 마지막 3단계에서는 위협 인텔리전스 커뮤니티에 기여하는 것에 대해서 다룰 것이다. 지식은 힘이다. 지식 요소를 위협 인텔리전스 커뮤니티에 공유함으로써 전 세계의 위협 인텔리전스 커뮤니티들에게 좀 더 실행 가능한 인텔리전스를 제공할 수 있다. 그리고 위협 인텔리전스 커뮤니티는 위협 인텔리전스를 제공받는 기업에게 영향을 주게 된다. 빅데이터를 기반으로 위협 예측 기술을 성공적으로 구현하면 기업 내 위협 환경을 좀 더 잘 이해하는 데 필요한 데이터와 실행 가능한 인텔리전스를 얻을 수 있다. 그렇게 되면 기업은 미래의 발생할지 모르는 데이터 유출을 방지할 수 있게 된다.

이 장은 기업의 보안 대응 활동과 절차를 개선하고 위협 예측을 시작하기 위해서 이 책에서 소개하는 기술을 어떻게 적용하면 되는지에 대한 지침이라고 할 수 있다.

◆ 소개

위협 예측의 세계에 빠지기 전에 앞선 장에서 논의된 개념 중 연관된 몇 가지 주제에 대해서 살펴볼 것이다. 첫 번째로 위협 리포팅과 그것의 장단점을 살펴볼 것이다. 그리고 위협 예측과 비교해서 그것이 어떻게 무료로 제공되고, 기업 내에서 위협 예측을 대체할 수 없는지를 살펴볼 것이다. 다음으로는 보안 제품을 이용해서 전통적인 보안 대응을 구축할 때 인프라에 존재하게 되는 이슈를 통해서 보안 산업의 현황을 살펴볼 것이다. 알려진 보안 위협과 알려지지 않은 보안 위협을 논의함으로써 보안 위협 예측이 어떻게 기존의 위협 환경에서 지원 범위를 확장할 수 있는지 알게 될 것이다. 그리고 위협 예측에 도움이 되는 툴들에 대해서 알아볼 것이다. 이미 가지고 있는 툴이나 모듈 중에 위협 예측을 지원할 수 있는 것이 있을 수도 있다. 그 다음에는 기업에게 좀 더 많은 유연성을 제공할 수 있는 커뮤니티 기반의 오픈소스 소프트웨어에 대해서 살펴볼 것이다. 그리고 몇 가지의 주요 데이터 유출 사건을 실례로 들어서 위협 예측이 그런 사건에서 어떤 역할을 할 수 있는지(또는 어떤 역할을 했는지) 설명할 것이다. 앤섬^{Anthem}의 데이터 유출 사건을 보면 위협 인텔리전스와 위협 예측이 기업 커뮤니티 보호에 있어서 얼마나 중요한 역할을 하는지 알 수 있다. 마지막으로 위협 예측 기술을 기업에 적용하려면 어떻게 시작해야 하는지에 대해서 개괄적으로 살펴볼 것이다. 그리고 위협 예측을 쉽고 성공적으로 도입할 수 있도록 도입 과정을 여러 단계로 나누어서 설명할 것이다.

◆ 위협 리포팅

일반적으로, 보안 위협과 관련된 특정 기간 동안의 이벤트 또는 모바일 보안 위협과 같은 특정 분야에 대한 보안 위협 이벤트를 정리하는 작업을 위협 리포팅이라고 한다. 위협 보고서는 다양한 유형의 회사가 3개월(또는 분기)에 한 번 또는 일년에 한 번씩 주기적으로 작성한다. 위협 보고서 중에는 매년 주제를 바꾸는 경우도 있지만 일정 기간 동안의 보안 이슈와 트렌드, 패턴에 대한 전반적인 시각을 제공해준다. 위협 리포팅은 위협 예측과 반대라고 할 수 있다. 그렇다고 해서 신뢰할 수 없다거나 무시해야 한다는 것은 아니다. 위협 보고서에서도 가치 있는 데이터를 얻을 수 있다. 여기서의 목적은 위협 리포팅의 가치와 이슈에 대해서 대략적으로 살펴보고 어떻게 하면 위협 보고서의 가치를 향상시킬 수 있는지 그리고 위협 예측과는 어떤 차이가 있는지에 대해서 알아보는 것이다.

가치와 이슈

위협 리포팅은 위협 예측과 반대되는 개념이지만 기업과 개인 모두에게 중요한 정보를 제공한다는 가치를 가지고 있다. 위협 보고서가 제공하는 것 중에서 아마도 가장 중요한 것은 대용량 데이터 셋에 대한 분석일 것이다. 그런 데이터 셋의 내용은 일반적으로 위협 인텔리전스로 제공되지 않고(5장 지식 공유와 커뮤니티 지원을 참고) 유용한 방법으로 완전히 소비되지 않는다. 제조사 기반의 위협 보고서에서는 제조사 고객들이 보아온 것들을 기반으로 그들의 보안 인텔리전스 팀이 일년 내내 연구한 것을 논의할 수 있다. 대용량 데이터 셋을 정리한 데이터가 위협 인텔리전스의 일부분으로 기업에게 소비되지 않을 수 있지만 충분히 검토할 만한 가치가 있을 수 있다. 그리고 위협 보고서는 데이터 유출과 유출된 데이터들 사이의 상관관계에 초점을 맞출 수 있다. 이처럼 특정 산업과 그것과 연결된 특정 분야에 초점을 맞추어서 리포팅할 수 있기 때문에 매우 큰 도움이 될 수 있다. 그런 데이터 셋은 고유하고 경우에 따라서는 위협 인텔리전스로 만들어지지 않는다. 마지막으로 위협 리포팅을 기업 내에서 수집되는 데이터와 비교할 수 있다. 그렇게 하면 기업의 보안 정책과 절차 내에서 중요하게 보아야 할 부분을 알 수 있다. 또는 기존 보안 수행 절차의 효율성을 강화함으로써 기존 보안 정책 개선에 도움이 된다.

위협 리포팅은 결점(내재적인 이슈)이 없는 것은 아니다. 그 첫 번째는 위협 리포팅 그 바로 자체 때문이다. 위협 리포팅은 단지 과거에 무슨 일이 일어났는지에만 관심을 갖기 때문에 그것이 다룬 이벤트만을 정확히 볼 수 있다. 지난 분기나 지난 해의 보안 트렌드를 다루면 현재의 공격 패턴에 대해서 어떤 통찰력을 제공할수는 있다. 하지만 앞으로의 일에 대해서도 그렇다고는 말하기 힘들다. 위협 보고서 내의 데이터가 참조된 시점과 위협 보고서가 발간된 시점간에는 보안 위협 환경 정보에 대한 빈틈이 생기게 된다. 따라서 일년에 한번 발행되는 위협 보고서의 내용 중에는 공허한 것이 있을 수 있다. 두 번째는 위협 보고서의 내용이 정적이라는 것이다. 대부분의 위협 보고서는 PDF나 인포그래픽 형식으로 배포된다. 위협 보고서의 내의 데이터를 자동으로 처리하거나 위협 인텔리전스 툴을 이용해서 어떤 결과를 얻기는 힘들다. 하지만 예외는 있다. 버라이즌 데이터 유출 조사보고서^{DBIR, Data Breach Investigations Report} 내 데이터는 VERIS 위협 인텔리전스 커뮤니티에 제공된다(5장 지식 공유와 커뮤니티 지원을 참고) 마지막으로 위협 보고서는 미래에 어떤 것이 발생할 것인지에 대한 예측을 포함한다. 그런 예측의 근거는 데이터(일반적으로 빅데이터)이지만, 데이터를 분석하는 동안 해당 데이터는 이미 최신 데이터가 아닌 좀 시간이 지난 데이터가 되어버릴 수 있다. 더욱이, 그런 데이터는현재 어떤 일이 일어나고 있는지 또는 특정 산업 영역 내에서 어떤 일이 일어나고 있는지를 나타내지는 않는다. 위협 보고서의 가장 큰 단점 중 하나는 데이터 수집과 데이터 분석 사이에 흘러간 시간이다. 위협 보고서가 발간되기 전에 그렇게 흘러간 시간 때문에 보안 위협 환경에서의 틈이 생기고 결국 위협 보고서 내의 예측또한 시간이 흘러간 것이 되어 버린다.

위협 보고서의 활용

앞서 설명한 단점에도 불구하고 위협 보고서는 정보 보안 산업에 있어서 분명한 가치를 가지고 있다. 위협 보고서는 인포그래픽 등 다양한 형식으로 만들어지고 사고 대응 기업에서부터 글로벌 위협 인텔리전스 기업에 이르기까지 위협 보고서를 발간하는 기업의 유형은 다양하다. 참고할 만한 위협 보고서는 매우 많이 있다. 구글에서 "annual network security report"라고 입력만 해도 많은 위협 보

고서를 볼 수 있다. 다음은 유명한 위협 보고서들에 대한 리스트다. 아래 리스트
는 모든 위협 보고서를 포함한 것은 아니며 아래 리스트에 있는 것만을 추천한다
는 의미도 아니다.

- 버라이즌 데이터 유출 조사 보고서[1]
- 시스코 보안 보고서[2]
- IBM X-Force 위협 인텔리전스[3]
- 맥아피 글로벌 위협 보고서[4]
- 시만텍 인터넷 보안 위협 보고서[5]

위 보고서들은 모두 일정 기간 동안의 보안 위협 환경에 대한 가치 있는 정보
를 제공한다. 만약 기업 내에 존재할 수도 있는 잠재적인 공격 벡터를 포함한 위
협 모델링을 수행하고자 한다면 위협 보고서가 제공하는 내용이 유용할 수 있다.
또한 위협 보고서는 발견된 보안 트렌드를 바탕으로 미래의 보안 위협을 예측하
는 내용을 포함하기도 한다. 그런 보안 위협 예측은 비록 예측 분석을 대체하지는
못하지만 기업의 보안 위협 환경 중에서 어느 부분에 초점을 맞추어 대응을 해야
하는지에 대한 추가적인 가이드를 제공하기도 한다.

위협 보고서 vs. 위협 예측

위협 보고서와는 달리 위협 예측의 목표는 현실의 위협 인텔리전스와 기업 내에
서 수집된 데이터를 결합해서 기업에 영향을 미칠 수 있는 실질적인 위협 패턴이
나 트렌드를 식별하는 것이다. 위협 예측을 위해서는 위협 인텔리전스 커뮤니티

---

1 버라이즌 데이터 유출 보고서, http://www.verizonenterprise.com/DBIR/

2 시스코 보안 보고서, http://www.cisco.com/c/en/us/products/security/annual_security_report.html

3 IBM X-Force 위협 인텔리전스, http://www-03.ibm.com/security/xforce/

4 맥아피 글로벌 위협 보고서, http://www.mcafee.com/us/mcafee-labs.aspx

5 시만텍 인터넷 보안 위협 보고서, http://www.symantec.com/security_response/publications/threatreport.jsp

에서의 적극적인 활동이 필요하다. 그리고 커뮤니티에서 적당히 활동하는 것만
으로는 안 된다. 이점이 위협 보고서와는 다른 부분이다. 위협 보고서는 소비자나
구독자의 노력이 없어도 정보가 전달된다. 그런 정보 안에는 이미 시기가 지난 데
이터들도 포함될 수 있다.

위협 보고서에서 다룬 데이터 유출 사건과 유사한 보안 위협 환경을 가지고 있
는 기업에서는 이미 일어난 데이터 유출 사건의 자세한 내용을 기반으로 자신의
기업에서도 데이터 유출이 발생했는지 확인할 수도 있다. 하지만, 위협 예측의 목
표 중 하나는 현재의 데이터를 조사해서 보호가 필요한 요소를 식별해서 사전에
데이터 유출 사건을 방지하는 것이다.

표 9.1은 위협 레포트와 위협 예측은 간단히 비교한 것이다. 당연히 표에 있는
내용 이외에도 비교할 수 있는 부분이 많이 있다. 아래 표에서는 위협 보고서와
위협 예측 각각에 대해서 기억해야 할 중요한 포인트 네 가지를 설명하고 있다.

표 9.1 위협 보고서 vs. 위협 예측

위협 보고서	위협 예측
• 일정 기간 동안에 발생한 것에 대한 개요	• 기업이 데이터를 좀 더 정확하게 활용할 수 있도록 함
• 경우에 따라서는 지난 해의 보안 트렌드를 기반으로 내년의 보안 트렌드에 대한 예측을 제공하기도 함	• 서드 파티 인텔리전스를 활용해서 전체 보안 위협 환경에 대한 시각을 제공해 줌
• 정해진 일정(일반적으로 일년에 한번)에 따라서 정적인 보고서를 생산	• 실세계(특정 산업 영역)에서 오늘 어떤 일이 발생하고 있는지 보여줌
• 실제 발생하고 있는 보안 위협에 대한 기업의 대응 방법을 지속적으로 업데이트하지는 않음	• 공격이나 데이터 유출에 대해서 보안적으로 바라보는 자세를 개선하는 데 도움

◆ 보안 산업 현황

정보 보안 산업에 종사하는 사람이라면 언제든 보안 제품의 효과(또는 부족한 점)에 대해서 정확히 말할 수 있을 것이다. 그러한 유형의 설명은 자신들의 보안 제품을 경쟁 업체의 제품과 비교해서 설명하고자 하는 보안 업체나 연구기관의 분석가, 전통적인 기업이나 소셜미디어 기업을 위해서 일하는 저술가, 또는 보안 연구 기업에서 일하는 테스터들에 의해서 이루어진다. 하지만 각자 설명에 대한 동기나 입장이 다르기 때문에 그것을 감안하고 받아들여야 한다. 예를 들어서, 테스트를 전문으로 하는 기관이나 기업이 업체 X의 제품이 해당 기술 영역에 있어서 가장 높은 보안적인 효율성을 가지고 있다는 보고서를 만들었을 때, 보고서 내의 평가 내용을 자세히 들여다 보면 업체 X가 해당 테스트에 대해서 지원을 했다는 것을 발견하는 경우도 있을 수 있다. 그렇다고 해서 모든 테스트 보고서나 업체가 만들어낸 데이터의 신뢰성을 의심해서는 안 된다. 우리도 어떤 때는 독립적인 테스트 회사나 기관을 위해서 일하였고 어떤 때는 보안 제품 업체를 위해서 일했다. 그리고 보안 산업의 현황이나 보안 제품의 효율성에 대해서 우리도 그와 같은 설명을 보고서에 담았다. 이 장의 목적은 어떤 보안 제품이 현재 쓰이고 있고 각 기술들이 가지고 있는 고유한 특성과 이슈가 무엇인지 이해할 수 있도록 설명하고 위협 탐지를 위해서 어떤 보안 솔루션이 설계되었는지를 명확히 하는 것이다. 그런 지식을 기반으로 기업은 자신들이 운영하는 보안 제품들을 이용해서 아직 알려지지 않은 공격 벡터를 막기 위한 대응 시스템을 구축할 수 있다.

오늘날의 보안 제품

기업이나 서비스 제공자나 상관없이 그들은 모두 자신의 네트워크를 방어하기 위해서 선택할 수 있는 보안 제품이 매우 많이 있다. 이번 절에서는 오늘날 많이 사용되는 보안 제품이 무엇이고 그것들의 장단점이 무엇인지 살펴볼 것이다. 물론 여기서 소개하는 제품 외에도 많은 것이 있다. 우리는 심층 방어 또는 다양한 보안 제품을 사용하여 여러 계층으로 대응 환경을 만들어서 운영하는 것이 기업을 위한 올바른 방법이라고 강하게 믿고 있다. 운영하고 설치하는 입장에서는 하나의 장비 솔루션을 이용하는 것이 편하지만 그렇게 되면 인프라 내에 이중화되지 않은 단일 장애 지점을 만들게 된다. 따라서 여러 보안 업체의 제품을 혼합해서 인프라 보안을 구축하는 것이 좋다. 여러 보안 제품을 이용하고 있다고 하더라도 그것들이 모두 동일한 보안 업체의 제품이라면 해당 업체의 단일 보안 연구 팀의 연구 결과에만 의존하는 것과 같다. 반대로, 다양한 보안 업체의 제품을 사용하게 되면 각 보안 업체의 연구 결과가 반영되고 다양한 공격 벡터에 대한 대응이 가능하게 되어 결국 더 많은 영역에서의 보안 대응이 가능해지게 된다.

차세대 방화벽

차세대 방화벽NGFW, Next Generation Firewall은 오늘날의 네트워크 방화벽에 대한 새로운 이름이지만, 이름의 "N"자가 실제 의미하는 바는 "Next"가 아니라 오히려 "Now"라고 할 수 있다. NGFW는 기본적인 패킷 필터링을 제공하거나 기존의 전통적인 방화벽처럼 OSI 모델의 3, 4계층에서 프록시 기반의 판단 기능을 제공한다. 또한 보호 기능 강화를 위해서 7계층인 애플리케이션 계층에서도 판단을 수행할 수 있다. NGFW가 제공하는 일반적인 기능으로 애플리케이션 식별과 통제, 사용자 기반의 인증, 악성코드 차단, 보안 취약점 공격 차단, 콘텐츠 필터링(URL 필터링도 포함) 그리고 위치 기반의 접근 제어다.

전통적으로 보안 제품은 공격과 악성코드를 탐지하기 위해서 시그니처에 의존하거나 시그니처 탐지가 유효하지 않은 경우에는 행위 기반 분석을 통해서 악의적인 행위를 탐지한다.

OSIOpen Systems Interconnect 모델에 대한 추가적인 정보는 마이크로소프트 웹사이트에 있는 "The OSI Model's Seven Layers Defined and Functions Explained" 글을 참고하기 바란다.[6]

---

6 The OSI Model's Seven Layers Defined and Functions Explained, 마이크로소프트, https://support.microsoft.com/en-us/kb/103884

침입 차단 시스템

침입 차단 시스템[IPS, Intrusion Prevention System]은 일반적으로 OSI 2 계층에서 네트워크를 보호하는 네트워크 보안 장비다. 대부분의 IPS 솔루션은 이미 알려진 취약점에 대한 공격을 탐지하도록 설계된다. 또한 IPS를 이용해서 실시간 블랙리스[RBL, Real-time Blacklisting]과 악성코드 탐지(차단) 그리고 애플리케이션 식별(통제)을 수행할 수 있다. 차세대 IPS[NGIPS, Next Generation IPS]라고 불리는 것도 있는데, 그것은 NGFW와 매우 유사한 기능을 제공한다. 차세대 IPS는 기존의 전통적인 방화벽을 교체하지 않고 그대로 운영하면서 동시에 NGFW 솔루션과 같은 기능이 필요한 기업에게 알맞은 솔루션이다.

IPS와 NGIPS는 우선적으로 시그니처 기반으로 탐지를 수행한다. 하지만 시그니처를 명확히 정의하기 힘든 경우이거나 DDoS 공격의 경우처럼 행위를 탐지하는 것이 최선일 경우에는 행위 기반으로 공격을 탐지한다.

웹 애플리케이션 방화벽

웹 애플리케이션 방화벽[WAF, Web Application Firewall]은 네트워크 보안 장비이거나 HTTP(일반적으로 TCP 80 포트)와 HTTPS(일반적으로 TCP 443 포트) 웹 서비스를 보호하기 위한 웹 서버 플러그인이다. WAF는 OSI 7 계층에서 동작하며 웹 트랜잭션을 보호와 악의적인 트랜잭션 시도 차단, SSL 다운그레이드 공격과 같은 중간자 공격[7] 차단이 목적이다.

악의적인 웹 트랜잭션에는 XSS[Cross-Site Script]와 CSRF[Cross-Site Request Forgery], SQL 인젝션 공격이 포함된다. 좀 더 개선된 WAF는 세션 무결성 체크 기능을 제공하기 위해서 서버의 응답 데이터에 추가적인 데이터를 포함시켜서 보낼 수 있다. 즉, 서버가 클라이언트의 요청에 대해서 암호화를 위한 임시 값과 같은 것을 응답 데이터에 포함해 전달하면 그때부터 클라이언트는 전달받은 값을 이용해서 서버에

---

7 Man-In-The-Middle Attack, OWASP, online, https://www.owasp.org/index.php/Man-in-the-middle_attack

요청을 보낸다. WAF는 또한 Web Services Description Language (WSDL)[8] 표준을 따르는 XML 인터페이스를 제공하는 웹 서버의 XML 통신을 보호하기 위한 목적이나 REST API를 보호하기 위한 목적으로 사용할 수 있다. 이런 용도로 사용되는 경우에는 XML 방화벽이라고 부르며 기존의 WAF에 추가적인 기능을 제공한다는 개념으로 통합시킬 수 있다.

일반적인 형태의 WAF는 리버스 웹 프록시로 동작해서 SSL 세션을 종료 시키거나 웹 트랜잭션을 조사할 수 있다. 또한 WAF는 서버 응답을 클라이언트에게 전달하기 전에 응답 내용을 변경시킴으로써 서버 응답을 통제할 수 있다.

엔드포인트 보안

엔드포인트 보안EPS, Endpoint Security 솔루션은 앞서 살펴본 보안 솔루션과는 다르다. EPS의 유일한 목적은 엔드포인트(즉, 데스크톱이나 랩탑 컴퓨터, 데이터 센터의 서버)를 보호하는 것이다. 그리고 관리자가 엔드포인트에 보안 정책을 배포하거나 엔드포인트를 스캔하는 등의 여러 가지 관리적인 작업을 수행할 수 있도록 중앙에서 관리된다. EPS 솔루션은 일반적으로 안티 바이러스와 호스트 IPS, 애플리케이션 제어와 같은 몇 가지 컴포넌트로 구성된다. 전통적인 안티 바이러스 솔루션은 실시간 검사(즉, 운영체제가 파일에 접근할 때마다 검사를 수행)와 수동 검사(즉, 사용자가 스캔 기능을 선택해서 검사를 수행) 모드로 동작한다. 하지만 EPS 솔루션에는 일반적으로 악의적인 URL과 악의적인 네트워크 행위(명령 제어 통신과 같은)를 탐지할 수 있는 좀 더 진보된 행태의 안티 바이러스 솔루션이 포함된다. 호스트 IPS 기능은 전통적인 IPS의 일부 기능으로써 웹 브라우저에 대한 공격처럼 엔드포인트와 관련된 보안 취약점 공격을 차단한다. 호스트 IPS 중에는 침입 탐지(IDS)/경고 기능만을 제공하고 실제로 취약점 공격이나 악의적인 행위를 차단하지 못하는 것도 있다.

---

8 Web Services Description Language (WSDL) Version 2.0 Part 1: Core Language, W3C, https://www.w3.org/TR/wsdl20/

마지막으로 어떤 EPS 솔루션은 관리자가 정책 기반으로 애플리케이션 제어를 세부적으로 할 수 있어서 특정 종류의 웹사이트나 특정 웹사이트에 대한 접근을 통제할 수 있게 해준다.

EPS 솔루션은 기본적으로 시그니처 기반으로 탐지를 하지만 좀 더 진보된 공격을 탐지하기 위해서 행위 분석 솔루션도 함께 사용한다. 그렇게 함으로써 EPS 솔루션이 알려진 공격 패턴을 빠르게 탐지할 수 있도록 할 수 있다.

지능형 위협 탐지

지능형 위협 탐지ATD, Advanced Threat Detection 솔루션은 몇 가지 이름을 가지고 있다. 지능형 위협 차단도 그 중 하나이지만 그 목적은 항상 같다. ATD 솔루션은 다양한 탐지 기술을 사용해서 제로 데이 공격과 악성코드를 탐지(경우에 따라서는 차단)하도록 설계되었다. 그리고 종합적인 보안 커버리지를 제공하기 위해서 하나 이상의 보안 제품으로 구성되기도 한다. 그중에는 악성코드 파일을 실행시키거나 악의적인 URL에 접근하기 위한 전용 샌드박스/폭발실이 포함될 수 있다. 또한 샌드박스/폭발실에서 분석한 결과 또는 보안 제품 제조사의 연구 결과를 기반으로 조치를 취하기 위한 전용 장비도 포함된다.

ATD 솔루션은 행위 분석과 시그니처 탐지를 조합해서 사용한다. 샌드박스/폭발실에서는 행위 분석과 모니터링 환경에 어떤 변화가 일어나는지 관찰한다. 행위 분석 전용 보안 장비라고 하더라도 좀 더 빠른 탐지와 그에 따른 실시간 차단/대응을 위해서 시그니처 탐지 방법 또한 보조적으로 함께 사용한다.

제품의 유효성 이슈

대부분의 보안 제품 업체는 보안 위협으로부터 기업을 보호하기 위해서 고군분투한다. 하지만 보안 위협 환경은 끊임없이 진화하고 보안 업체가 따라가기에 힘든 속도로 빠르게 변화한다. 또한 공격과 악성코드는 복제되거나 다양한 변종 형태로 분화되기 때문에 그만큼 커버해야 하는 보안 환경이 복잡해지게 된다. 다형성 악성코드와 유사 취약점 공격 또한 알려진 보안 위협을 탐지하고 차단하는 것을 어렵고 복잡하게 만든다. 보안 제품의 유효성을 확인하기 위해서 기업은 어떤 보안 제품이 성능이 좋은지 테스트 전문 업체의 테스트 결과를 참고할 수 있다. 앞서 언급 했듯이, 그런 테스트는 다양한 형태로 이루어질 수 있다. 즉, 실질적인 유효성 확인보다는 마케팅 목적으로 테스트 자체를 보안 업체가 지원해서 이루어지는 경우도 있다. 따라서 정확한 테스트 결과를 위해서는 확실히 독립적이고 보안 업체와 관련 없이 수행되어야 한다.

독립적이고 보안 업체의 영향을 받지 않는 테스트 업체로는 ICSA 랩스가 있다. 버라이즌 산하 독립 기관인 ICSA 랩스는 1989년 보안 제품을 검증하기 위해서 만들어졌다. ICSA 랩스는 버라이즌 RISK 랩스[9]와 협력해서 ICSA 랩스가 초기 20년 동안 수행한 독립적인 보안 테스트에 대해서 정리한 ICSA Labs Product Assurance Report[10]라는 제목의 보고서를 발간했다. 그 보고서에는 보안 제품이 공개적인 테스트 환경에 놓였을 때 어떤 성능을 내는지에 대한 흥미로운 데이터가 포함되어 있다. 우리가 참고할 첫 번째 데이터는 초기 검증 통과율이다. ICSA 랩스 보고서에 의하면 처음 보안 제품이 테스트에 통과하기 위해서는 평균적으로 두 번에서 네 번의 테스트 사이클이 필요하다. 또한 초기 테스트 통과율은 단지 4%에 불과하다고 한다. 반대로 말하면 96%의 보안 제품이 초기 테스트 요구 조건을 만족시키지 못한다는 것이다. 마지막으로 추가적인 테스트 사이클을 수행한다고 하더라도 모든 보안 제품이 테스트 요구 조건을 충족하는 것은 아니라는 것이다. 테스트 통과 비율은 기술에 따라서 다를 수 있다. 하지만 전체적으로 82%의 보안 제품이 최종적으로 ICSA 랩스의 인증을 받는다. 표 9.2는 ICSA 랩스 보고서의 내용을 정리한 것이다.

---

9 버라이즌 RISK 랩스, http://www.verizonenterprise.com/products/security/incidentmanagement-ediscovery/risk-labs.xml
10 ICSA Labs Product Assurance Report, ICSA 랩스, 버라이즌 RISK 팀, https://www.icsalabs.com/whitepaper/report

표 9.2 초기 테스트 통과율

	모든 프로그램	안티 바이러스	네트워크 방화벽	웹 애플리케이션 방화벽	네트워크 IPS
첫 번째 통과율	4%	27%	2%	0%	0%
최종 인증 획득률	82%	92%	86%	100%	29%
초기 인증을 위한 테스트 사이클	약 두 번에서 네 번까지의 테스트 사이클				

이미 ICSA 랩스에서 인증을 받은 보안 제품의 새로운 버전이 나왔거나 업데이트가 되었을 때는 ICSA 랩스 테스팅 네트워크를 통해서 지속적으로 검증을 받을 수 있다. 또한, 테스트 요건이 변하게 되면 변경된 테스트 기준에 보안 제품이 부합되는지를 확인하기 위해서 인증된 보안 제품을 무작위로 골라서 테스트를 수행한다. 표 9.3은 ICSA 랩스가 20년 동안 수행한 결과를 보여주고 있다.

표 9.3 재검증 통과율

	모든 프로그램	안티 바이러스	네트워크 방화벽	웹 애플리케이션 방화벽	네트워크 IPS
인증 이후 재검증에서 실패한 제품	36%	30%	18%	50%	93%
계속 인증을 유지하는 제품	87%	87%	97%	80%	57%

소프트웨어 업데이트나 기타 재검증 이벤트에 의해서 재검증이 이루어진 결과, 거의 40%에 가까운 제품이 재검증에서 실패했다. 그리고 실패율은 기술의 복잡도가 클수록 증가한다. 네트워크 IPS의 경우에는 재검증 실패율이 93%에 이른다. 재검증 이후 계속해서 인증을 유지하는 제품의 비율 또한 흥미롭다. 인증을 유지하는 전체전인 비율(즉, 87%)은 모든 인증 테스트에서 산출되는 비율보다 높고, 기술의 복잡도가 클수록 그 비율을 작아진다. 따라서 네트워크 IPS의 재인증 비율은 57%에 불과하다.

모든 ICSA 랩스의 테스트 기준과 테스트 결과는 ICSA 랩스 웹사이트에 공개된다.[11] 또한, 해당 웹사이트에서 테스트 기준이라고 하는 모든 테스트 요구 조건은 해당 산업의 전문가, 제품 제조사, 기업으로 이루어진 컨소시엄에서 만들어진다.

알려진 위협 vs. 알려지지 않은 위협

보안 제품의 보안 대응 범위와 유효성은 결국 알려진 공격 벡터에 대한 방어 능력과 (기술에 따라서 다르겠지만) 악의적인 행위를 탐지하는 능력으로 귀결된다.

그런 능력은 각 보안업체의 연구 팀이 악성코드와 악성 행위 그리고 보안 취약점 공격 같은 것을 식별하고 분류, 기술해서 그들의 보안 솔루션이 그런 공격들로부터 네트워크를 보호할 수 있도록 적용할 수 있느냐에 따라서 달라진다. 하지만, 실제로 그런 능력은 알려진 보안 위협만을 대응할 수 있느냐 아니면 알려지지 않은 보안 위협도 대응할 수 있느냐의 게임이다. 도널드 럼스펠드는 국방장관 재직 시절인 2002년 국방부 뉴스 브리핑에서 다음과 같이 말했다.[12]

> "저는 어떤 것이 일어나지 않았다고 말하는 보고서가 항상 흥미롭습니다. 왜냐하면 우리가 이미 알고 있다고 믿는 것도 있고 이미 알려진 미지의 것이 있다는 것도 알기 때문입니다. 다시 말해서, 우리가 알지 못하는 것이 있다는 사실을 알고 있습니다. 하지만 우리가 알지 못하다는 것 조차 알지 못하는 것 또한 있습니다. 우리 나라와 다른 자유 국가의 역사를 보면 후자의 경우가 어려움을 겪는 경향이 있습니다."

의도한 것은 아니지만 럼스펠트 전 국방장관의 말은 보안 제품의 근본적인 이슈를 기술할 격이 되었다. 보안 제품은 알려진 공격과 악성코드를 탐지하고 차단하도록 설정했을 때 가장 좋은 성능을 발휘할 수 있다. 알려진 공격과 악성코드는 알고 있다는 것을 이미 알고 있는 것[Known Known]이다. 악의적인 활동과 행위 패턴은

---

11 ICSA 랩스 웹사이트, https://www.icsalabs.com/

12 국방부 뉴스 브리핑(2002년 2월 12일), 도널드 럼스펠드는 국방장관, 리차드 마이어 장군, http://archive.defense.gov/Transcripts/Transcript.aspx?TranscriptID=2636

알지 못하다는 것을 알고 있는^{Known Unknown} 범주에 속한다. 즉, 악의적인 행위를 보안 제품이 미처 알지 못하기 때문에 악의적인 행위가 발생하게 되는 것이다. 하지만 보안 제품은 어쨌든 뭔가 나쁜 일이 일어나고 있다는 것은 알 수 있다. 두 가지 경우, 즉 알고 있는 것을 아는 경우와 알지 못하는 것을 아는 경우에 대해서 대부분의 보안 제품 업체는 그들의 제품이 제대로 동작한다고 말할 것이다. 이에 대해서는 앞선 "제품의 유효성 이슈" 절에서 살펴보았다. 보안 제품은 두 가지 경우에 대해서 힘든 경우도 있겠지만 일반적으로 제대로 동작할 수 있다. 보안 업체와 보안 제품에게 있어서 어려운 것은 알지 못한다는 사실은 알지 못하는 것^{Unknown Unknown}이다.

이것이 보안 제품의 근본적인 문제라고 할 수 있다. 존재하는 것이지만 어떤 실마리 정보나 사전 지식도 없는 것이라면 그것을 탐지하기는 힘들 것이다. 하지만 위협 인텔리전스 공유의 위력과 앞선 장에서 소개한 위협 예측 기술을 적용하면 현재의 보안 제품에 시그니처와 휴리스틱 업데이트가 수행되지 않아도 새로운 위협을 인지할 수 있도록 만들 수 있다.

대부분의 보안 업체는 그들의 제품에 특별히 수정한 시그니처와 탐지 정책을 적용하는 방법을 제공한다. 커뮤니티를 통해 위협 인텔리전스를 공급받아서 탐지 정책을 만들고 그것을 적용하면 (보안 제품 입장에서 보았을 때) 알지 못하는 미지의 것도 보안 업체가 보호 기능을 업데이트할 때까지 차단할 수 있다. 이는 새로운 능력이라고 할 수 있고 그것을 통해 기업과 해당 업계의 다른 기업들을 새로운 위협으로부터 보호할 수 있다. 그것은 앤섬 데이터 유출 사건의 경우를 보면 확실히 알 수 있다. 앤섬 사건에서 핵심이 되는 지식 요소는 국가 건강 정보 공유 및 분석 센터(NH-ISAC)의 모든 회원사에 제공되어 해당 업계의 모든 기업들은 자사에 데이터 유출이 있었는지 확인할 수 있었고 앤섬 공격과 동일한 공격 벡터를 방어할 수 있도록 세팅할 수 있었다. 앤섬 사건에 대해서는 이미 5장에서 간단히 살펴보았고 뒤에 좀 더 자세한 내용을 살펴볼 것이다.

❖새로운 툴과 기존 툴의 활용

성공적인 위협 예측을 위해서는 위협 인텔리전스 공급을 통한 지식 요소 수집뿐만 아니라 기업이 생산하는 지식 요소를 최대한 수집할 수 있는 툴을 선택해야 한다. 현재 기업에서 사용하는 툴 중에서도 위협 인텔리전스를 공급받거나 지식 요소를 생산하는 데 필요한 기능을 포함하는 툴이 있을 수 있다. 다음 절에서는 오픈소스 솔루션과 상용 솔루션에 대한 설명 그리고 위협 예측과 예측 분석을 위해서 그런 툴들을 어떻게 활용할 수 있는지 알아볼 것이다.

오픈소스 솔루션

오픈소스 솔루션을 포함한 커뮤니티 기반의 툴은 여러분과 여러분의 기업에게 도움이 될 것이다. 오픈소스 솔루션은 일반적으로 상용 솔루션보다 많은 유연성과 확장성을 제공한다. 어떤 오픈소스 솔루션은 도입하기 위한 진입 장벽이 높고 개발자 입장에서는 개발 언어와 기본적인 커맨드라인 기술 같은 것을 잘 이해해야만 한다. 하지만 이런 점들은 오픈소스 커뮤니티에서 개선되고 있다. 즉, 좀 더 개선된 문서화와 사용자 커뮤니티 그리고 도입 장벽을 낮추고 일반적인 IT 커뮤니티에서 좀 더 쉽게 접근하는 데 도움이 되는 각종 지원 툴들을 제공하고 있다. 오픈소스 라이센스 모델에 따라서 기업은 해당 오픈소스 프로젝트의 기본 버전을 자신의 입맛에 맞게 수정하고 소유권을 명시하여 사용할 수 있다. 더욱이, 라이선스 중에는 변경 사항을 커뮤니티에 제출하거나 오픈소스 "커밋"을 요구하는 것도 있다. 이를 통해서 오픈소스 툴은 새로운 기능을 탑재하고 버그를 수정하는 등의 성장을 하게 된다. 다음은 현재 사용 가능한 오픈소스 솔루션 리스트다. 아래 리스트에 포함되어 있다고 해서 우리가 추천한다는 의미는 아니다.

- MANTIS^{Model-based Analysis of Threat Intelligence Sources} 프레임워크[13]

- Splunk를 위한 SPLICE 애드온[14]

좀 더 많은 오픈소스 솔루션을 찾고 싶으면 구글 검색 엔진에서 "open source threat intelligence tools"라고만 입력하면 된다.

상용 솔루션

때때로 오픈소스 툴을 설치, 설정, 운영하기 위해서는 시간을 투자해야 하고 별도의 기술이 요구되기도 한다. 그런 경우에는 차라리 상용 솔루션을 이용하는 편이 나을 수 있다. 상용 솔루션은 사용하기 쉽고 전문적인 지원 팀과 오픈소스 솔루션이 제공하지 못하는 다양한 장점을 제공한다. 상용 솔루션의 형태는 독립적인 형태도 있고 기존에 사용하는 제품에 모듈 형태로 탑재하는 것도 있다. 이런 장점 때문에 상용 솔루션 도입을 위한 진입 장벽이 낮아지고 기업은 위협 예측을 좀 더 빨리 구축할 수 있다. 다음은 몇 가지 상용 솔루션을 나열한 것이다. 아래 리스트에 포함되어 있다고 해서 우리가 추천한다는 의미는 아니다.

- iSIGHT Partners ThreatScape

- LogRhythm

- Lockheed Martin Palisade

- Splunk Enterprise Security

- ThreatConnect

- ThreatQuotient

- ThreatStream

---

13 MANTIS 프레임워크, 지멘스, http://django-mantis.readthedocs.org/en/latest/

14 SA-SPLICE, Cedric Le Roux, Splunk Security Practice, https://splunkbase.splunk.com/app/2637/

앞에서도 언급했듯이, 위 리스트는 완벽한 것이 아니고, 위협 인텔리전스가 기업에게 있어서 중요한 부분이 되어가고 있기 때문에 지금도 새로운 툴들이 나오고 있다. 더 많은 상용 솔루션과 오픈소스 솔루션을 검토하고자 한다면 구글 검색 엔진에서 "threat intelligence platforms" 또는 "threat intelligence tools"라고 입력해서 검색하면 된다.

◈ 실제 예

지금까지 이 책에서 논의된 개념을 좀 더 잘 이해하기 위해서 근래에 발생한 데이터 유출 사건 몇 가지를 살펴볼 것이다. 실제 예를 통해서 데이터 유출 사건으로부터 어떤 교훈을 얻을 수 있고 이 책에서 논의한 주제들을 어떻게 성공적으로 구현하는지 알아볼 것이다.

앤섬(Anthem) 데이터 유출 사건

앤섬(Anthem Inc.)은 미국 내 가장 큰 보험 회사 중 하나로 육천 구백만 이상의 고객을 가지고 있는 회사다. 즉, 미국인 9명 중 한 명이 앤섬의 고객인 셈이다.[15] 데이터가 유출되었다는 것은 2015년 1월 29일 발견되었다. 하지만 최초의 공격은 그보다 몇 주전인 2014년 12월에 발생했다고 판단하고 있다.[16] 앤섬은 데이터 유출에 대해서 공식적으로 발표하였고 FBI에 수사를 의뢰했다. 또한 데이터 유출에 대한 조사와 재발 방지를 위한 그들의 정보 보안 시스템 강화를 맨디언트에게 의뢰했다.[17] 앤섬과 같은 기업은 이와 같은 사고에 대한 대비를 위해서 사이버 위험 보험이라고도 불리는 보험을 들고 있었다. 데이터 유출 사건일 발생한 시점에 앤

---

15 About Anthem, Inc., http://www.antheminc.com/AboutAnthemInc/index.htm

16 How to Access & Sign Up For Identity Theft Repair & Credit Monitoring Services, Anthem, Inc., Online, https://www.anthemfacts.com/

17 Data Breach at Health Insurer Anthem Could Impact Millions, B. Krebs, http://krebsonsecurity.com/2015/02/data-breach-at-health-insurer-anthem-could-impact-millions/

섬은 AIG에 1억원의 사이버 보험에 가입하고 있었다. 하지만 유출된 데이터의 양이 너무나 커서 피해 규모는 그 이상이었다.[18]

다음은 유출되었다고 판단되는 데이터 리스트다.

- 이름
- 생일
- 사회 보장 번호
- 의료 서비스 ID 번호
- 집 주소
- 이메일 주소
- 소득과 같은 직업 정보

앤섬 데이터 유출 사건을 단순한 데이터 유출 사건으로만 보더라도 충분한 가치가 있고 다른 기업은 그에 따른 교훈을 얻을 수 있다. 하지만 여기서 앤섬 사건을 예로 든 것은 유출된 데이터에 초점을 맞추거나 그런 사건이 얼마나 나쁜 일인지(이는 심도 있는 분석 없이도 바로 알 수 있다)를 설명하기 위한 것이 아니라 데이터 유출 사건이 발생한 이후의 사후 조치에 대해서 논하기 위해서다. 헬스케어 산업에서 앤섬과 같은 주요 기업들은 NH-ISAC에 가입되어 있다.[19] NH-ISAC는 정보 보호에 대한 화원사 간의 의사소통을 지원하며 헬스케어 산업 내 기업들에게 잠재적인 사이버 보안 위협에 대한 경고와 통찰력을 제공해준다. 한 가지 중요한 계획은 국가 건강 사이버 보안 인텔리전스 시스템을 구축한 것이었다. 그것은 헬스케어와 관련된 위협 인텔리전스를 제공하는 시스템으로서 STIX와 TAXII(Structured Threat Information eXpression(STIX)와 Trusted Automated

---

18   Anthem data breach cost likely to smash $100 million barrier, C. Osborne, ZDNet, http://www.zdnet.com/article/anthem-data-breach-cost-likely-to-smash-100-million-barrier/

19   About Us, NHISAC, http://www.nhisac.org/about-us/

eXchange of Indicator Information(TAXII)에 대해서는 5장을 참고)를 활용해서 자동으로 위협 인텔리전스에 접근하고 경고를 받을 수 있다. 그리고 앤섬 데이터 유출 사건의 중요한 IOC[Indicators of Interest]가 해당 시스템을 통해서 NH-ISAC의 모든 회원 기업들에게 전달되었다. 커뮤니티 정보 공유를 통해 NH-ISAC 60분 안에 앤섬 사건이 각 회원사들에게 어떤 영향을 미칠 것인지 판단할 수 있었다.[20] 더욱이 앤섬 사건의 주요 지식 요소가 NH-ISAC 커뮤니티에 공유됨으로써 헬스케어 기업들은 유사한 공격으로부터 그들의 네트워크를 보호하기 위한 적절한 조치를 취할 수 있었다. 마지막으로 NH-ISAC은 앤섬 데이터 유출 사건에 사용된 공격 벡터가 다른 산업에 어떤 영향을 미치는지 측정하기 위해서 금융 서비스 정보 공유 및 분석 센터[FS-ISAC, Financial Services Information Sharing and Analysis Center]와 같은 다른 산업에 속하는 ISAC에도 IOC를 제공했다.

타깃 데이터 유출 사건

앤섬의 데이터 유출 사건이 뉴스의 일면을 장식하기 일년 전쯤에 대규모 소매상인 타깃[Target]에서도 데이터 유출 사건이 발생했다. 2013년 12월 15일 타깃사는 7천만 명에 달하는 고객 정보와 4천만 개의 직불카드와 신용카드 정보가 유출되었다는 사실을 발견했다. 유출된 고객 정보는 다음과 같다.

- 이름
- 우편 주소
- 이메일 주소
- 전화 번호

---

20 The National Health ISAC (NH-ISAC) 60-Minute Response to the Anthem Attack, NH-ISAC, http://www.nhisac. org/blog/the-national-health-isac-nh-isac-60-minute-response-to-the-anthem-attack/

외부의 긴급 대응 팀과 함께 분석한 결과, 공격은 데이터 유출을 발견하기 몇 주전에 2013년 11월 27부터 이루어졌다고 판단할 수 있었다. 공격자는 타깃의 서드 파티 공급업체 중 하나인 파지오 메커니컬 서비스^{Fazio Mechanical Services}를 대상으로 사회 공학적인 방법과 제우스^{Zeus} 악성코드의 변종인 시타델^{Citadel}을 이용해서 공격했다. 그래서 타깃의 공업 업체용 포털에 접근할 수 있는 자격 증명 정보를 탈취했다. 버라이즌 IR 팀을 비롯한 여러 팀의 조사 결과, 탈취한 공급 업체의 자격 증명을 이용해서 타깃의 내부 네트워크 접근과 공격이 가능하다는 것이 밝혀졌다. 타깃사의 데이터 유출 사건에 대한 좀 더 자세한 내용은 구글에서 "Target data breach 2013 details"으로 검색해 보거나 "Anatomy of the Target data breach: Missed opportunities and lessons learned"와 같은 글을 참고하면 된다.[21]

보안 전문가와 대학을 포함한 다양한 유형의 기업과 기관에서 타깃사의 데이터 유출 사건을 검토하고 분석했다. "가정"과 "교훈"과 같은 내용을 포함하는 전형적인 사후 보고서에서 그렇듯이 동일한 시나리오를 살펴보기보다는 데이터 유출 사건이 발생한 그 당시에는 없었지만 현재는 있는 것이 무엇인지 살펴볼 필요가 있다. 소매업자들의 사이버 인텔리전스 공유 센터(R-CISC, Retail Cyber Intelligence Sharing Center)는 소매업체를 대상으로 하는 보안 위협에 초점을 맞춘 위협 인텔리전스 공유 커뮤니티다.[22] R-CISC는 2014년 3월에 처음 만들어졌고 그 후 몇 개월 뒤에 타깃사의 데이터 유출 사건과 그 피해 규모가 발표되었다. 그 후 30개 이상의 소매업체들이 가입했다.

R-CISC는 2015년 5월 소매업과 금융 서비스에 초점을 맞춘 위협 인텔리전스를 실시간으로 제공하기 위해서 FS-ISAC와 전략적인 협력 관계가 되었다. NH-ISAC의 경우처럼 커뮤니티 기반의 위협 인텔리전스는 위협 모델링과 위협 예측

21 Anatomy of the Target data breach: Missed opportunities and lessons learned, M. Kassner, ZDNet, Online, http://www.zdnet.com/article/anatomy-of-the-target-data-breach-missed-opportunities-and-lessons-learned/

22 Retail Cyber Intelligence Sharing Center, https://r-cisc.org/

에 많은 장점을 제공한다. 타깃 역시 데이터 유출 사건 2년 후의 후속 보고서에서 ISAC에 참여하는 것의 가치에 대해서 인정했다. 즉, "…금융이나 소매 업체 ISAC 을 통해서 다른 기업들과 위협에 대한 정보를 공유하는 것을 의미한다."[23]는 내용을 포함하고 있다.

　이 책을 쓸 당시만해도 R-CISC는 초기 단계였지만 앞으로 지속적으로 성장할 것이고 NH-ISAC가 제공하는 정보가 많은 도움이 될 것이다.

마이클스와 스테이플스 데이터 유출 사건

우리는 마지막 두 가지의 데이터 유출 사건에 대해서 좀 더 자세히 다루기 위해서 (그렇다고 해서 지겨울 정도는 아님) 시간을 들여 논의했다. 많은 시간을 들여 데이터 유출 분석에 초점을 맞출 수는 있지만 여기서는 두 사건의 상관관계에 초점을 맞출 것이다. 북 아메리카의 예술품과 공예품을 다루는 소매 업체인 마이클스[Michaels] 는 2014년 4월 17일 데이터 유출 사건이 발생하여 그것을 조사 중이라고 발표했다.[24] 조사 결과, 8개월에 걸친 두 번의 공격이 소매 체인 중 두 곳(마이클스와 아론 브라더스)을 통해서 이루어졌고, 결국 공격자는 3백만 개의 신용카드와 직불카드 정보를 훔칠 수 있었다.[25] 북 아메리카의 또 다른 사무 용품 공급 업체인 스테이플스[Staples]는 2014년 12월 19일 데이터 유출에 대해서 발표했다.[26] 공격자는 스테이플스 네트워크에 침입해서 6개월 동안 백만 개 이상의 신용카드 정보를 탈취했다.

23　Inside Target Corp., Days After 2013 Breach, B. Krebs., http://krebsonsecurity.com/2015/09/inside-target-corp-days-after-2013-breach/

24　Michaels Identifies and Contains Previously Announced Data Security Issue, Business Wire, http://www.businesswire.com/news/home/20140417006352/en/Michaels-Identifies-Previously-Announced-Data-Security-Issue#.U1A3P2fhf7w

25　3 Million Customer Credit, Debit Cards Stolen in Michaels, Aaron Brothers Breaches, B. Krebs, http://krebsonsecurity.com/2014/04/3-million-customer-credit-debit-cards-stolen-in-michaels-aaron-brothers-breaches/

26　Staples Provides Update on Data Security Incident, Business Wire, http://staples.newshq.businesswire.com/press-release/corporate/staples-provides-update-data-security-incident

조사 결과, 스테이플스 소매점이 악성코드에 감염되어 공격자는 113개에 이르는 소매점의 판매 정보에 접근할 수 있었다.[27] 그리고 해당 악성코드를 분석해보니 악성코드가 통신하는 명령 제어(C&C) 네트워크가 마이클스 데이터 유출 사건의 것과 동일하다는 것이 밝혀졌다. 그것은 두 공격이 서로 연결되어 있을 가능성이 있고 동일한 공격자에 의해서 이루어 졌다고 판단할 수 있다.[28]

앞서 타깃의 데이터 유출 사건에 대해서 설명할 때 소매업체를 대상으로 하는 보안 위협에 초점을 맞춘 R-CISC에 대해서 언급했다. 2014년 4월 발생한 마이클스 데이터 유출 사건 분석을 통해 IOC와 IOI 그리고 기타 다른 유형(더 자세한 내용은 4장을 참고)의 유용한 지식 요소가 만들어질 수 있었다. 타깃 사건 분석을 통해 만들어진 악성코드 바이너리의 해시 값이나 명령 제어(C&C) 서버의 IP 주소, 악의적인 네트워크 트래픽의 특징 정보와 같은 지식 요소를 사전에 스테이플에 적용했다면 스테이플스에 대한 공격은 성공하지 못했을 것이다. 스테이플에 대한 공격은 2014년 4월과 7월 사이에 이루어졌다고 판단되며, 그것은 마이클스 데이터 유출 사건이 발생한지 최소한 2개월 이후의 일이었다. 만약 스테이플스가 마이클스 데이터 유출 사건의 악성코드가 사용한 공격 벡터를 알았다면 몇 개월 동안 이루어진 내부 인프라 침해와 데이터 유출을 경험하지 않았을 것이다. 커뮤니티 기반의 위협 인텔리전스가 빅데이터 분석을 통한 위협 예측과 결합되었다면 백만 명 이상의 스테이플스 고객들의 걱정거리를 하나 줄여줬을 것이다.[29] 하지만 조사 결과 주목해야 할 점은, 마이클스 사건을 분석해서 지식 요소가 만들어졌든 그렇지 않든 스테이플스는 그런 지식 요소를 쉽게 적용하지 못했을 것이라는 것이다.

---

27 Staples: 6-Month Breach, 1.16 Million Cards, B. Krebs, Online, http://krebsonsecurity.com/2014/12/staples-6-month-breach-1-16-million-cards/

28 Link Found in Staples, Michaels Breaches, B. Krebs, Online, http://krebsonsecurity.com/2014/11/link-found-in-staples-michaels-breaches/

29 Staples: 6-Month Breach, 1.16 Million Cards, B. Krebs, http://krebsonsecurity.com/2014/12/staples-6-month-breach-1-16-million-cards/

❖ 위협 예측 기술의 적용

기업에 위협 예측 기술을 적용하기 위해서 필요한 툴들에 대해서는 앞서 살펴보았고, 이 장에서는 왜 그런 툴들이 중요한지 알아보았다. 이제는 보안 전문가로서의 위치나 관련 지식 향상을 위해서 앞서 설명한 새로운 기술들은 위협 인텔리전스 커뮤니티에 적용해볼 단계가 되었다.

다음은 기업의 보안성 강화를 위해서 위협 예측 기술을 최대한 활용할 수 있는 방법을 단계별로 설명하고 있다.

1단계: 기본적인 조사/검토

1단계에서는 앞선 장에서 배운 것을 올바로 적용하는 데 필요한 기본적인 조사를 수행한다. 먼저, 기업의 기존 보안 정책이나 실행 중에서 약점이 무엇인지 찾는다. 약점으로 예를 들 수 있는 것은, 기업이 로그를 얼마 동안 유지하고 로그의 발생 시간과 로그 데이터를 어떻게 관리하고 저장하는지 등이다(정확성을 위해서 로그는 다양한 로그 소스와 이벤트 로그들과의 상관관계 분석이 가능하도록 저장, 관리되어야 한다). 약점을 찾아내는 것은 아마도 상당한 시간이 걸릴 수도 있다. 하지만 약점을 찾는 과정 통해 보안 관련 정책이나 실행 절차 등 전반적인 보안성 검토를 할 수 있다. 이 과정은 위협 모델링과 위협 예측을 수행하는 데 필요한 지식 요소를 만들 수 있을 때까지 충실히 수행되어야 한다. 기업의 보안성을 검토하는 작업을 수행하면서 5장에서 설명한 위협 인텔리전스 커뮤니티와 그것을 통해서 공유되는 내용들도 함께 조사해야 한다. 앞에서 헬스케어와 금융 서비스 그리고 소매 업체의 경우처럼 특정 산업 영역에 대한 위협 인텔리전스에 대해서 실례를 들어서 살펴보았다. 1단계의 마지막은 현재 기업에서 사용하고 있는 소프트웨어 툴을 조사하는 것이다. 그 툴들 중에는 이미 위협 인텔리전스 공유가 가능하고 자동으로 지식 요소를 생산할 수 있는 것이 있을 수 있기 때문이다. SIEM(보안 정보와 이벤트 관리 솔루션)과 같은 툴은 기업 내 네트워크에서 발견된 새로운 이슈를 강조해서 보여줄 수 있는 대시보드를 포함하고 있다. 일단 기존 툴에 대한 조사가 완료되고 나면 위협 예측을 성공적으로 수행하기 위해서 어떤 툴이 추가적으로 필요한지 판단할 수 있을 것이다.

2단계: 조직적인 구현/패턴 분석

2단계에서는 보안 실행 절차 안에 위협 인텔리전스를 포함시키는 것이다. 4장(지식 요소 식별)의 내용을 기반으로 기업 내에서 흥미로운 데이터 포인트를 분석하고 분류해서 지식 요소로 만들기 시작한다. 위협 모델링과 위협 예측에 도움이 되는 지식 요소를 식별해 내기 위해서 잡음과 신호를 분류하는 원리에 대해서 상기해야 한다. 6장과 7장의 개념을 이용해서 위협 모델링을 시작한다. 그리고 기업 내에서 보안성을 높일 수 있는 부분이 어디인지 찾는다. 툴을 이용하면 이와 같은 작업을 최대한 단순하게 만들 수 있다. 1단계에서 언급했듯이 몇몇 SIEM 툴이 그것을 자동으로 수행해줄 것이다. 다음에는, 1단계의 조사 결과를 이용해서 최소한 하나 이상의 커뮤니티 기반 위협 인텔리전스를 위협 모델링에 통합 시킨다. 처음에는 자신이 속한 산업의 위협 인텔리전스 커뮤니티에 접근하지 못할 수 있기 때문에 그런 경우에는 자유롭게 가입이 가능한 커뮤니티를 먼저 이용하면 된다. 그렇게 하는 목적은 위협 모델링에 글로벌 지식 요소를 포함시켜서 글로벌 위협 환경을 볼 수 있고 그것과의 관련성을 알기 위함이다. 그렇게 되면 기업의 보안 위협 환경과 관련된 패턴(6장과 7장 참고)을 볼 수 있는 능력이 생길 것이다.

3단계: 정보 공유/공유와 구축

3단계는 5장(지식 공유와 커뮤니티 지원)에서 논의된 내용으로 도약하는 단계다. 2단계에서는 위협 모델링에서 사용할 지식 요소를 만들었다. 지식 요소의 형태에 따라서 그것을 IOI/IOC등으로 만들고 그것을 2단계에서 가입한 위협 인텔리전스 커뮤니티에 공유하기 시작한다. 새로 만든 지식 요소(능동적인 것이든 수동적인 것이든)가 아무리 작은 것이더라도 그것을 만든 기업에게 중요한 것이라면 그것을 미처 발견하지 못한 다른 기업에게도 분명 도움이 될 것이다. 지식은 힘이고 데이터가 많을수록 보안 위협 환경을 좀 더 제대로 볼 수 있다는 것을 기억하기 바란다. 2단계에서도 언급했듯이 기업의 보안 위협 환경과 관련된 패턴을 볼 수 있게 될 것이다. 이 부분에서 위협 예측의 힘이 생기게 된다. 공유되는 글로벌한 공격 패턴의 도움으로 기업은 운영체제와 애플리케이션(자바나 어도비 플래시와 같은)의 보안 취약점을 선제적으로 업데이트할 수 있다. 만약 문제가 있는 기존 보안 환경을 업데이트할 수 없다면, 약점으로 식별된 부분을 공격하는 공격을 차단하기 위해서 예측 분석을 통해 선제적으로 보안 제품을 업데이트 할 수 있다. 그런 분석 과정은 자동화 정도를 기준으로 평가될 수 있다. 이를 통해 임박한 위협을 기업에 경고할 수 있고 그에 따른 적절한 대응 조치를 할 수 있게 해준다.

이제, 여러분의 기업에서 위협 예측을 시작해보자.

❖ 정리

이 장에서 논의된 내용은 실행이 요구되는 이 책 전반의 주제와 연결되어 있다. 천만 명 이상의 고객(앤섬의 경우는 가입자) 정보가 유출된 주요 데이터 유출 사건 몇 가지를 살펴보았고, 위협 예측을 적용해서 어떻게 동일 산업의 다른 기업이나 심지어는 글로벌 위협 인텔리전스 커뮤니티에 동일 공격을 대응할 수 있도록 도움을 줄 수 있는지 논의했다. 사실, 여기서 살펴본 앤섬의 데이터 유출 사건 예에서는 NH-ISAC이 관련 지식 요소(IOC 형태로)를 만들어서 NH-ISAC 회원사뿐만 아니라 FS-ISAC 회원사들에게도 공유해주어서 자신들이 동일한 공격을 받았는지 확인할 수 있게 해주었고 사용 중인 보안 제품이 미처 인지하고 있지 않은 공격일 경우 해당 공격 벡터를 방어할 수 있게 해 주었다. 다음으로 전통적이 위협 보고서에 대해서 살펴보았다. 그리고 위협 보고서가 위협 예측을 대체할 수 없다는 것과 위협 예측의 중요성에 대해서 간단히 알아보았다. 물론 위협 보고서의 가치를 무시할 수는 없지만 위협 환경과 관련된 시효가 지난 데이터가 있을 수 있다. 그것은 위협 모델링과 위협 예측 절차를 올바로 구현함으로써 해결할 수 있다. 마지막으로 위협 예측을 시작하기 위한 3단계 접근 방법은 위협 예측에 대한 진입 장벽을 낮추고 새로운 기술에 좀 더 쉽게 접근하게 해준다. 빅데이터를 이용하는 위협 예측 기술을 성공적으로 구현하면 기업의 보안 위협 환경을 좀 더 잘 이해해는 필요한 데이터를 얻을 수 있고 실행 가능한 보안 인텔리전스를 이용해서 미래에 발생할 수 있는 데이터 유출 공격을 차단할 수 있다.

10장

앞으로의 방향

◈ 개요

이 장에서는 보안의 미래와 위협 예측에 대해서 이 책의 각 저자들의 의견과 통찰력을 제공해줄 것이다. 이 책 저자들의 보안 분야에서의 경력을 모두 합치면 수십년이 넘는다. 그리고 개발과 컨설팅, 연구와 엔지니어링 등 매우 다양한 경험과 배경을 가지고 있다. 그들은 세계를 돌아다니며 컨설팅을 하면 정부 기관이나 세계적인 대기업과 함께 다양한 보안 주제에 대한 전략을 세우고 강연을 한다. 그렇게 축적된 경험이 이 책을 쓰게 된 계기와 밑거름이 되었다. 예상했겠지만 이 책의 저자인 존 피어츠, 데이비드 디센토, 이인 데이비슨, 윌 그레기도는 모두 절친한 친구 사이로서 각기 다른 보안 회사에서 일하고 있으며 이 장에서는 앞으로의 보안에 대해서 그들의 솔직한 의견을 접할 수 있을 것이다. 그리고 일반적인 주제에 대해 각 저자들의 의견이 일치하더라도 특정 주제에 대해서는 의견을 달리하는 경우가 있다는 것을 알게 될 것이다.

◈ 존 피어츠

프라하를 여행하기 약 4년 전에 이 책을 기획했다. 하지만 그 때는 나의 두 번째 책 집필의 마지막 단계여서 그 아이디어를 약 1년동안 보류해야만 했다. 그리고 예상 했겠지만 이 책을 집필하기 위한 조사 작업이 그렇게 만만하지만은 않았다. 그러기 위해서는 많은 노력이 필요하고 초기 아이디어를 믿고 그것을 수용하기 위한 매우 현명한 생각들을 끌어모아야 하고 그 기본 틀을 만들 수 있어야 한다. 데이비드 디센토와 이인 데이비슨, 윌 그레기도와 함께 하나의 팀으로 이 책을 집필하게 된 것은 엄청난 행운이었다. 세계적인 보안 업체에서 제품 관리, 엔지니어링, 전략과 연구 등의 일을 하다 보면 매우 많은 흥미로운 아이디어를 접하게 될 것이고, 그런 아이디어가 수익을 내지 못하면 그저 좋은 아이디어에 지나지 않는다는 것을 알 것이다. 기존 선발 업체 내에서의 혁신은 위험하다. 특히 아이디어가 다소 급진적이고 일반적인 것과는 거리가 멀다면 더 그렇다. 그것은 충분히 이해할 만하다. 하지만 스티브 잡스는 다음과 같이 말했다. "다른 사람 같지 않게 해야 한다...", "...이른바 인생은 당신이나 나보다 더 현명한 사람들로 이루어지지 않는다." 경우에 따라서는 모든 것이 위태롭고 위험할 수 있다. 위협 예측의 개념과 위협 예측을 실행하는 것은 간단한 일이 아닐 것이다. 그것이 불가능하다고 생각하는 사람도 있을 것이다. 하지만 그런 크고 복잡한 문제를 해결하기 위해서는 다른 사람이 말하는 것에 대해서 걱정하지 않고 크게 생각해야 한다. 모든 사람을 만족시킬 수는 없다. 하지만 적어도 이 책에서는 위협 예측이 어떤 차이를 만들어낼 수 있는지 보여준다.

사이버 보안의 미래에 대해서 살펴보면, 스마트 기기(전화기, 태블릿, 웨어러블, 드론, IoT^Internet of Things 등)에서부터 새로운 개발 언어에 이르기까지 기술에 있어서의 모든 진보는 단지 위험을 줄일 수 있는 우리의 능력을 복잡하게 만들 뿐이다. 쉽지 않겠지만 기술자로서 우리는 시대를 앞서갈 필요가 있다. 문제를 좀 더 복잡하게 만들기 위해서는 데이터 전송과 저장에 있어서 암호화 처리를 해야 한다. 이전에 SSL 복호화에 대한 문서를 작성한적이 있는데, 악의적인 행위와 위협을 조사할 때 데이터의 무결성과 기밀성을 깨뜨리지 않고 그대로 유지한 채로 정보를 획득하는 것은 현재도 그렇고 앞으로도 아킬레스 건이 될 것이다.

소프트웨어나 소프트웨어 플랫폼에 몰래 백도어를 숨겨놓는 것에 대한 요구가 현재 존재한다. 정치적인 관점에서 옳고 그름을 논하려는 것은 아니지만 기술 전문가의 입장에서 의견을 기술하고자 한다. 보안 제품을 만들어온 나의 전체 경력 기간 중에 코드를 공유해 달라거나 다른 업체가 제품에 접근할 수 있도록 필요한 것을 추가해 달라는 요청을 한번도 받은 적이 없다. 하지만 스노든과 NSA를 모든 언론이 둘러싸고 있고 실제로 그런 일이 일어났고 일어나고 있다는 것을 끊임없이 들었다. 다행스럽게도 지금까지 일해온 기업 모두 보안 제품에 대한 접근 관련해서 문제가 있었던 적은 없었다. 연간 매출 규모가 5억 달러에서 10억 달러 규모의 보안 제품을 판매하고 있을 때 접근을 허용해달라는 요청을 받으면 판매가 엄격히 제한되고 글로벌 시장에서 끝날 수 있다. 코드 상의 보안 취약점을 찾는 세계적으로 유명한 보안 전문가들과 일해 보면 플래폼과 백도어는 여기서 말할 수 있는 것은 그들은 알려지지 않은 보안 취약점을 발견한다는 것과 나는 그것을 직접 목격했다는 것이다. 글쎄, 여하튼 그들은 대단하다. 만약 누군가 시장 점유율이 높은 소프트웨어 제품에 백도어를 만들어 놓았고 그 백도어를 누군가 찾아낸다면 그것은 해커가 악성코드를 심을 수 있는 방법을 열어놓은 것과 같다. 나는 그런 은밀한 제안이 왜 이루어지는지 정확히 일고 있다. 테러 단체나 사악한 의도를 가지고 있는 사람들은 암호화 뒤편에 숨어서 활동한다. 여기서 이 주제를 꺼내는 이유는 앞에서 먼저 다루었다면 데이터와 통신의 무결성을 은밀히 확인하는 것이 다 어려워지기 때문이다.

마지막으로 소위 말하는 융탄 폭격은 다양한 산업 영역에 광범위한 공격을 전파한 다음에 원하는 것을 얻을 때까지 기다린다. 특정 산업을 타깃으로 하는 공격은 이전에도 그랬고 앞으로도 일반적인 공격 형태로서 증가할 것이다. 우리는 이런 형태의 공격을 수년 전부도 보아왔고 이 책에서도 소개 했듯이 다양한 소매업체에 대한 데이터 유출 사건이 발생해왔다. 개인 식별 정보와 신용카드 데이터는 여전히 중요한 공격 대상이다. 하지만 해커가 모기지 은행이나 헬스케어 기관에서 얻을 수 있는 개인 정보와는 비교되지 않는다. 어떤 사람은 그런 유형의 데이터는 암호화되어 있을 것이라고 말한다. 하지만 최근의 보안 관련 회의에서 들은 바로는 2014년에 발생한 데이터 유출 사건 중에서 단지 4%의 탈취된 데이터만이 암호화되었다고 한다. 그런데 그런 문제는 쉽게 해결할 수 있는 것처럼 보인다. 물론 저장된 데이터를 암호화할 수 있는 제품 또한 엄청나게 많다. 하지만, 여러 데이터베이스를 암호화하는 것은 그렇게 간단한 문제가 아니다. 여러 명의 최고 정보보호 책임자(CSO)에게 물어보아도 대답은 같다. 그렇게 하려면 비용이 많이 들고 경우에 따라서는 각각의 환경에 따라서 매우 복잡한 일이 될 수도 있다. 나는 보안의 미래가 암울하다고 생각하지 않는다. 앞서 언급한 내용에도 불구하고, 새로운 보안 위협을 탐지하고 차단하는 기술은 끊임 없이 만들어내야 한다.

◈ 데이비드 디센토

먼저, 보안의 앞으로의 방향과 다음 단계를 예측하려면 데이터 분석을 이용해야 한다고 말하는 것은 매우 재미있는 일이다. 여러분은 1장과 9장에서 설명한 위협 보고서의 경우처럼 과거부터 축적된 데이터를 보는 방법을 발견할 수 있고 미래에 무엇이 발생할지를 보기 위해서 패턴을 따라가기 시작할 것이다.

이 책은 위협 인텔리전스를 제대로 사용했을 때 특히 위협 모델링과 같은 기술과 결합되었을 때의 장점에 대해서 초점을 맞추어왔다. 몇 년 전만해도 위협 인텔리전스 데이터는 우리와 같은 전문가에게 있어서 이것 저것 가지고 놀 수 있는 즉, 위협 모델링 구축과 악의적인 객체를 분석하기 위해서 트래픽을 캡처하는 등의 용도로 사용해왔다. 하지만 ISAC(정보 공유 및 분석 센터, Information Sharing and Analysis Center)이 특정 산업을 대상으로한 위협에 초점을 맞추어서 위협 인텔리전스를 자체적으로 제공하게 됨에 따라 위협 인텔리전스를 그렇게 사용하는 경우는 점점 줄어들고 있다. 더욱이, 위협 인텔리전스에만 초점을 맞춘 새로운 스타트업들이 생겨나고 있다. 그들은 기업의 인프라 환경에서 어떤 이슈가 발생할 수 있는지 제시하고 제때에 위협을 탐지할 수 있도록 도와주는 서비스/제품을 제공한다. 이와 같은 추세는 앞으로 5에서 10년 정도 계속될 것이고 더 많은 전통적인 보안 업체가 위협 인텔리전스 영역으로(순수한 연구 관점이 아닌 제품을 제공하는 관점에서) 뛰어들 것이다. 결국에는 현재의 전통적인 네트워크 방화벽처럼 이 책에서 소개된 개념도 당연한 것으로 받아들여지게 될 것이다. IT 조직은 현재 로그 이벤트와 시스템 업데이트 데이터를 이용해서 모니터링을 수행하지만 앞으로는 새로운 보안 위협 시나리오와 그것으로 인해서 어떤 피해를 입을 것인지를 위협 인텔리전스 대시보드를 통해서 보게 될 것이다. 또한 위협 인텔리전스 공급을 통해서 제공받은 지식 요소를 기반으로 특정 시그니처나 정책을 보안 제품에 선택적으로 적용할 수 있는 "가상 패치"가 가능하게 될 것이다. IT 패러다임에 있어서 이러한 근본적인 변화가 일어나게 되면 데이터 유출을 탐지하는 데 걸리는 시간을 줄일 수 있고 결국 전체적인 데이터 유출 사건의 양을 줄일 수 있다.

암호화는 악마와도 같다!(실제로 그렇지는 않다) 존의 생각처럼, 암호화는 앞으로도 정보 보안 산업에 있어서 중요한 이슈일 것이고 각국 정부나 기관에서는 암호화를 이용해서 악의적인 의도로부터 세상을 보호하려고 노력할 것이라고 믿는다. 과거 수십 년 동안의 또는 현재의 논쟁을 보면 끊임없이 되풀이되는 주제 중 하나는 바로 암호화가 현재 테러리즘이라는 얼굴을 가지고 있는 "적"에게 오히려 도움이 되고 적의 "승리"를 이끌어준다는 것이다. 이런 점 때문에 정부 기관에서는 보안 제품 업체에게 그들의 제품을 쉽게 "스니핑"하거나 통신을 엿들을 수 있는 백도어나 암호화 키를 제공해 달라고 요청하고 있다. 향후 5년 후에는 더 많은 규제가 산업 전반에 적용되어 결국에는 정보 보안 산업에도 영향을 미칠 것이다. 그런 규제에는 RFC 7540에 정의된 HTTP/2와 같은 암호 표준도 포함될 것이다. 그리고 앞으로도 규제는 사라지지 않을 것이다.[1] 따라서 정보 기술 커뮤니티(정보 보안 커뮤니티도 포함해서)에서는 암호화의 목적이나 동기를 지원하는 동시에 프라이버시를 침해하지 않는 그리고 암호화를 무의미하게 만드는 어떤 방법을 찾을 필요가 있다.

---

1 Hypertext Transfer Protocol Version 2 (HTTP/2), M. Belshe, IETF, https://tools.ietf.org/html/rfc7540

There is no cloud
it's just someone else's computer

　마지막으로 언급하고 싶은 주제는 클라우드로 데이터를 푸시하는 것이다. 점점 더 많은 사람들과 기업들이 개인 데이터, 지적 재산권(소스 코드를 포함해서)과 고객 데이터와 같은 민감한 데이터를 인터넷에 푸시하고 있다. 따라서 데이터 탈취를 위한 공격 대상도 고객 정보를 가지고 있는 기업에서 기업이나 기관에게 클라우드 서비스를 제공하는 업체로 바뀌고 있다. 더욱이, 하나의 2단계 인증만으로 해당 기업이 제공하는 제품/서비스 모두에 접근을 가능하게 해주는 싱글 사인온^{SSO,} $^{Single\ Sign-On}$ 기능을 제공하는 업체들도 많이 생겼다. 그런 업체들은 귀중한 데이터가 모아져 있는 보물 창고로 가는 게이트웨이 역할을 하기 때문에 새로운 공격 목표가 되고 있다. 따라서 인터넷 이용자 입장에서는 데이터에 대한 접근 방법의 용이성과 데이터의 보안성 간의 적절한 포인트를 찾을 필요가 있다. 이 부분은 재미있지만 아직까지는 최적화되지 않은 마이크로소프트 윈도우 7의 "클라우드" 기능을 통해서 살펴볼 수 있다. 두 사람이 공항에 발이 묶여 있다가 생각해보자. 두 사람은 기다림에 지쳐서 두 사람은 무료함을 달래기 위해서 자신들의 홈 TV에 접속하기 위해서 공항의 무선 네트워크(누군가의 무선 네트워크를 스푸핑하는 데 가장 많이 이용되는 것이 공항의 무선 네트워크이지만 여기서는 그것의 보안성에 대해서는 언급하지 않을 것이다)를 이용한다. 결국 집의 TV에 연결해서 TV를 볼 수 있게 되면, "앗싸!

클라우드 좋은데!"라고 외칠 것이다. 페이스북이나 링크드인과 같은 소셜미디어를 포함한 상호연결 서비스는 신용카드 정보와 같은 민감한 정보를 가지고 있다. 현재 클라우드 보안은 매우 불명확하며 클라우드가 데이터 유출의 알려지지 않은 보고가 되지 않으려면 향후 추가적인 주의가 필요하다.

앞으로 정보 기술이 발전해감에 따라 공격을 제때에 탐지하고 적시에 패치를 수행하는 것은 점점 더 중요해질 것이다. 이 책에서 예로든 대부분의 데이터 유출 사건은 초기 침해 시점 이후 몇 개월이 지나서야 발견되었고, 경우에 따라서는 데이터 유출 공격에 사용된 보안 취약점을 패치하는 데도 시간이 걸렸다. 데이터를 최대한 안전하게 지키고자 한다면 공격 탐지와 패치 소요 기간을 실시간에 가깝게 최대한 짧게 만들 필요가 있다. 이 책에서 논의한 위협 인텔리전스와 위협 예측의 원칙을 결합 시키고 실시간에 가까운 지식 요소를 만듦으로써 기업 네트워크에 대한 공격을 그만큼 어렵게 만들 수 있다.

❖ 이인 데이비슨

이 책을 집필하는 것은 매우 놀랄만한 일이었고 영광스러운 시간이었다. 어둠으로부터 다크 웹Dark Web의 암울한 전망과 우리 모두를 공격할 것이라는 예측을 하는 것은 너무나 쉽다. 사람들을 겁먹게 만들어서 그들의 신용카드를 단단히 숨기도록 만드는 글이나 포럼은 사기와 명의 도용과 같은 또 다른 끔찍한 부패라고 할 수 있다. 이는 누구도 얘기해주지 않는 정말로 무서운 부분이다.

데이터 유출 사건은 점점 더 늘어날 것이고 그만큼 유출되는 개인 데이터의 양도 증가할 것이다. 쉬운 신용카드 사기에서 건강 정보라는 더 큰 공격 대상으로 이동하고 있는 이유는 다크 웹에서 건강 정보가 더 큰 가치로 인정받기 때문이다.

데이터 유출을 예측하는 데는 여러 가지 장애물이 있다. 기업은 일반적으로 동일 산업의 경쟁 기업과 자신의 데이터 유출 사건에 대한 정보를 공유하거나 전달하고 싶어하지 않는다. 왜냐하면 주식 공개 기업의 경우 그러한 정보를 공유하게 되면 주가가 떨어질 수 있기 때문이다. 이는 악의적인 공격자가 기업과 국가 기관의 정보를 보호하려는 노력과의 끊임없는 싸움에서 승리하는 이유 중 하나다. 너무 많은 나쁜 기업들이 문제의 솔루션이 아닌 문제 자체에서 돈을 벌어 들이려고 한다. 즉, 많은 보안 업체들은 자신들의 제품이 진짜로 악의적인 공격자로부터 고객을 보호할 수 있는지 와는 고려하지 않고 무조건 자신들의 제품을 모두 밀어 넣으려고만 한다.

기업은 예산을 빨리 증액해서 자신들의 자산과 지적 재산을 보호하기 시작해야 한다. 불행히도 기업들이 원하는 것은 한 번에 모든 것을 해결해주는 것이다. 그래서 단일 제품만을 사서 지원되는 기능들을 체크하려고 한다. 그리고 보안 장비에 대한 일상적인 운영을 위한 직원 채용에 돈을 쓰려고 하지 않는다.

데이터 유출 사고가 일어나고 더 많은 기업이 침해 당하고 고객의 데이터가 유출되어도 기업은 어떻게 하면 그들 자신을 선제적으로 보호하고 그들에게 일어나고 있는 일을 인지할 수 있는지에 관심을 갖지 않는다. 적이 어떤 방법으로 공격을 하는지 연구하는 것은 현명하다.

◆ 윌 그레기도

나는 존 피어츠과 공동 저자인 데이비드 디센토, 이인 데이비슨과 함께 이 책 집필에 대한 요청을 받았고, 그들의 위협 예측에 대한 의견을 인지하고 좀 더 좋은 결과를 도출해내기 위해서 위협 예측에 대한 자신의 고유한 관점과 생각을 추가했다. 나는 항상 위협 예측과 관련된 질문을 찾았다. 레이 브래드버리는 자신이 미래를 예측할 수 있는제에 대한 질문에 대해서 다음과 같이 말했다. "나는 미래를 예측하려고 하지 않고 문제를 방지하려고 노력할 뿐이다." 만약 브래드버리의 작품 특히 부정적이고 무시무시한 사회나 커뮤니티를 의미하는 디스토피아 사회를 그린 화씨 451과 같은 작품을 알고 있다면 그 말 뜻을 조금 이해할 수 있을 것이다. 예측 예측의 영향을 받는 미래와 관련된 질문의 경우에도 마찬가지일 것이다. 사이버 위협 인텔리전스와 관련된 데이터는 많으면 많을수록 그것을 제대로 사용할 수 있다. 그렇지만, 별이 소멸되기 전에 마지막으로 빛을 발하는 것처럼 한시적으로만 가치가 있는 위협 인텔리전스 데이터도 엄청나게 많이 있다. 위협 예측은 전문적이고 경험이 많은 적으로부터 내부 네트워크를 보호하기 위해서 네트워크 상태를 정확하게 예측하고자 하는 사람이 우연히 할 수 있는 그런 것이 아니다. 결국, 위협 예측을 위해서는 다음과 같이 많은 것을 고려해야만 한다.

1. 위협 예측에서 이용되는 위협 인텔리전스 소스

    a. 오픈소스 인텔리전스(OSINT, Open source intelligence)

    b. 폐쇄형/개인 소스 인텔리전스

    c. 머신 기반의 인텔리전스

    d. HUMINT 기반의 인텔리전스

    e. 인간의 분석과 사이버 위협 인텔리전스의 상호작용과 균형

2. 위협 예측 모델링에 사용되는 위협 인텔리전스 소스의 신뢰성

3. 위협 인텔리전스 소스와 위협 인텔리전스 소스에서 제공하는 데이터의 정확성

4. 위협 인텔리전스 소스에서 제공하는 데이터의 품질

5. 상이한 데이터 소스들을 수용할 수 있는 인프라

6. 위협 인텔리전스를 수집, 결합, 정규화, 분석할 수 있는 인프라의 능력

7. 시스템과 휴먼 인텔리전스를 플랫폼이나 시스템으로 통합할 수 있는 능력 즉, 장비, 운영, 캠페인 그리고 적 사이의 데이터 연결과 관계를 표현하는 데 사용할 수 있는 시스템과 플랫폼으로 통합할 수 있는 능력

8. 가용한 모든 데이터를 가져와서 그것의 적용 가능성을 검증하고 그에 상응하는 행동을 취할 수 있는 능력

다음은 예측과 관련된 사항이다.

1. 위협을 올바로 예측하게 만들려면 신호에서 잡음을 제거해야 한다. 이를 위해서 분석가는 백엔드 시스템을 관리하는 사람들과 협업해서 사용할 수 없거나 중요하지 않은 데이터를 버리고 최적화해야 한다. 이는 사이버 위협 인텔리전스의 수집, 처리, 분석, 적용 방법과 관련한 행동과 생각에 있어서 근본적인 변화가 있어야만 가능하다.

2. 개인과 팀은 그들이 속한 조직에 그들의 생각과 아이디어를 제시할 수 있어야 하고 가능한 계획에 대해서는 충분한 지원이 이루어져야 한다.

3. 개인과 기업은 자체적인 위협 인텔리전스 소스를 구축하는 동안 서드 파티로부터 전달받은 위협 인텔리전스 데이터에 의문을 품을 필요가 있다.

4. 개인과 기업은 자체적으로 수집한 데이터를 철저히 조사할 필요가 있다.

5. 적을 분석하는 것은 데이터를 수집, 결합, 정규화, 분석함에 있어서 필수적인 작업이 될 것이다. 누군가의 적을 아는 것은 다른 무엇보다도 중요하게 될 것이다.

6. 사이버 범죄와 범죄자의 수는 지속적으로 증가할 것이고 사이버 범죄자는 그들의 활동을 감추기 위해서 다크 웹과 같은 기술을 이용할 것이라는 것을 인지해야 한다.

7. 6번의 내용을 비추어 보면 사이버 범죄자들의 활동은 표면 웹Surface Web과 딥 웹Deep Web 모두에서 증가할 것이다.

8. 마지막으로 7번의 내용을 인정한다면, 기업이나 비기업 영역 모두에서 더 많은 데이터 사이언스 경험과 전문가가 필요할 것이다.

위협 예측은 전통적인 인텔리전스 분석 과학과 빅데이터 분석을 동반한 사이버 위협 인텔리전스 분석 그리고 예술이 결합 되었을 때에만 가능할 것이다. 이 책의 저자로서 위협 예측은 현실화되고 전 세계의 많은 기업이 그것을 이용하게 되길 바란다.

✦ 정리

사이버 보안의 미래는 복잡하고 매일 매일 새롭게 등장하는 스마트 폰, 테블릿, 웨어러블(예를 들면, "Fitbit", 애플 와치), 드론, IoT 등과 같은 기술로 인해서 앞으로도 의심할 여지 없이 더욱 복잡해질 것이다. 그런 새로운 기술이 적용된 기기들은 빅데이터 분석에 사용될 수 있는 데이터 공급원이 되고 그런 빅데이터 분석을 통해서 위협 예측 분석이 이루어지게 된다. 현재는 암호화와 클라우드 기반의 기술을 많이 채택하고 있다. 이로 인해서 새로운 보안 위협이 대두되고 있으며 이에 대응하기 위한 위협 예측과 예측 분석이 필요하게 될 것이다. 앞에서도 언급했듯이 보안 위협 환경에서 좀 더 많은 것을 얻기 위해서는 다음 설명을 따라야 한다.

- 수집된 보안 데이터(예를 들면, IOA, IOC, IOI와 같은 지식 요소)는 순수해야 하고 반박할 여지가 없어야 한다.

- 머신 기반의 데이터와 인간의 분석 내용은 빅데이터 시스템에서 하나로 결합될 수 있다.

- 보안 위협 환경과 관련된 데이터 소스는 신뢰할 수 있는 것이어야 하고 수집되는 모든 보안 인텔리전스와 위협 인텔리전스 데이터는 모두 신뢰할 수 있는 것이어야 한다.

- 이상 신호 비율을 줄이는 절차는 위협 인텔리전스 데이터를 빅데이터 분석 환경에 통합 시키는 과장에서 필수적으로 수행되어야 한다.

- 반복적인 분석 사이클 개발은 기업이나 연구기관의 업무의 일부분으로 받아들이거나 수행된다.

찾아보기

ㄱ

가치 180
감시 53
건강 수명 56
고 빈도 보안 알고리즘 57
고속 빅데이터 수집 53
공개적으로 정의된 지식 요소 95
공격 대상 31
공유와 구축 202
관리적 안전 조치 38
규정 현황 36
기본적인 조사/검토 201
기술 영역 확장 52
기술적 안전 조치 38

ㄴ

내부 투자 32
네트워크의 흐름 153

ㄷ

대시보드 169
데이비드 디센토 208
데이터 모델링 서버 71
데이터 샌드박스 154
데이터 시각화 137
데이터 시뮬레이션 149

ㅁ

마이클스와 스테이플스 데이터 유출 사건 199
만족 97
말테고 166

ㅁ

모범 사례 40
문서화 요건 38
물리적 안전 조치 38
민첩한 적수 35

ㅂ

바로 가기 67
발생률 55
버라이즌 RISK 113
보안 산업 184
보안 위협 보고서 34
보안 위협 역학 55
보안 위협 예측 30, 48
보안 위협 환경 29
보안 인텔리전스 62, 70
복합 문서 64
봇넷 171
분석 센서 71
분석 엔진 156
빅데이터 163
빅데이터 분석 141

ㅅ

사이버 공격 68
사이버 보안 45
사이버 보안 규정 36
사전 공격 지표 88
상용 솔루션 194
상용 제품 133
새로운 기술 35
수집 센서 71
스크립트 66

스타트업 31
스플렁크 169
시뮬레이션 환경 152
실질적인 조사 144
심층 방어 43

ㅇ

악성코드 51
알려지지 않은 위협 191
알려진 위협 191
양자 컴퓨팅 157
에뮬레이션 150
엔드포인트 보안 187
예측 모델 69
오래된 데이터 35
오픈그래피티 170
오픈소스 솔루션 193
오피스 매크로 67
웹 애플리케이션 방화벽 186
위험도 31
위험 분석과 관리 38
위협 리포팅 179
위협 보고서 181
위협 예측 182
위협 예측 기술의 적용 201
위협 예측 실행 33
윌 그레기도 212
유병률 55
이상 신호 비율 86
이슈 180
이인 데이비슨 211
익스플로잇 킷 50
인적 요인 45
인터랙티브한 시각화 142
인텔리전스 61
인텔리전스 전파 75
일반적인 방법 138
일반화 35

ㅈ

장애물 33
적보다 앞서가기 135
전파 72
정교한 지표 96
정모델링 152
정보 공유 202
정보 보증 46
정보 조사 63
정보 획득 87
정책과 절차 38
조직적인 구현 202
존 피어츠 205
지능형 위협 탐지 188
지식 요소 공유 107
진보된 위협 탐지 96
질병 부담 56
질병 비용 55

ㅊ

차세대 방화벽 185
체계화 97

ㅋ

커뮤니케이션 비용 32
커뮤니티 공유 112
킬 체인 174
킬 체인 모델링 162

ㅌ

타깃 데이터 유출 사건 197
트래픽 시뮬레이션 150

ㅍ

패턴 매칭 64
패턴 분석 202
표준 40

프레임워크 40
프로그램 65

ㅎ

핵심 수행 지표 61
확률적 모델링 152
확장과 커스터마이징 96

C

CybOX 102, 129

D

DIY 70
Do It Yourself 70

G

GeoIP 63

I

Indicators Of Attack 83
Indicators Of Compromise 83
Indicators Of Interest 83
Internet of Everything 80
IOA 83
IOC 83, 87
IOCBucket.com 101
IODEF(RFC5070) 99
IoE 80
IOI 83, 87

K

Key Performance Indicator 61
KPI 61
KPIs 63

M

Maltego 166

O

OpenGraphiti 170
OpenIOC 96, 117

S

Splunk 169
STIX 126, 174

T

TAXII 124

U

URL 63

V

VERIS 113
VERIS 커뮤니티 데이터베이스 117
VERIS 프레임워크 117

에이콘출판의 기틀을 마련하신 故 정완재 선생님 (1935-2004)

보안 위협 예측

예측할 수 있어야 막을 수 있다

인　쇄 ┃ 2016년 12월 20일
발　행 ┃ 2017년 1월 2일

지은이 ┃ 존 피어츠 · 데이비드 디센토 · 이인 데이비슨 · 윌 그레기도
옮긴이 ┃ 윤 영 빈

펴낸이 ┃ 권 성 준
편집장 ┃ 황 영 주
편　집 ┃ 나 수 지
디자인 ┃ 이 승 미

에이콘출판주식회사
서울특별시 양천구 국회대로 287 (목동 802-7) 2층 (07967)
전화 02-2653-7600, 팩스 02-2653-0433
www.acornpub.co.kr / editor@acornpub.co.kr

한국어판 ⓒ 에이콘출판주식회사, 2017, Printed in Korea.
ISBN 978-89-6077-946-4
ISBN 978-89-6077-104-8(세트)
http://www.acornpub.co.kr/book/threat-forecasting

이 도서의 국립중앙도서관 출판시도서목록(CIP)은 서지정보유통지원시스템 홈페이지(http://seoji.nl.go.kr)와
국가자료공동목록시스템(http://www.nl.go.kr/kolisnet)에서 이용하실 수 있습니다.(CIP제어번호: CIP2016031478)

책값은 뒤표지에 있습니다.